国家教育宏观政策研究院
National Institutes of
Educational Policy Research

教育发展年度报告丛书　主编　郅庭瑾

普惠有多远？
中国学前教育发展报告

How Far is Puhui Early Childhood Education?
National Development Report

2018
——
2019

姜勇　赵颖　刘鑫鑫　等著

华东师范大学出版社
·上海·

图书在版编目(CIP)数据

普惠有多远?：中国学前教育发展报告.2018—2019/姜勇等著.—上海：华东师范大学出版社，2021
（教育发展年度报告丛书）
ISBN 978-7-5760-1138-8

Ⅰ.①普… Ⅱ.①姜… Ⅲ.①学前教育-发展-研究报告-中国-2018-2019 Ⅳ.①G619.2

中国版本图书馆CIP数据核字(2021)第018533号

教育发展年度报告丛书
普惠有多远？——中国学前教育发展报告（2018—2019）

著　　者　姜　勇　赵　颖　刘鑫鑫　等
策划编辑　彭呈军
责任编辑　孙　娟
特约审读　陈晓红
责任校对　廖钰娴　时东明
装帧设计　卢晓红

出版发行　华东师范大学出版社
社　　址　上海市中山北路3663号　邮编 200062
网　　址　www.ecnupress.com.cn
电　　话　021-60821666　行政传真 021-62572105
客服电话　021-62865537　门市(邮购)电话 021-62869887
地　　址　上海市中山北路3663号华东师范大学校内先锋路口
网　　店　http://hdsdcbs.tmall.com/

印刷者　上海盛隆印务有限公司
开　　本　787×1092　16开
印　　张　11.5
字　　数　245千字
版　　次　2021年3月第1版
印　　次　2021年3月第1次
书　　号　ISBN 978-7-5760-1138-8
定　　价　58.00元

出版人　王　焰

（如发现本版图书有印订质量问题，请寄回本社客服中心调换或电话021-62865537联系）

《教育发展年度报告丛书》编委会

(按姓氏拼音排序)

胡耀宗　姜　勇　柯　政　李廷洲　李伟涛
陆　璟　梅　兵　钱冬明　桑　标　石伟平
童世骏　王宏舟　王秀军　吴瑞君　徐显龙
阎光才　袁振国　张　珏　张文明　郅庭瑾

《教育发展年度报告丛书》序言

教育是民族振兴、社会进步的重要基石。近年来,我国教育改革发展取得了长足进步,突出表现为教育事业快速发展,人民群众受教育机会持续增加;教育公平深入推进,人民群众的教育权利得到充分保障;教育质量稳步提升,人民群众的获得感显著增强;教育改革持续深化,教育体制机制日益健全,学校的办学活力进一步释放;教育对外开放不断扩大,中国教育的国际影响力明显提升。这些成就的取得,为我国教育走向现代化奠定了坚实的基础。

同时,也要看到,当前教育领域也存在一些亟待解决的突出问题,特别是教育发展的不平衡不充分,与新时代人民日益增长的美好生活需要尚有一些距离。这些都要求我们继续坚持教育优先发展战略,进一步深化教育改革、加快教育发展。为此,中共中央、国务院印发的《中国教育现代化2035》提出了推进教育现代化的总体目标,要求"到2035年,总体实现教育现代化,迈入教育强国行列,推动我国成为学习大国、人力资源强国和人才强国,为到本世纪中叶建成富强民主文明和谐美丽的社会主义现代化强国奠定坚实基础"。

加快推进教育现代化,不仅离不开扎实的教育政策实践,也离不开高质量的教育政策研究。作为教育部与上海市人民政府共建智库和上海市重点智库,华东师范大学国家教育宏观政策研究院(以下简称"宏观院")始终坚持以国家教育改革和发展的重大战略需求为导向,积极对接国家教育宏观决策需要,调动多学科资源,从多学科角度对教育政策和决策问题开展具有战略性、前瞻性的全方位研究,形成了鲜明特色,取得了显著成效。

近年来,宏观院着力建设国家教育科学决策服务系统等若干重要数据平台,秉持"关于系统的研究"和"基于系统的研究"相结合的理念,基于数据开展教育现代化监测评价,为教育科学决策提供重要依据。宏观院直接参与了若干国家和区域教育发展规划的研制,多项建议被《中国教育现代化2035》《加快推进教育现代化实施方案(2018—2022年)》等重要规划文本吸收采纳。在服务决策过程中,宏观院在教师队伍建设、教育精准扶贫、长江教育创新带建设和长三角教育一体化等领域产出了一批高水平决策咨询成果,获得了有关方面的高度认可。

宏观院十分重视精品科研成果的积累与传播。一方面创刊主办了内参刊物《教育宏观政策专报》《教育发展信息与观察》《国际教育政策观察》《长三角教育协作简报》,作为服务决策的"直通车",直接发挥决策影响力;另一方面还精心打造了《国家教育宏观政策研究院智库建设成果书系》等一批高质量的公开出版物,推动了教育领域的决策与政策研究,产生了学术影响。

为跟踪和记录我国教育现代化进程，呈现并探讨教育改革与发展的阶段性成就和问题，宏观院组织编写了《教育发展年度报告丛书》，由相关领域的权威专家学者领衔，拟每年出版一套，作为《国家教育宏观政策研究院智库建设成果书系》的组成部分。在丛书构成上，《教育发展年度报告丛书》分为三个板块：一是国家教育发展报告，从整体上梳理、回顾过去一年我国教育事业改革发展的总体状况，为读者了解我国教育现代化进展提供整体性、概览性的介绍；二是各级各类教育发展年度报告，如学前教育、基础教育、高等教育、职业教育等，具体对其年度发展和重要议题进行全面梳理和深入分析；三是专题报告，聚焦教育领域若干重大现实问题，如教师队伍建设、区域教育发展、教育信息化应用创新等，呈现并剖析该专题领域当年的教育改革热点和难点。如果说前两类报告偏重的是"面"上的研究，第三类报告则重在"点"上的研究。全套丛书通过"点面结合"，试图为读者深入了解和进一步研究我国教育领域的各方面问题提供多维和全景的视角。

《教育发展年度报告丛书》的出版，得到了领导、前辈、同行和有关方面的大力支持和帮助。中国教育学会名誉会长、北京师范大学资深教授顾明远先生和华东师范大学教育学部主任袁振国教授为《国家教育发展报告（2019）》和《国家教师发展报告（2019）》欣然作序；华东师范大学教育学部石伟平教授、阎光才教授、胡耀宗教授、姜勇教授等分别领衔了职业教育、高等教育、基础教育和学前教育领域的研究和撰写工作；华东师范大学出版社彭呈军为丛书出版做了大量工作，在此一并表示衷心的感谢。

我们期待将《教育发展年度报告丛书》打造成一套精品力作，使之成为宏观院的又一学术品牌。当然，由于经验尚有不足，难免挂一漏万，诚挚希望广大热心读者批评指导，使我们的工作日臻完善。

华东师范大学国家教育宏观政策研究院执行院长、教授 郅庭瑾

2020 年 9 月

目录

总报告   1
- 一、《普惠有多远？——中国学前教育发展报告(2018—2019)》的研究背景   1
- 二、《普惠有多远？——中国学前教育发展报告(2018—2019)》的重要结论   2
- 三、《普惠有多远？——中国学前教育发展报告(2018—2019)》的远景思考   6

上篇 专题研究报告：我国普惠性学前教育建设的进展如何   11

第一章 我国普惠性幼儿园的内涵理解研究——基于ROST的文献和政策分析   13
- 一、我国普惠性幼儿园的内涵理解   13
- 二、基于ROST语词和社会网络语义分析   16
- 三、基于ROST文本内容分析   21
- 四、"普惠性幼儿园"内涵界定意义及建议   23

第二章 我国普惠性学前教育"获得感-5A"指标体系的构建与现状分析——基于全国34 806个样本的实证研究   34
- 一、研究缘起   34
- 二、研究设计   35
- 三、普惠性学前教育"获得感-5A"指标体系的构建   35
- 四、我国普惠性学前教育事业发展的现状分析——基于"获得感-5A"指标体系   40
- 五、深化普惠性学前教育公共服务体系改革发展的政策建议   49

第三章 我国学前教育财政投入的特征与对策研究——基于国际比较的视角   53
- 一、谁在承担学前教育的成本   54
- 二、学前教育阶段的投入规模如何   59

三、学前教育经费流向何处　　63
　　四、普惠性学前教育公共服务体系建设的财政投入对策　　67

第四章　我国普惠性民办幼儿园现行办园政策研究——基于我国12省（自治区、直辖市）出台的普惠性民办幼儿园的认定、扶持与管理办法的政策文本　　71
　　一、12省（自治区、直辖市）的普惠性民办幼儿园建设与发展中面临挑战：现状与突出问题　　72
　　二、基于当前我国12个省（自治区、直辖市）出台普惠性民办幼儿园管理政策的内容分析　　76
　　三、科学制定普惠性民办幼儿园管理政策的思考与建议　　81

第五章　我国普惠性民办幼儿园认定管理政策研究——基于ROST文本挖掘系统的分析　　83
　　一、问题的提出　　83
　　二、政策文本选择及分析框架　　84
　　三、政策文本的量化分析　　85
　　四、政策建议　　91

下篇　个案研究报告：地方政府普惠性精准施策的经验与探索　　95

第六章　广东省G市T区微小型幼儿园的实践探索　　97
　　一、何谓"微小型幼儿园"　　97
　　二、研究方法　　99
　　三、"微小型幼儿园"的实践探索　　100
　　四、启示与展望　　109

第七章　江西省S市推动区县普惠性学前教育发展的地方经验与启示——以4个区县为例（2016—2018年）　　112
　　一、灵活机动，因地制宜，推动小区配套园"转普"工作有序进行——W县推动小区配套园工作开展的探索与启示　　112
　　二、坚持问题导向，提前储备园长，完善考评制度，按需分层聘用——Q县解决

　　　　园长短缺问题的经验与启示　114

　　三、开展片区教研，发挥公办作用，辐射带动引领，区域合作共赢——G区学前教育
　　　　质量提升的探索　117

　　四、加大财政投入，优化支出结构，投入核心要素，提升使用效率——Y县对学前教育
　　　　财政支持情况的经验　120

　　五、江西省S市4个区县普惠性学前教育发展的启示　123

第八章　新疆南北疆三地推进学前教育普及普惠发展的若干经验　126

　　一、调结构，办园体制一主多元、相得益彰　126

　　二、增投入，生均学前经费指数持续增长，财政政策有效落实　131

　　三、保师资，提升教师待遇，改革职称制度，创新培训方式　133

　　四、提质量，城乡公民办一体、南北疆学前教育协同发展　138

　　五、普及普惠坚守政治立场，学前教育促进社会稳定　140

第九章　四川省推动公办学前教育发展的地方经验与启示——以G市和C市为例　142

　　一、G市补齐公办学前教育短板的地区经验　142

　　二、C市市级层面进行顶层设计，促进学前教育发展　145

　　三、C市各区县因地制宜，创新体制机制，推动公办学前教育发展　149

　　四、四川省推动公办学前教育发展经验的启示　155

第十章　贵州省T市普惠性学前教育公共服务体系建设的经验与启示　157

　　一、学位供给　157

　　二、管理机制　162

　　三、财政投入　165

　　四、师资培养　167

　　五、T市扩大、建强普惠性学前教育资源的启示与建议　170

后　记　173

总报告

改革开放走过了40年辉煌历程，中国特色社会主义进入新的时代，经济、社会、教育、文化、科技等各个领域的发展图景需要新的设计、新的思考。作为世界上最富活力的社会主义国家，我国政府近年来十分重视学前教育，在崭新的历史时期，我国学前教育事业改革与发展也面临着前所未有的机遇和挑战。

工业革命以来，纵观各国的发展历程，举凡科学、经济、文化强大的国家皆高度重视学前教育。一些发达国家更是极具战略眼光，将普惠性学前教育视为向贫困宣战、改善家庭代际恶性循环的国家战略工程与国家行动，并统一到国家意志的层面上来。提出建设普惠性学前教育公共服务体系的发展思路，是推进和提升学前教育公共服务水平的内在要求，是学前教育改革纵深、优质、可持续发展的必然道路，更是当前国家对学前教育发展中面临的突出、紧迫、核心和现实问题的正面回应。

一、《普惠有多远？——中国学前教育发展报告（2018—2019）》的研究背景

2010年发布的《国务院关于当前发展学前教育的若干意见》（国发〔2011〕41号）明确指出："学前教育是终身学习的开端，是国民教育体系的重要组成部分，是重要的社会公益事业……办好学前教育，关系亿万儿童的健康成长，关系千家万户的切身利益，关系国家和民族的未来。"这段表述明确了学前教育的性质、价值及其在国家发展中的重要战略地位。文件还提出，"发展学前教育，必须坚持公益性和普惠性"，公益性和普惠性成为国家发展学前教育的基本指导思想。2018年11月7日，第一个以中共中央、国务院名义印发的关于学前教育工作的重磅文件——《中共中央 国务院关于学前教育深化改革规范发展的若干意见》（以下简称《若干意见》）出台，明确提出："到2020年，全国学前三年毛入园率达到85%，普惠性幼儿园覆盖率（公办园和普惠性民办园在园幼儿占比）达到80%。广覆盖、保基本、有质量的学前教育公共服务体系基本建成，学前教育管理体制、办园体制和政策保障体系基本完善……到2035年，全面普及学前三年教育，建成覆盖城乡、布局合理的学前教育公共服务体系，形成完善的学前教育管理体制、办园体制和政策保障体系，为幼儿提供更加充裕、更加普惠、更加优质的学前教育。"可见，建成、建好普惠性学前教育公共服务体系已成为当前我国学前教育事业发展的头等大事。

本书作为国家教育宏观政策研究院执行院长郅庭瑾教授领衔并策划的"教育政策研究年度报告丛书"中的学前教育卷,拟围绕实现"普惠"这一学前教育的国家战略目标,呈现以下两个方面的研究内容与成果。

一是"专题研究"。聚焦我国普惠性学前教育发展的相关数据、政策以及研究文献,剖析我国普惠性学前教育的发展现状、研究成果与影响力,并依托姜勇教授所承担的国家社科基金重大项目"我国普惠性学前教育公共服务体系建设的路径和机制研究"(项目编号:18ZDA336)团队研发的工具与方法,对推进普惠性学前教育公共服务体系建设过程中的核心问题,如内涵理解、指标构建与监测、财政投入等,进行基于证据的研究,并在此基础上提出宏观政策建议。

二是"个案研究"。通过搜集和整理大量新闻和各类相关文献,对我国东中西部地区各省市普惠性学前教育公共服务体系建设的政策举措有了初步了解,之后经课题组论证并邀请专家指导,对东中西部地区进行目的性取样,积极与地方教育行政部门及一线园长、教师建立联系,通过实地调研,发掘"普惠"政策视角下地方学前教育发展的典型案例,形成生动详实的个案研究报告,以实现既凸显区域特点、形成创新机制和特色做法,又为面临相同问题的其他地区提供有参考意义的典型经验。

无论是专题研究还是个案研究,本书均以真实性和客观性为写作原则。首先,量化数据力求真实。书中基础数据主要来源于《中国教育统计年鉴》《中国教育经费统计年鉴》《全国教育事业发展统计公报》,以及中央和地方政府的官方网站、教育部门户网站、个案调研所在地教育部门提供的统计数据。本书图表中所呈现的数据均为依据基础数据进行归类统计、计算和比较分析的结果。其次,质性证据确保理性与客观。下篇对具有典型意义的地方经验以个案研究报告的形式呈现,参与案例收集和撰写的人员均为实地考察的博硕士研究生团队,其中所列举的地方政策、实际举措、访谈文本均经过地方相关工作人员的审核或转引自各地方政府官方网站及相关研究结果的公开信息。评论性的观点(如"启示与建议"等)仅代表本团队学术观点,不代表官方意见。

二、《普惠有多远?——中国学前教育发展报告(2018—2019)》的重要结论

(一) 普惠性幼儿园的内涵:基于ROST的社会网络语义分析

建设普惠性学前教育公共服务体系,推动普惠性学前教育发展是我国长期以来的战略目标,而普惠性幼儿园是实施普惠性学前教育的关键载体。因此,厘清普惠性幼儿园的内涵是实现战略目标的起点。本书系列研究第一章即基于学术文献和政策文件的不同话语体系,对普惠性幼儿园的内涵理解进行了分析。具体而言,以我国普惠性幼儿园内涵定义相关的学术文献和政策文件为研究载体,运用ROST CM6.0工具进行词频和社会网络语义分析,采用内容分析法,制定分析单元编码表并归类文献中涉及"普惠性幼儿园"或"普惠性学前教育"概念界定的具体的文本内容。分析发现,基于学术文献和政策文本的普惠性幼儿园内涵理解具备两个基本要素:一是要

做到"保基本",必须主要由中央或地方政府兜底,采用较低或合理的收费标准,同时兼顾质量,这样才能最大程度地保障和容纳适龄幼儿,使其能够接受有质量保障的学前教育;二是要做到"广覆盖",必须面向社会大众,服务社会、保证受众的广度,体现其公益性。我们发现,在相关定义的文本中,均将普惠性幼儿园明确定义为一种提供学前教育服务的举办机构,即"机构性",此类机构应满足学前教育服务的基本要求和特征;但由于对收费水平的高低和质量水平的标准界定不清晰,导致普惠性幼儿园的内涵仍然颇具争议性,因此必须基于当前普惠性幼儿园的发展困境,在学理层面进一步明确普惠性幼儿园的内涵。

(二)我国普惠性学前教育"获得感-5A"指标体系的构建与现状:基于全国7省34 806个样本的实证研究

我们以"什么是普惠性"这一问题为出发点,基于政策、学术、实践对此进行了实证研究。通过对7省市34 806个样本的分析,对指标进行了完善修订,从家庭、幼儿园、政府三个角度出发,形成了具有中国特色的"获得感-5A"体系框架,核心维度为"分得均"(Allocation)、"达得到"(Accessibility)、"配得齐"(Assorting)、"治得优"(Administration)、"惠得广"(All-in)。

通过对大样本数据的分析发现:我国普惠性幼儿园质量建设有基础,家长满意度高;园所收费得到有效降低,"入园难""入园贵"现象得到有效改善。但有些问题仍然比较突出,表现为:(1)财政投入结构性供给不足;(2)未充分发挥学前教育弱势补偿功能;(3)就近入园还需改善;(4)幼儿园教师职称、学历不容乐观,流动性较大。通过进一步思考,我们提出以下政策建议:(1)对普惠性学前教育资源的性质进行重新认定,完善普惠性民办园的认定标准与扶助办法;(2)建立科学的普惠性幼儿园生均公用经费财政拨款制度;(3)配套实施弱势儿童优先入园制度,完善学前教育资助体系;(4)充分利用地理信息支持系统软件(GIS)科学配置托幼机构资源;(5)提高幼儿园教师待遇,增强其专业热忱与职业信念。

(三)我国普惠性学前教育财政投入的研究与建设:基于国际比较的视角

自2011年学前教育行动计划实施以来,我国学前教育事业取得了显著的成效,投入总量大幅度提高。基于国际比较视角,我们回顾了2006年至2016年以来我国学前教育财政投入的发展,发现我国普惠性学前教育投入仍然存在以下问题:(1)我国学前教育成本分担结构不合理,政府承担比重偏低,家庭负担沉重,社会力量发挥不足;政府投入责任重心较低,各级政府间投入责任不明确,地区之间投入水平很不均衡。(2)学前教育投入规模不断扩大,但与经济合作与发展组织(OECD)发达国家仍有较大差距;生均教育经费增长速度较为缓慢,支出绝对值与发达国家相差甚远。(3)经费配置中偏重资本性支出,经常性支出不足;对学前教育质量核心要素的投入不够,教师薪资待遇水平偏低。

基于此,我们对普惠性学前教育公共服务体系建设的财政投入提出如下对策:一是各级政府要切实承担起投入的主体责任,并为社会力量营造稳定友好的投入环境,减轻家庭负担,提供"付得起"的学前教育;二是分级分类设立学前教育发展项目,关心处境不利的儿童,提供"顾得广"的学前教育;三是调整经费配置结构,关注幼儿园教师的薪资保障和专业发展,提升学前教育质量,提供"配得齐"的学前教育,从而建立起保基本、广覆盖、有质量的普惠性学前教育公共服务体系。

(四) 我国当前对普惠性民办幼儿园的认定管理:基于全国各省市 36 份政策文本的数据分析

我国学前教育发展以坚持政府主导为基本原则,强调各级政府在投入、监管等方面的责任,同时又坚持公办民办并举,尤其在我国经济发展进入新常态的情况下,发挥市场机制,调动社会力量显得尤为重要。国务院出台《国务院关于当前发展学前教育的若干意见》之后,各地以县为单位开始实施学前教育行动计划,其中二期行动计划要求"各地 2015 年底前出台认定和扶持普惠性民办园实施办法,对扶持对象、认定程序、成本核算、收费管理、日常监管、财务审计、奖补政策和退出机制等做出具体规定"。普惠性民办园成为当前我国学前教育政策中的重点扶持对象。

以我国普惠性民办幼儿园认定管理政策文本为研究对象,我们采用内容分析法,按照普惠性民办幼儿园的概念、认定条件、认定程序、管理监督、保障扶持 5 个维度,制定分析单元编码表并归类政策文本内容。我们通过 ROST CM6.0 数据挖掘系统文本分析软件,对政策文本进行量化分析及研究,总结出当前我国各省市普惠性民办园认定管理政策文件的基本内容结构及问题,研究发现:(1) 在概念上,地方政策文本对普惠性民办园的收费标准、质量水平、办学属性均作出了规定,但对以上三个核心标准仍存在争议。(2) 在认定条件上划定办园底线,强调达标、资质健全、无安全责任事故等基本办学要求;并在保底基础上,尤其关注其收费管理和财务资产管理。(3) 在认定程序上,基本遵循"书面申请——县区评审——市级抽评——社会公示——认定备案"的流程。(4) 在管理监督上,政府主要进行认定管理、退出管理、经费管理、收费管理、质量管理等,强调动态监管、信息公示,从而保证社会监督。(5) 在保障扶持上,各省市主要从优惠政策、财政扶持、园所帮扶、支持幼儿园教师队伍建设以及统一规划五个方面进行。

在此基础上我们认为,对于普惠性民办幼儿园的后续发展,从政策角度可以试行以下两种措施:一是实行普惠性民办园扶持双轨制,即一方面以幼儿为本,将普惠性民办园纳入幼儿园生均公用经费财政拨款范围,落实扶持资金,加大财政扶持力度;另一方面以普惠性民办园为落脚点,科学研究普惠性民办园评估指标体系,实施综合考评,定向实施扶持措施,合理配置资源,建立科学长效的普惠性民办园保障扶持机制。二是建设普惠性民办园动态追踪信息平台,依照政府要求和普惠性民办园评估指标等,针对普惠性民办幼儿园发展中的不同责任主体,包括各级政府的对口部门、普惠性民办园园长、家长等,开发多端口的数据填报系统,同时链接各层级数据中心,如教育部幼儿园办园行为督导评估系统等,分门别类存储海量数据信息,并通过大数据挖掘算法对普惠性民办园进行绩效评估、财务审计、质量监管等,深入分析数据的内在关系,实现信息可视化。

(五)地方政府创新普惠性学前教育资源供给的经验探索

伴随改革释放的巨大成果,中国人民群众的生活条件极大改善,人们对幼儿教育"优质化""均衡化"的要求与渴望也日渐增加。改革开放初期,家长的要求主要是"有园上",而现在,"上好园"则几乎成为每一位家长的迫切心声。学前教育已成为人民群众对优质教育、均衡教育、公平教育的新诉求、新渴望,成为事关千家万户切身利益的重大民生问题。本书的系列个案研究中,各省市普惠性学前教育公共服务体系的建设均体现出以供给侧改革为抓手、竭力满足人民群众学前教育需求的鲜明特色。

1. 供给侧的学位挖潜改革:有条件的地方适度放宽学位,城乡资源共享

贵州省T市S县通过公办幼儿园自行聘请合同制教师,使班级师资配备达到"三教一保",增大班额,使得学位供给量明显增加,且将其中大多数资源用于面向易地扶贫搬迁家庭和附近企业厂矿中进城务工家庭,为其开辟招生"绿色通道"。新疆W市也在有条件配齐"三教一保"的园所适度提高生师比,释放公办园学位。新疆K市利用农村资源"反哺"城市,在中心城区公办园所数量少、提供学位少与普惠性民办园学位供不应求的双重压力下,积极争取、创新施策,鼓励城市近郊农村幼儿园在满足周边农村幼儿"应入尽入"的前提下,利用富余学位招收周边城市户籍幼儿。

2. 供给侧的主体活力倍增改革:扩大扩增扩强公办性质幼儿园

四川省G市坚持教育优先发展战略,并提出"三个优先",即坚持规划优先安排、坚持用地优先满足、坚持资金优先保障,作为解决新建公办幼儿园用地、资金等难题的有效策略。新疆通过学前教育财政投入倾斜,保障农村地区公办幼儿园建设,"应建尽建"实现村村有园;园所、社区合力吸引农牧区家庭幼儿"应入尽入",保障农村幼儿接受学前三年免费教育。贵州省T市引入第三部门"一村一园"试点项目,激发政府创新活力,探索出了一套由教育部门、共青团、村委会"三驾马车"合力驱动乡村办园的运行机制,大力发展山村小规模公办幼儿园。另外,四川省C市G区还采用了"公建民营"模式,不改变国有资产的性质,由民办教育集团负责园所运营,在保障公办性质的情况下极大减少了幼儿园办园成本,激发了园所活力。

3. 供给侧的意愿动机激发改革:积极奖掖普惠性民办园

江西省S市W县灵活机动,因地制宜,规定规模较小且集聚分布的相邻小区合建幼儿园,幼儿园所在小区开发商享受地价优惠。贵州省T市对经认定并年检合格的普惠性民办幼儿园给予每生每天3元的学前儿童营养膳食补助,且各区(县)对普惠性民办幼儿园的土地税费进行减免,在很大程度上提升了T市民办幼儿园普惠性转型的热情与积极性。四川省C市根据群众对优质低价学前教育的需求,2011年推出公益性幼儿园,政府部门给予一定资金投入补偿,对根据实际

情况定价的普惠性幼儿园给予补助,是一种新型民办公助机制(PPP)支持社会资本建设幼儿园的模式。

4. 供给侧的新布局改革:科学配置机构资源

广东省G市T区出台《微小型幼儿园开办工作指引》,通过"规模和面积两放宽,师资和监管双提升",鼓励社会力量作为多元办学主体兴办微小型幼儿园,力图缓解中心城区"入园难"现象。此举打破园所规模化管理的窠臼,增加了片区学前教育学位供给。

5. 供给侧的经济挖潜改革:推动第三部门参与,释放第三财政的经济力量

第三部门是我国学前教育事业发展中的重要补充力量。贵州省T市在人、财、物均匮乏的艰苦条件下建设山村幼儿园的探索始于中国发展研究基金会在T市S县的大胆创新,第三部门独具的灵活工作方式激发了S县地方政府的创新活力,探索出一系列保障本地山村普惠性学前教育公共服务供给的制度措施;T市还积极争取第三财政的经济力量,近三年来,共获得中国少年儿童基金会、中国发展研究基金会、苏州市对口帮扶—东西部协作建设资金、社会捐赠资金等多渠道资金支持。新疆K市则依托救助儿童会项目建立起了结构化的三级师资培训体系,全面提升了区域学前教育质量,并借助救助儿童会的项目经费,对园长和骨干教师给予相应的培训经费补助。

除此之外,课题组实地调研的各省市还在学前教育助贫扶弱、保基提质等方面做出了许多努力。例如:贵州省T市为特定人群开辟入园"绿色通道",确保特惠先行;集团化管理、乡镇学前教育资源中心、片区教研制度"三位一体"搭建乡镇村一体化管理网络。又如江西省S市Q县立足实际需求,运用前瞻思维,将园长选拔与储备工作与幼儿园规划建设同步推进,确保新建园所保教质量。在普惠性学前教育公共服务体系建设中表现突出的各市、区(县)领导班子尤其是"一把手"对此项工作高度重视,成为推进政策有序实施的核心力量。诸多地区精准施策的宝贵经验,在此限于篇幅不一一赘述,详见本书下篇各章个案研究报告。

三、《普惠有多远?——中国学前教育发展报告(2018—2019)》的远景思考

建设普惠性学前教育公共服务体系,首在规划,重在执行,难在科学分析与有效破解学前教育改革与发展中面临的重点、难点和突出问题。我们认为,中国特色的普惠性学前教育公共服务体系的建设必须坚持一个中心,找准两个抓手,把握三个适度,处理好四对关系。

(一)一个中心:坚持"以人民为中心",建设中国特色的学前教育公共服务体系

普惠性学前教育公共服务体系建设的根本立场和价值导向是我国普惠性学前教育公共服务体系建设的风向标和指挥棒,起到先导性、全局性的重要作用。建设我国普惠性学前教育公共服务体系,必须坚持"以人民为中心"。习近平同志在党的十九大报告中把坚持以人民为中心作为

新时代坚持和发展中国特色社会主义的重要内容,并强调:人民是历史的创造者,是决定党和国家前途命运的根本力量。必须坚持人民主体地位,坚持立党为公、执政为民,践行全心全意为人民服务的根本宗旨,把党的群众路线贯彻到治国理政全部活动之中,把人民对美好生活的向往作为奋斗目标,依靠人民创造历史伟业。

坚持"以人民为中心",建设中国特色的普惠性学前教育公共服务体系,应做到:

一是坚持正确方向。要坚持立德树人、坚持服务国家、坚持改革创新,为人民服务,为中国共产党治国理政服务,为巩固和发展中国特色社会主义制度服务,为改革开放和社会主义现代化服务。二是站稳人民的根本政治立场。要坚定"为人民服务"的立场,明确学前教育公共服务体系建设的出发点和归宿是人民,必将将最广大人民的根本利益放于普惠性公共服务体系建设的首要位置。三是与中国特色的经济制度、政治、文化相结合。在社会主义市场经济背景下,公有制经济在国家居于主体地位,国家经济的迅速增长,对学前教育财政投入的大幅度提升,是构建中国特色的普惠性学前教育公共服务体系的重要经济基础,普惠性公共服务体系的建设必须抓住国家经济发展的良好契机,举全国之力,集中力量办大事,力争实现学前教育的跨越式发展。

(二) 两个抓手:以供给侧改革和质量提升为抓手,建立优质的公共服务体系

建设中国特色的普惠性学前教育公共服务体系,必须找准"入园难、入园贵"的源头——供需矛盾紧张,并着力回应"人民日益增长的美好生活需要和不平衡不充分的发展之间的矛盾",实现人民对优质学前教育资源日益增长的渴望。为此,应以供给侧改革和质量提升两方面为抓手,努力推进优质、充足、人民群众满意的公共服务体系建设。

1. 供给侧改革:扩总量、调结构、强实效

供给侧改革的实质是从提高供给质量出发,用改革的办法推进结构调整与整合,矫正要素配置的扭曲现象,扩大有效供给,提高供给结构对需求变化的适应性和灵活性,提高全要素生产率,从而更好地满足广大人民群众对有质量的学前教育的需要,促进学前教育事业持续健康和繁荣发展[1]。学前教育的供给侧改革,首要任务在于扩大有限的学前教育资源供给,重点在于优化教育资源供给结构,目的在于提高学前教育供给的质量与供给的效率。

2. 质量提升:以师资队伍建设为突破口,打造学前教育的大国良师

公平、优质、高效是学前教育内涵发展的新要求,也是学前教育由粗放式发展走向集约式发展的重要环节[2]。2020—2035年将成为我国学前教育事业发展与繁荣进步的关键阶段。在这15年内,我们要努力推进学前教育在10—15年的关键期内实现从"量"到"质"、从"保底"到"突破"、

---

[1] 龚雯,许志峰,王珂.七问供给侧结构性改革——权威人士谈当前经济怎么看怎么干[N].人民日报,2016-01-04(2).
[2] 张晋,刘云艳.学前教育内涵式发展研究[J].现代教育管理,2016(8):38-43.

从"不平衡不充分"到逐步"平衡充分"的跨越式发展。为此,我们必须转变观念,从只关注学前教育规模扩大、数量增长,转变为更关注质量提升,更注重内涵建设。我们还要格外关注学前教育事业发展中的关键且核心的"软性指标""柔性指标""绿色指标",特别是师资队伍建设,要将高素质的幼儿园教师队伍建设作为教育规划的重要目标。

(1) 扩充幼儿园教师队伍,"规范认证"与"临时认证"并举。针对我国幼儿园师资力量匮乏这一严重问题,我们可以探索尝试"临时认证"做法,通过短期的培养和认证制度迅速补充新教师,并在未来的3—5年为这些经过"临时认证"制度上岗的教师提供在职培训机会,从而缓解幼儿园师资不足的难题。

(2) 调整财政投入的方向结构,建立严格、切实的制度保障,保障幼儿园教师基本权益和发展机会。要建立起稳定的、可持续的制度,不断提高幼儿园教师的工资收入,进一步改善幼儿园教师的福利待遇,使广大幼儿园教师能安心从教,并能在高效能、有人情味的管理部门的支持与帮助下,增强获得感,实现自我价值和自我增值。

(3) 形成师资培养培训新理念,牢固树立"育人为本,实践取向,终身学习"的基本理念,进一步推进教师教育见实习课程改革,增强幼儿园教师开展立德树人启蒙教育的意识与能力,帮助幼儿园教师成为"四有"好老师。师资培养培训的方式方法尤其需要切实考虑我国区域经济、社会和教育发展水平的差异,从实际出发,分阶段、分区域、分层次有序推进。

(三) 三个适度:把握经济来源、内容推进和对象的"适度"

普惠性学前教育公共服务体系的建设一定要注意"适度性",这是与我国特定的社会发展阶段和社会发展进程相联系的。就现实国情来看,普惠还无法做到完全由国家财政包办,因而现在还只能是一种有限的福利。我国目前仍处于社会主义初级阶段,经济社会发展水平与西方发达国家相比,特别是与高福利国家相比,仍有很大的差距。尽管我国经济总量已稳居世界第二,但人均GDP却仍然很低,"穷国办大教育"的情况未根本改变,短期内我们还难以达到马克思主义畅想的"不折不扣平均分配"。因此,"适度性"是当前建设普惠性学前教育公共服务体系过程中的一个重要特征。我们要依照生产关系的发展水平确定学前教育公共服务体系的建构水平,将普遍性原则和差异化原则辩证统一起来,通过阶梯性路径,分层次、有重点地推进普惠性学前教育公共服务体系建设。

第一个适度是经济来源的适度,即随经济增长逐步调整"适度"的投入比例,以避免有限财政全覆盖之后为政府带来的巨额财政压力导致了对学前教育的投入难以为继,政府支持学前教育改革发展的经济能力大幅度减弱。第二个适度是内容推进的适度,即倾听人民群众的呼声,不断推进学前教育公共服务内容的"适度"覆盖。普惠性学前教育公共服务体系的项目和内容要逐步涵盖与学前教育相关的各个方面。第三个适度是对象的适度,即先要改善弱势家庭和处境不利家庭儿童的入园需求,要基于普惠性原则分层次、分对象提供选择性供给,优先满足弱势家庭和处境不利家庭对学前教育资源的吁求和渴望。

（四）四对关系：正确把握普惠性学前教育公共服务体系建设中的四对关系

有学者在总结欧洲的高福利国家在公共服务体系建设过程中的经验教训时，提出了判断一个福利模式好坏的四对关系：经济发展与福利支出的关系，福利支出中的基础部分与非基础部分的关系，福利机制中的"刚性"与"柔性"关系，福利责任结构中的政府与市场、家庭、个人之间的关系[①]。只有同时保证这四种关系的基本平衡，一个好的福利制度才能健康、可持续地运行。同样，在建设中国特色的普惠性学前教育公共服务体系时也要正确把握这四对关系。

1. 学前教育财政支出与经济发展、教育财政的关系

学前教育财政支出与经济发展，与整个教育系统财政间的关系，事实上就是政府财政如何"切蛋糕"的问题。普惠普及、有质量的学前教育是人民群众热切呼唤和期盼的民生需求。将普惠性学前教育公共服务体系建设列入民生工程加以重点推进，就是站在社会主义和谐社会的战略高度作出的重要决策。在构建普惠性学前教育公共服务体系的过程中，各级地方政府要努力在实现逐年增加教育财政投入总量的基础上，将教育投入向学前教育倾斜，真正践行党中央、国务院所倡导的以人为本、和谐发展理念，落实财政划分坚持发展为了人民、发展成果由人民共享，公共财政向满足社会公共需要倾斜的原则。

2. 基本学前教育公共服务和非基本学前教育公共服务的关系

在学前教育公共服务体系建设的过程中，必须要明确，哪些服务是由各级政府必须提供的，所有适龄儿童都可以享受的最低限度的公共服务；哪些是各级政府有责任发展，但是公民个人有权利选择享受或不享受的公共学前教育服务。基本学前教育公共服务强调的政府在建设公共服务体系中的责任底线、制度底线、政策底线、道德底线，是"不能含糊、必须坚持、必须保障"的基础部分，其重点应放置在保障大多数人的利益，优先保障基本需要，重在雪中送炭，而非锦上添花。将学前教育公共服务划分为基本学前教育公共服务和非基本学前教育公共服务，是为了更好地明确各级政府的责任与市场作用的边界，从而厘清多元主体的责任结构，实现对学前教育公共服务机制运行过程的有效调节和评估监控。

3. 学前教育公共服务体系建设中"刚性"与"柔性"的关系

社会福利制度理论中有"底线公平"一说，"底线以下部分，是政府和社会的责任，是必保的，刚性的；底线以上的部分，是可以用市场机制由企业、社会组织和个人去承担的，是柔性的"[②]。这就是福利制度中的"刚性"与"柔性"的关系。在学前教育公共服务体系的建设和运转中，我们需要处理好刚性和柔性制度的关系问题。作为社会的基本公共服务，政府必须确立刚性制度标准，

---

① 景天魁.创新福利模式优化社会管理[J].社会学研究,2012(4)：1-9.
② 陈怀远.我国应发展普适性的公共福利制度[J].江汉论坛,2007(10)：132-136.

严格守住底线，承担起发展学前教育的"底线责任"和"首要责任"。当然，在建立普惠性学前教育公共服务体系的过程中，政府能力也是有限度的，并且政府调控还会有"失灵"的可能，因此，在刚性制度中必须要加入柔性调节机制，发挥市场、慈善、互助机制等在推进学前教育公共服务供给中的作用，将刚性机制与柔性机制相互结合，才能既划清政府机制与市场机制的界限，明确二者的结合点和责任内容，又增加学前教育发展机制的灵活性和弹性，最终实现学前教育健康、稳定、可持续发展。

4. 学前教育发展中政府与市场、家庭之间的关系

学前教育改革要取得突破与新进展，问题的关键不仅仅在于经济发展本身，也不仅仅在于社会保障，而在于如何明确政府责任和市场机制之间的界限以及它们的结合点。在推进学前教育公共服务体系建设中，必须明确哪些学前教育服务的满足和项目的实现是政府必保的，哪些是可以交由市场去调节的，哪些是由政府、市场、家庭、社会组织采取某种责任分担方式可以共同承担的。基于学前教育公平公正的基本立场，许多国家和普惠性学前教育公共服务体系的构建，最现实的途径是在明确政府与市场、家庭责任关系，依照各方现有的发展水平和能力层次，清晰地定位与划分政府的责任比重和支持力度，发挥政府的"保底性"作用，对贫困地区、偏远农村地区、处境不利家庭、城市低保家庭的儿童和孤儿实行免费入园和各项补贴政策，对有高端服务需求的家庭在基于市场竞争的同时把握正确的方向，加强引导，形成政府、社会与家庭各方合力分担。

针对现阶段我国学前教育发展状况，我们认为，建设普惠性学前教育公共服务体系必须注重"短期路径"与"长期路径"相结合的原则。一方面，必须聚焦当前我国在普惠性学前教育公共服务体系建设中仍然存在的诸多难点、痛点和亟待解决的问题，思考普惠性学前教育公共服务体系建设的"路径"，将问题细化和深入，通过短平快、实效性强的一系列举措，真正打通普惠性学前教育公共服务体系建设的最后一环。针对学前教育改革与发展过程中面临的关键问题、短板问题、核心问题、紧迫问题等重点攻关，这是推进普惠性学前教育公共服务体系建设的重要攻坚战。另一方面，我们还要看到学前教育公共服务的资源不足和质量不均的问题，究其根源在于学前教育的体制机制还不健全，制度的"碎片化"现象仍然严重，普惠性学前教育公共服务体系建设还缺乏系统的、宏观的、整体性的设计。在通过"短期路径"扫除阻碍学前教育发展的紧迫问题的同时，我们还要加快学前教育发展从"普遍碎片型"向"普遍整合型"的制度整合，即要针对办园体制、投入体制、管理体制、用人机制和工作机制等方面进行系统的改革创新，要本着价值引领、问题导向、实践探索、协同创新和专业取向的基本原则，将重点放在准确定位学前教育、深化管理体制改革、完善学前教育评价与监测体系等关键环节上，在改革体制机制的同时促进学前教育质量的提升，并强化各级政府在发展学前教育方面应有的规划、投入、举办和监管责任，为学前教育的长期、健康发展提供坚实的机制保障。

上 篇

专题研究报告：我国普惠性学前教育建设的进展如何

第一章 我国普惠性幼儿园的内涵理解研究
——基于ROST的文献和政策分析

2010年5月颁布的《国家中长期教育改革和发展规划纲要(2010—2020年)》[1](以下简称《纲要》)和同年11月国务院以国发〔2010〕41号印发《国务院关于当前发展学前教育的若干意见》[2](以下简称《意见》),均体现了党中央、国务院对发展学前教育的高度重视,表明了国家坚持普惠性学前教育的发展方向,对推动建设普惠性学前教育公共服务体系具有重要指导意义。而在对"普惠性学前教育"相关的内涵界定中,《纲要》和《意见》都提出发展普惠性学前教育必须坚持"公益性"和"普惠性"的原则,而实现"公益性"和"普惠性"首先需要做到"广覆盖"和"保基本",也就是说普惠性学前教育应该是面向社会大众并重点扶助和保障社会弱势群体享受基本学前教育权利的社会服务。至此,"普惠性学前教育"看似有了清晰的概念界定,然而这些界定又是相对抽象的,落实到具体的学前教育承办方(主要是幼儿园),社会群体真正关心的是自己的孩子如何才能入好园、入优惠园。因此,从普惠性学前教育指标体系中的五大维度出发厘清普惠性幼儿园的内涵更加具有现实意义。

一、我国普惠性幼儿园的内涵理解

首先,从理论层面的学术期刊论文来看学者们对于普惠性幼儿园的内涵理解现状。总体来看,理论界对于普惠性幼儿园的内涵认识仍相对模糊。王海英认为:"学前教育普惠性的内涵非常丰富,主要包括三个层面。一是指受惠面的普遍化、扩大化,依据的标准是公民权利而非身份地位;二是指幼儿教育作为公共产品之一,由政府承担施惠方的责任;三是指普惠性学前教育的核心目标是普及学前教育,提升学前教育质量。"[3]杨卫安、邬志辉认为:"普惠性学前教育有以下几个层次的含义:一是受益主体的多元性,受益主体包括国家、办园者、教师、受教育者及家庭等。二是普惠性学前教育的弱势补偿性质。三是保教质量的高水平。"[4]由此可以看出,王海英以及杨

---

[1] 国家中长期教育改革和发展规划纲要(2010—2020年)[J].中国民族教育,2010(Z1):7-21.
[2] 国务院关于当前发展学前教育的若干意见[J].楚雄政报,2011(1):5-7.
[3] 王海英.从特权福利到公民权利——解读《国务院关于当前发展学前教育的若干意见》中的普惠性原则[J].幼儿教育(教育科学版),2011(1):7-11.
[4] 杨卫安,邬志辉.普惠性学前教育的内涵与实现路径[J].广西社会科学,2014(10):199-202.

卫安、邬志辉等学者是从高度概括化的角度去对普惠性学前教育进行内涵阐释,但并未对普惠性学前教育真正的主要实施场所——普惠性幼儿园进行内涵的剖析。冯晓霞认为,普惠性幼儿园是"公共资金举办面向社会大众的公共学前教育服务机构"[1],普惠性体现在"公共资金"和"面向大众"上。秦旭芳、王默认为:"普惠性幼儿园是公平性、公益性在教育上的延续,其目的是使广大人民群众享有平等受教育的机会。"[2]这里虽然跳出了普惠性学前教育的框架尝试对普惠性幼儿园作内涵解释,但是解释相对比较抽象,内涵依旧比较模糊。随着脑科学等多学科研究的不断推进,世界各国对学前教育的重要性已然达成共识。近年来,欧洲多国逐步将学前教育纳入政府工作议程,逐步将可获得、付得起、有质量的普惠性学前教育作为普及学前教育的基本定位与方向[3]。但总体而言,对普惠性幼儿园的内涵界定不足且相关研究较少,但查阅资料发现,有关普惠性民办园的研究较为丰富。余中根[4]深刻探析了普惠性民办幼儿园的内涵及政策价值,杨大伟[5]等研究了民办园普惠化的动力和运行机制,李芳[6]等就普惠性民办幼儿园认定管理政策文本进行了 ROST 数据挖掘系统的分析,而景赛男[7]研究了普惠性民办园的认定、监管与资助困境及对策。有关普惠性民办园的地区或个案性研究,罗燕[8]分析了西部地区普惠性民办幼儿园的可持续发展,雷芳[9]针对长株潭三市普惠性民办园分析了其建设中存在的问题并给出了对策建议,李妍君[10]以 N 区为例研究了重庆市普惠性民办幼儿园运行保障的现状。在改进建议方面,崔晴[11]分析了普惠性民办幼儿园发展的问题及建议并提出了政策制度优化的建议,王声平[12]等探析了政府发展和管理普惠性民办幼儿园的现状并提出改进建议。由此可见,相较于普惠性幼儿园的内涵理解,研究者更多地从实证的角度去探析普惠性幼儿园(尤其是普惠性民办园)在具体操作层面上的问题。姜勇[13]等在《普惠性学前教育的内涵辨析与发展路径创新》一文中提出了三种话语形态(政策语言、学术语言和公众语言)中的"普惠性",对普惠性民办园的认定管理政策样本中关于"普惠性"的界定进行了 ROST 内容分析,并尝试从教育公平诉求下的"5A",即"付得起"

---

[1] 冯晓霞.大力发展普惠性幼儿园是解决入园难入园贵的根本[J].学前教育研究,2010(05):4-6.
[2] 秦旭芳,王默.普惠性幼儿园的内涵、衡量标准及其政策建议[J].学前教育研究,2012(07):22-26,30.
[3] 刘焱,武欣.欧洲国家发展普惠性学前教育的路径选择[J].比较教育研究,2019,41(01):69-75,84.
[4] 余中根.普惠性民办幼儿园的内涵及其政策价值[J].聊城大学学报(社会科学版),2016(06):111-115.
[5] 杨大伟,胡马琳.我国民办园普惠化的动力、运行机制及其政策制度优化[J].教育科学,2019,35(01):32-38.
[6] 李芳,姜勇.我国普惠性民办幼儿园认定管理政策文本的 ROST 数据挖掘系统分析[J].教育经济评论,2019,4(03):108-121.
[7] 景赛男.普惠性民办幼儿园的认定、监管与资助困境及对策研究[J].河西学院学报,2019,35(02):93-97.
[8] 罗燕.浅析西部地区普惠性民办幼儿园的可持续发展[J].教育现代化,2019,6(53):128-130.
[9] 雷芳.长株潭三市普惠性民办幼儿园建设存在的问题与对策建议[J].学前教育研究,2014(11):23-28.
[10] 李妍君.重庆市普惠性民办幼儿园运行保障的现状研究[D].重庆师范大学,2018.
[11] 崔晴.普惠性民办幼儿园发展问题及建议[J].教育观察,2019,8(03):72-74.
[12] 王声平,皮军功,关荆晶.政府发展和管理普惠性民办幼儿园的现状及其改进建议[J].学前教育研究,2018(08):17-27.
[13] 姜勇,李芳,庞丽娟.普惠性学前教育的内涵辨析与发展路径创新[J].学前教育研究,2019(11):13-21.

(affordability)、"达得到"(accessibility)、"配得齐"(assorting)、"顾得广"(all-covering)和"适得度"(appropriateness)这五个维度,对普惠性学前教育公共服务体系进行特征的解读,认为着力方向是特惠先行,并对如何建设普惠性学前教育公共服务体系进行路径创新。可以看出,姜勇团队并非满足于对普惠性幼儿园进行界定,而是从立足全局的角度让普惠性学前教育各方面的研究为普惠性学前教育公共服务体系的建设服务。

其次,从实践层面的政策内容来看普惠性幼儿园的内涵,这里主要关注中央和地方出台的相关政策。研究发现,实践层面的政策文件中,对普惠性幼儿园的内涵概念并未达成一致。并且与理论学术界相比,各地似乎并不认为有给普惠性幼儿园进行界定的必要,但对于普惠性幼儿园中的普惠性民办幼儿园,各地正在努力尝试给其下一个更加具有操作性的定义。《意见》虽然没有对普惠性幼儿园进行界定,但在"多种形式扩大学前教育资源"部分规定了"大力发展公办园,提供'广覆盖、保基本'的学前教育公共服务""加大政府投入,新建、改建、扩建一批安全、适用的幼儿园""积极扶持民办幼儿园特别是面向大众、收费较低的普惠性民办幼儿园发展"。这些规定对普惠性幼儿园提出了明确要求,并未指明"广覆盖、保基本、安全适用、面向大众和收费较低"就是普惠性幼儿园的特征,只说明这些可能是普惠性幼儿园应当具备的一些性质。但是很多地方政府在对中央文件进行解读时,特别是在对普惠性幼儿园进行概念界定时,片面地将这些作为普惠性幼儿园的主要特征。而在全国政协委员、北京师范大学教授刘焱看来,方便可及、可负担、有质量是普惠性幼儿园的三个基本特征。北京市最新发布的《北京市普惠性幼儿园认定与管理办法(试行)》规定,"'普惠性幼儿园'是指'有质量,价格与公办园相当,百姓上得起'的幼儿园主体";申报普惠性幼儿园认定须达到两个条件:登记性质为非营利性;被认定为普惠性幼儿园的园所在北京市幼儿园办园质量督导评估中评价结果为C类及以上[①]。在政策层面上默认公办园就是普惠性幼儿园,而公办园一直以来都有相关的等级认定标准,因此各个地方政府的普惠性幼儿园认定标准主要都是针对民办园设立的。关于普惠性民办园的政策研究可参考李芳、姜勇[②]、姜晓玥[③]、余中根[④]等研究者的相关研究。由此可知,对于政策文件中有关普惠性幼儿园的界定不足,但相关政策研究或能为普惠性幼儿园的相关标准提供新的思路。

关于"普惠性幼儿园"的相关概念界定,可将其分为"普惠性学前教育"和"幼儿园"两部分。普惠性学前教育在一定程度上限定了幼儿园的性质。在余中根[⑤]的研究中曾对"普惠"一词进行

[①] 中华人民共和国教育部.北京发布普惠性幼儿园认定新规.[EB/OL].[2019-09-12].http://www.moe.gov.cn/jyb_xwfb/s5147/201902/t20190218_369831.html.
[②] 李芳,姜勇.我国普惠性民办幼儿园认定管理政策文本的ROST数据挖掘系统分析[J].教育经济评论,2019,4(03):108-121.
[③] 姜晓玥.普惠性民办幼儿园政策研究[D].南京师范大学,2014.
[④] 余中根.普惠性民办幼儿园的内涵及其政策价值[J].聊城大学学报(社会科学版),2016(06):111-115.
[⑤] 余中根.普惠性民办幼儿园的内涵及其政策价值[J].聊城大学学报(社会科学版),2016(06):111-115.

了剖析,认为"普惠"来源于经济学上的普惠制,而普惠制具有三个基本原则,即普遍原则、非歧视原则和非互惠原则。由此可推出,普惠性学前教育是学前教育提供者给予接受者普遍的、非歧视的、非互惠的一种学前教育优惠制度;幼儿园指的是对三周岁以上学龄前幼儿实施保育和教育的机构。通过对"普惠性学前教育"和"幼儿园"的概念进行分析,由此我们可以试着对"普惠性幼儿园"下定义,即普惠性幼儿园指的是学前教育提供者面向社会举办的对三周岁以上学龄前幼儿实施保育和教育的机构,在此类机构中,学前教育提供者给予接受者普遍的、非歧视的、非互惠的保育教育服务。

综上可知,从学理层面定义普惠性幼儿园偏于抽象,而目前还没有相关研究从微观角度和实践层面为普惠性幼儿园给出操作性定义,然而普惠性学前教育必先立足于普惠性幼儿园的建设,普惠性幼儿园的指标体系架构和内涵维度界定亟待研究。

二、基于 ROST 语词和社会网络语义分析

本研究基于文献和政策文本展开,借助 ROST CM6.0 内容挖掘软件对从 2010 年冯晓霞[①]老师的《大力发展普惠性幼儿园是解决入园难入园贵的根本》一文开始的学术文献及同年以来的普惠性幼儿园相关政策文件入手,对"普惠性幼儿园"进行深入的数据挖掘和文本分析,以厘清其概念。

(一) 数据基础

我们以普惠性幼儿园为主题词,以中国知网为限定来源进行文献检索,按照发表年度进行排序,截至 2019 年 6 月 10 日,按照发表年度从 2010 年至 2019 年检索到关于普惠性幼儿园的 371 篇文献。为进一步对下载的文献进行筛选,在阅读文献过程中笔者调整并确定了纳入标准:(1) 文献需建立在学术研究的基础上;(2) 文献中必须涉及"普惠性幼儿园"或"普惠性学前教育"的相关内容。经过筛选,最终纳入 237 篇文献。关于政策文件,对中国教育部官网以及各地区教育行政部门官网中有关"普惠性幼儿园"的相关政策文件进行整合,以此作为政策文件的文本基础。

(二) 研究工具和研究方法

本研究使用 ROST CM6.0 软件,对选用的文献内容进行词频分析以及语义网络分析。词频分析法是利用揭示或表达文献核心内容的关键词或主题词在具体研究领域文献中出现的频次高低,来确定该领域研究热点以及发展动态的文献计量方法。词频分析法可以统计文献核心关键

---

① 冯晓霞.大力发展普惠性幼儿园是解决入园难入园贵的根本[J].学前教育研究,2010(05):4-6.

词出现的频次,如果某个关键词在该领域反复出现,说明该词是研究的重点和热点词。语义网络分析是社会网络分析方法中的一种,可以描绘政策文本的知识特征,形象地呈现各个特征之间的联系。语义网络分析利用计算机辅助手段,一方面可以克服传统内容分析的主观性,另一方面也可以降低人工编码成本,提高内容分析效率。

1. 学术文献的数据挖掘分析

(1) 原始内容的词频分析

研究将筛选出来的270篇文献内容整合到一个文本中,利用ROST软件进行词频分析,截取前300个词,再从中提取前30个高频词(见表1-1)。由表1-1可知,"普惠性幼儿园"学术文献中前10个高频关键词为:"幼儿园""学前教育""普惠""民办""教育""发展""政府""教师""政策""幼儿"。进一步分析可知,对于所需要研究的内容而言,"幼儿园""学前教育""普惠"等词都是相对无意义的。基于此,本研究对于前50个词中的无意义词语进行了删减,并得到了新的分析文本。

表1-1 "普惠性幼儿园"在相关学术文献中前30个高频关键词

关键词	词频	关键词	词频	关键词	词频
幼儿园	12 019	质量	2 355	农村	1 340
学前教育	8 516	公办	2 128	经费	1 311
普惠	8 257	服务	2 010	资源	1 253
民办	6 739	问题	1 864	保障	1 238
教育	6 246	投入	1 853	公共	1 218
发展	5 390	管理	1 831	收费	1 131
政府	3 835	社会	1 710	入园	1 087
教师	3 418	研究	1 631	儿童	1 057
政策	2 810	建设	1 623	机构	1 055
幼儿	2 486	标准	1 484	国家	952

(2) 剔除无意义内容后的词频分析和社会网络语义分析

剔除相关无意义词之后,本研究再次利用ROST软件进行词频分析,提取前30个关键词(见表1-2)。由表1-2可知,"普惠性幼儿园"学术文献中前10个高频关键词为:"发展""政府""教师""政策""质量""服务""投入""管理""社会""建设"。进一步分析可知,首先,"普惠性幼儿园"是国家、政府为了解决幼儿"入园难""入园贵""入园远"等问题提出来的,强调为广大学前儿童提供基本的、有质量保障的学前教育,从而促进学前教育公平。因此,"政府""政策""发展""教师""质量""服务"等词位于前列。其次,基本的、有质量保障的学前教育离不开资金投入与支持,离不开标准和监控。因此,"投入""经费""标准""机制"等位列其中。除此之外,普惠性的学前教育更应该是面向社会大众、促进社会变革、扶持弱势农村群体的教育。因此,"农村""社会""建设""扶持""公平"和"公益性"等词也囊括在内。

表1-2 "普惠性幼儿园"在学术文献中整合后前30个高频关键词

关键词	词频	关键词	词频	关键词	词频
发展	5 390	标准	1 484	机制	1 041
政府	3 835	经费	1 446	提高	983
教师	3 418	农村	1 432	水平	895
政策	2 810	资源	1 253	扶持	856
质量	2 355	保障	1 238	资金	779
服务	2 010	公共	1 218	改革	749
投入	1 853	收费	1 131	条件	659
管理	1 831	入园	1 087	经济	634
社会	1 710	国家	1 087	公平	569
建设	1 623	机构	1 059	公益性	502

本研究对剔除无意义词后的"普惠性幼儿园"学术文献文本还进一步进行了社会网络语义分析,由于ROST软件分析的原始文本有大小限制,本研究将社会网络语义分成了三部分来进行,分别是2010—2015年、2016—2018年以及2019年,结果分别为图1-1、图1-2和图1-3。此外,由于社会网络语义分析是基于词频分析中的高频词而来,社会网络语义分析图揭示了其核心词,

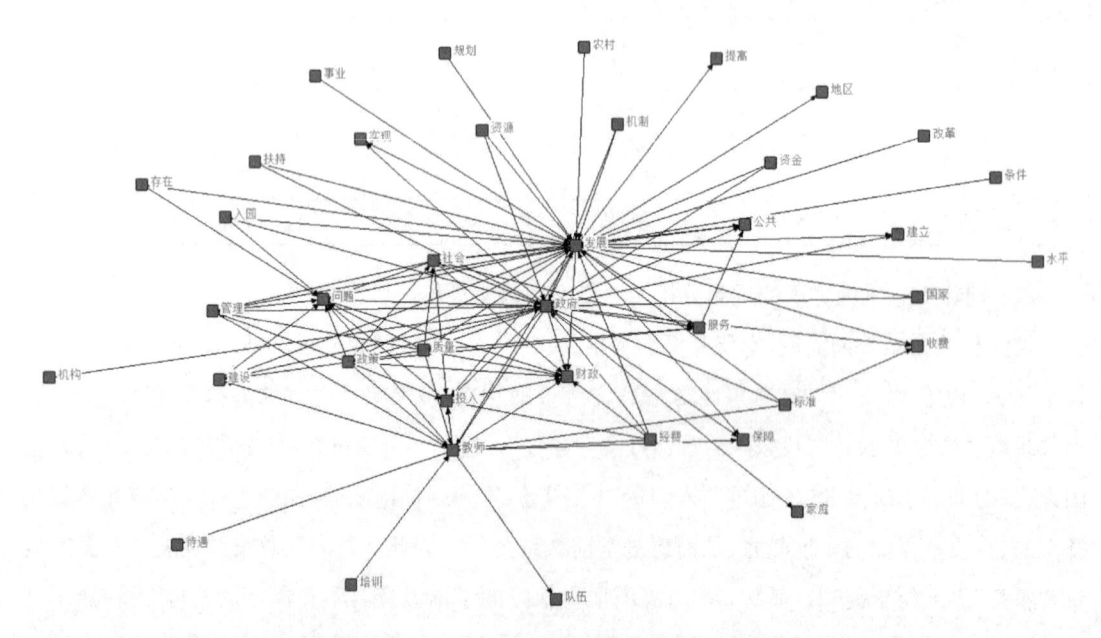

图1-1 "普惠性幼儿园"学术文献整合后的社会网络语义分析图(2010—2015年)

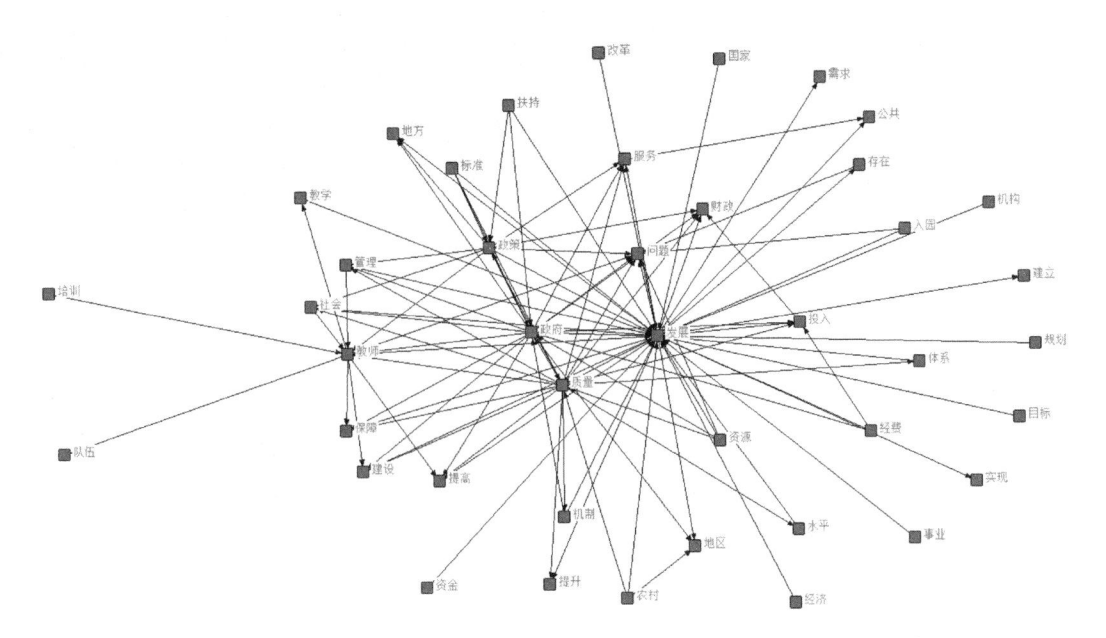

图1-2 "普惠性幼儿园"学术文献整合后的社会网络语义分析图(2016—2018年)

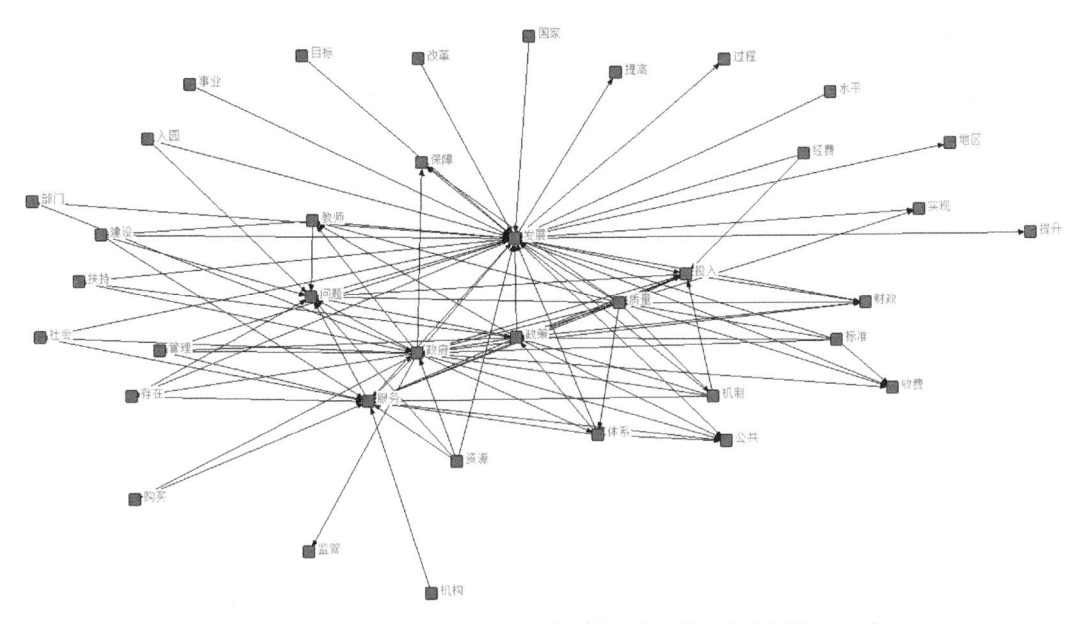

图1-3 "普惠性幼儿园"学术文献整合后的社会网络语义分析图(2019年)

以"发展""政府""财政"等词为中心簇布,主要词簇包括"社会""政策""质量""管理"等。可见,"普惠性幼儿园"的主要施惠方是政府,这与国家政策要求相符合,强调政府举办、政府扶持,尤其是政府的财政经费支持与保障等。关键词中"教师"占有较大比重,这体现出普惠性幼儿园的师资建设是很重要的一环,要让家长放心首先就需要保证有质量的师资队伍。关键词中"服务"也占有一定比重,主要表现为普惠性幼儿园的受惠方是社会大众,关注社会公平以及公益性和普惠性,并向弱势群体倾斜。"经费"中的合理分配和财政经费的投入是保障幼儿园质量的重要手段和机制。

2. 政策文本的数据挖掘分析

(1) 政策文本的词频分析

笔者将中国教育部官网以及各地区教育行政部门官网中有关"普惠性幼儿园"的相关政策文件整合到一个文档当中,同样利用 ROST 软件进行词频分析,截取前 300 个词,再从中提取前 30 个高频词(见表 1-3)。由表 1-3 可知,"普惠性幼儿园"政策文件中关键词前 10 个高频词为:"教师""培训""学校""发展""建设""督导""管理""加强""社会""安全"。进一步分析可知,首先,"普惠性幼儿园"已经提升到了国家建设层面的新高度,政策文件层面主要是从宏观上对"普惠性幼儿园"的建设进行更加清晰的定位,因此,"建设""督导""管理"等词位于前列。其次,普惠性幼儿园建设的受惠方是广大社会群体,因此,"社会""安全""开展""保障"等词位列其中。除此之外,普惠性学前教育的发展不仅仅依靠红头文件的下达,更多地需要各级政府部门的具体执行,由此,"改革""指导""培养""评估"等词亦在其中。

表 1-3 "普惠性幼儿园"在政策文件中整合后前 30 个高频关键词

关键词	词 频	关键词	词 频	关键词	词 频
教师	498	落实	138	保障	117
培训	289	计划	133	机制	113
学校	240	项目	131	培养	111
发展	233	部门	130	改革	110
建设	216	资源	128	组织	107
督导	198	国家	127	地区	107
管理	190	开展	123	贫困	106
加强	173	建立	122	职业	104
社会	159	评估	121	指导	103
安全	146	高校	119	应当	101

(2) 社会网络语义分析

我们同样对政策文件进行了社会网络语义分析(见图 1-4)。由图可知,首先,以"加强""建设""发展"等词为中心簇布,主要词簇包括"建立""推进""社会""保障"等,"普惠性幼儿园"已经提升到了国家建设层面的新高度,政策文件主要是从宏观治理上对"普惠性幼儿园"的发展作出规定,因此,"建设""加强""管理"等词位于中心。其次,普惠性学前教育的建设受惠面是广大社会全体,因此,"社会""安全""开展""保障"等词位列其中。除此之外,普惠性的学前教育的发展不仅仅依靠红头文件的下达,更多地需要下面的具体执行,由此,"改革""指导""培养""评估""推进"和"制定"等词亦在其中。

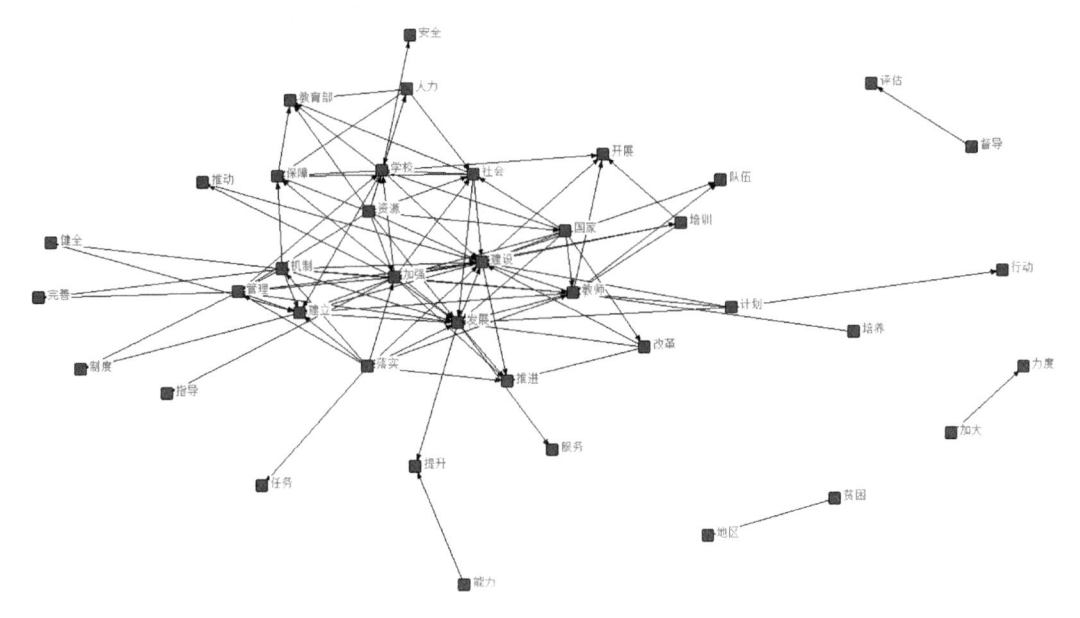

图1-4 "普惠性幼儿园"政策文本整合后的社会网络语义分析图

三、基于ROST文本内容分析

(一) 文本选择

我们将最终确定的237篇文献进行进一步的内容检索,确定检索内容为文献中对"普惠性幼儿园"或"普惠性学前教育"的相关定义辨析,由此依据57份文献得出59个相关定义。由于政策文件中不涉及相关定义,因此剔除。具体筛选出来的"普惠性幼儿园"或"普惠性学前教育"相关定义及文献来源见本章附表(见表1-5)。

(二) 文本内容的量化分析

《意见》和《纲要》都提出普惠性学前教育的发展必须坚持公益性和普惠性原则,而坚持这些原则必须做到"广覆盖"和"保基本",这与政策文件中的相关限定词"面向大众"和"收费较低"相吻合。经过对文献中有关"普惠性幼儿园"和"普惠性学前教育"的相关定义进行词频分析后,发现高频词前十位中包含"收费""面向""社会""大众"等词(详见表1-4)。"面向大众"和"收费较低"并未将普惠性幼儿园的所有属性和特征纳入其中,从词频统计表中不难发现,"政府""质量"等词也是普惠性幼儿园需要反映的特征。

表 1-4 "普惠性幼儿园"或"普惠性学前教育"相关定义的词频统计

关键词	词频	文献文本（括号内为频次）
收费	40	收费较低(12)；收费合理(11)；收费实行政府定价或接受政府指导价(4)；收费适度性(3)；没有昂贵的收费(2)；不高收费(1)；收费将不高于同类公办园的收费标准(1)；收费控制在大部分群众都能承受的范围之内(1)；收费可以被普通大众接受(1)；收费适中(1)；制定收费标准(1)；取消入园费、赞助费等高昂收费项目(1)；收费和发展受到政府监督(1)
政府	39	受政府资助或委托(7)；政府定价(5)；接受政府指导价(5)；政府补偿性(4)；政府购买服务(2)；由政府认定(2)；政府给予较多资助与监督(2)；政府补贴(1)；由各级政府按比例提供教育教学经费(1)；接受国家或当地政府的定期评估(1)；达到政府规定办园标准(1)；政府优惠政策(1)；明确各级政府主要财政收入责任(1)；政府通过对民办幼儿园的补偿来保证幼儿阶段的入学需求(1)；由政府出资进行补助(1)；由政府举办(1)；接受政府限制与监督管理(1)；政府也需要根据当地民办幼儿园的实际发展状况及已有的相关教育政策给予其财政补助和帮扶措施(1)；政府主导模式(1)
质量	39	质量有保证(13)；有质量(8)；质量有保障(5)；高质量(4)；质量较高(2)；质量上乘(2)；质量合格(1)；保教质量的高水平(1)；质量良好(1)；提高教育质量(1)；保育教育质量达到同类公办幼儿园水平(1)
面向	34	面向大众(19)；面向社会大众(3)；面向社会大众招生(3)；面向社会举办(3)；面向大众定价(1)；面向所有儿童(1)；面向大部分适龄幼儿(1)；面向社会所有家庭进行招生(1)；面向大多数人(1)；面向全体公民(1)
社会	32	面向社会大众(13)；由国家机构以外的社会组织或者个人(5)；社会公益性(5)；社会公共服务工程(2)；整个社会都应从中受益(1)；不以身份差异和社会烙印作为衡量能否接受学前教育的标准(1)；使其有可能改变原有的社会地位(1)；促进社会公平(1)；社会福利性教育(1)；社会处境不利人群(1)；实现学前教育资源在整个社会范围内的均衡分配(1)
大众	30	面向大众(21)；面向社会大众(6)；大众的(2)；收费可以被普通大众接受(1)
服务	27	学前教育服务(7)；普惠性服务(3)；公共学前教育服务(2)；社会公共服务工程(2)；政府购买服务(2)；早期教育服务(2)；学前教育公共服务(2)；服务的对象是公共群体(1)；具有公共服务性质(1)；服务对象是对学前教育有需求的普通民众(1)；保育和教育服务(1)；服务对象必须面向大众(1)；服务优质(1)；提高教育服务质量(1)
机构	23	国家机构(6)；公共学前教育服务机构(3)；不是以赚钱为目的的营利机构(2)；普惠性幼儿教育机构(2)；早期教育服务机构(2)；学前教育机构(1)；实施保育和教育的机构(1)；此类机构(1)；公立机构(1)；非营利性民办教育机构(1)；社会机构(1)；机构性质为非营利性(1)；政府机构(1)
保证	20	质量保证(13)；有保证的(1)；保证足够数量的幼儿园(1)；保证所有适龄幼儿有园可上(1)；保证学前教育真正"普遍惠及每一个儿童"(1)；保证幼儿教育公平(1)；保证每一位幼儿享有公平、公正的受教育机会(1)；保证幼儿阶段的入学需求(1)
公益性	19	社会公益性(5)；具有公益性(4)；强调它的公益性(2)；公益性、公平性和优惠性(2)；公平性、公益性在教育上的延续(2)；一是"公益性"(1)；"公益性"强调学前教育并非"私人产品"(1)；公益性组织(1)；公益性幼儿园(1)

我们同样用 ROST CM6.0 软件对文献文本进行了社会网络语义分析（见图 1-5）。由图可知，定义围绕"普惠性"展开，图左侧为中心簇布区，主要以"服务""面向""政府""大众""收费""社会"为中心簇布，主要簇词有"质量""合理""保障""机构""举办""特征"等。

基于以上分析，我们再次剖析"普惠性幼儿园"的内涵。首先，普惠性幼儿园基于其普惠性，要做到"保基本"，必须主要由国家或政府兜底，采用较低或合理的收费标准，同时兼顾质量，这样

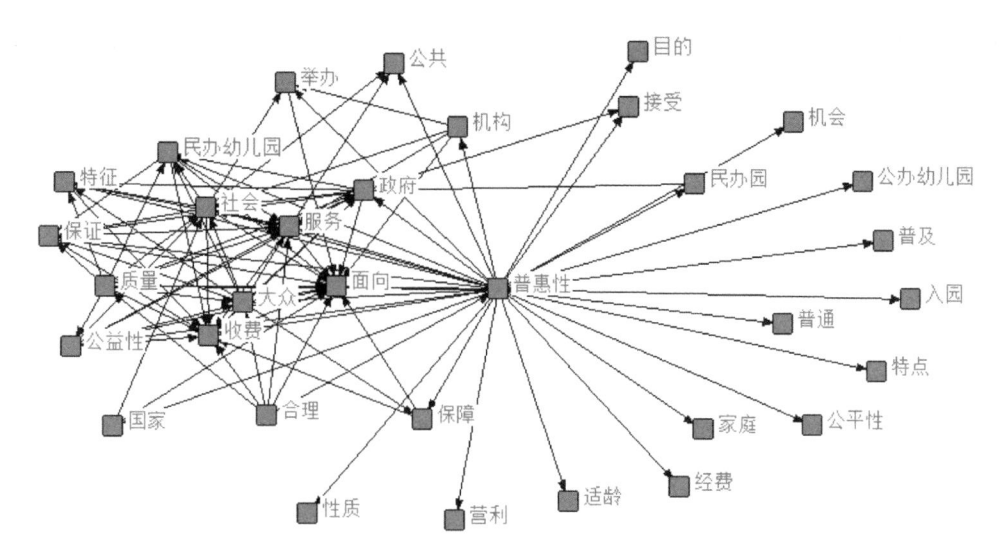

图1-5 "普惠性幼儿园"、"普惠性学前教育"相关定义的社会网络语义分析图

才能最大程度地保障和容纳适龄幼儿,帮助其接受有质量保障的学前教育。其次,同样基于其普惠性,要做到"广覆盖",必须面向社会大众,服务社会、保证受众的广度,体现其公益性。最后,在相关定义的文本中,一般将普惠性幼儿园定义为一种提供学前教育服务的举办机构,即普惠性幼儿园的"机构性",此类机构应满足学前教育服务的基本要求和特征。但对收费水平的高低和质量水平的标准界定不清晰,导致"普惠性幼儿园"的内涵仍然颇具争议性,而"普惠性幼儿园"的内涵界定问题反映了普惠性幼儿园办园的定位问题,同时也是普惠性幼儿园的逻辑起点。因此,我们必须基于当前普惠性幼儿园的发展困境,在学理层面进一步明确"普惠性幼儿园"的内涵。

四、"普惠性幼儿园"内涵界定意义及建议

(一)"普惠性幼儿园"内涵界定意义

普惠性学前教育公共服务体系的建设是一项系统性工程,而对"普惠性幼儿园"做出清晰的内涵界定是普惠性学前教育建设的出发点和落脚点,有利于普惠性幼儿园的学术研究、政策制定、实施与评估,从而促进幼儿园健康发展,推动普惠性学前教育公共服务体系的建设和发展,最终造福亿万儿童。

1. 有利于普惠性幼儿园的学术研究

由ROST分析可知,学术界并没有对"普惠性幼儿园"进行科学合理的界定,相关界定仍然十分模糊。虽然已有研究能够对普惠性幼儿园的发展建设提供一定的参考,但是普惠性幼儿园内涵界定仍然有待进一步明确。普惠性幼儿园的相关学术研究以"普惠性幼儿园"的概念界定为前提和基础,对"普惠性幼儿园"内涵的界定及普惠性学前教育公共服务体系的建设具有重要价值,

不仅有利于普惠性幼儿园的相关学术研究,更有利于对普惠性学前教育公共服务体系有更加宏观的把握。

2. 有利于普惠性幼儿园的政策制定、实施与评估

首先,普惠性幼儿园政策制定的前提是对普惠性幼儿园的清晰界定,核心概念的厘清是政策制定的核心环节,对政策的制定以及政策的实施与评估具有重要影响。目前的相关政策尚未能够对普惠性幼儿园进行清晰明确的界定,导致相关政策的实施和评估标准各异、管理混乱。

其次,科学合理的普惠性幼儿园相关政策是建设普惠性学前教育的前提和基础。政策执行关系着政策实施的成败。普惠性幼儿园相关政策执行过程可分为政策理解、制定执行计划、组织落实、政策宣传、具体实施、监督检查、政策执行的调整和总结等几个重要阶段,而政策理解则是政策执行的起点。对普惠性幼儿园关键概念的理解和界定,是执行相关政策的起始阶段,有利于各个地方明确划分幼儿园的性质和类型,从而为后续更具针对性的建设工作提供保障。

最后,政策评估是促进政策存续和调整的前提和保障,是促进学前教育资源配置更加合理的基础,是有效调控政策执行过程的有力工具,是决定学前教育政策持续、修正或终结的重要依据,同时具有督促和激励的功效。学前教育政策评估标准包括相关概念的界定是否清晰、问题认定是否准确、政策目标制定是否得当、政策方案是否具有可操作性、政策执行是否得力和政策效益是否最佳等。可见,相关概念的界定是否清晰是学前教育政策评估的重要基础。对普惠性幼儿园的内涵界定,是评估相关学前教育政策的必要前提。因此,必须对普惠性幼儿园的内涵作出清晰和可操作的界定。

3. 有利于普惠性学前教育公共服务体系的系统性建设

影响普惠性学前教育公共服务体系系统性建设的因素包括宏观因素、中观因素和微观因素等各层次、各方面。从宏观层面上看,相关学术研究实际上是对整个普惠性学前教育公共服务体系的宏观把握,主要是对普惠性幼儿园这一核心概念的科学认识,涉及到普惠性幼儿园建设的方方面面。从中观和微观方面来看,学前教育的政策制定实际上是对普惠性幼儿园实践的深入认知过程,涉及到学前教育政策制定者的知识储备和认知方式。政策制定者有关普惠性幼儿园的知识储备以及对相关知识的剖析对普惠性幼儿园的概念界定和内涵把握具有重要意义。

通过普惠性幼儿园的相关学术研究和政策研究,对普惠性幼儿园这一概念进行科学合理的界定和把握,有利于厘清与普惠性幼儿园相关的不同层级概念,促进对普惠性幼儿园更加有针对性地的管理和支持,从而进一步推动普惠性学前教育公共服务体系的系统性建设和发展,最终造福亿万儿童。

(二)"普惠性幼儿园"内涵界定建议

1. 重点关注维度

综合2010年以来学术论文及政策文件的语词分析及社会语义网络分析,本研究认为,由于普

惠性幼儿园是普惠性学前教育服务的提供主体,在对普惠性幼儿园进行定义时,应当重点关注以下几个维度:

(1) 支持主体

无论是学术论文还是政策文件,都强调普惠性幼儿园的建设主体是国家和政府。因此,国家和政府必然是普惠性幼儿园的支持主体。然而,现实中政府的政策和财政支持是有限的,因此普惠性学前教育建设必然需要同时发挥市场和社会的辅助作用,而如何更好地建立成本分担机制还有待研究。

(2) 受众对象与服务对象

普惠性幼儿园的受众对象是社会大众,而服务对象则是全体幼儿。现有学术论文及政策文件中重点关注的是农村等经济落后地区的家庭,关注社会弱势群体。基于尊重家庭多样化选择及向弱势群体倾斜的考量,是否应当设定普惠性幼儿园优先入园权以及根据何种标准进行优先入园权的判定等还需进一步探讨。适龄幼儿接受学前教育的权利应当得到根本性保障,如通过立法途径明确适龄幼儿接受学前教育的权利,敦促各级政府予以支持和保障,特别需要重点关注处境不利的幼儿的特殊需要。

(3) 价值追求

2010年以来的主要学术论文和政策文件中都明确指出,普惠性幼儿园是面向广大社会群众的,核心内涵是广覆盖、保基本、可负担性收费、非营利、无排斥和非歧视等,其核心价值导向是保障学前教育公平,从而促进社会公平。促进社会公平是我国长期以来一直追求的社会目标,然而社会并不存在绝对公平,如何在普惠性幼儿园建设过程中实现相对公平即为普惠性幼儿园的价值追求。

(4) 办园门槛

一般而言,普惠性幼儿园应在入园门槛上满足多种必要条件,如收费、办园质量等,但是收费和办园质量究竟应当达到何种标准,不同地区的普惠性幼儿园还需结合实际去制定相应的准则。在"付得起"层面,各级政府应当加大学前教育财政投入,增加普惠性学前教育供给,对处境不利的幼儿家庭给予补助;在"有质量"层面,构建和完善普惠性幼儿园分类定级的监管体系,同时重点加强师资力量建设。关于标准问题,在学术层面,不同学者在普惠性幼儿园的内涵方面有各自的解读,但大多数主张收费要降、质量要保;在政策层面,不同地区有设定当地的普惠性民办园的收费等级,对质量也建立了相关的监管标准,总体而言是政策有参照、地方有差异。普惠性幼儿园建设作为一项国家重点工程,应当有一个宏观参照标准,在此基础之上,各地再灵活施策,而国家层面关于普惠性幼儿园统一性标准的设立还有待进一步研究。

2. 内涵维度参考

基于习近平新时代中国特色社会主义思想中有关保障民生的理论以及上述对普惠性幼儿园相关学术文献以及政策文件的分析,并参考本课题组初步构建的普惠性学前教育指标体系框架,我们可以从五个维度更加全面地理解普惠性幼儿园的内涵,即"达得到""治得优""惠得广""配得齐"和"分得均"的人民满意的学前教育服务性机构。

(1)"达得到"

"达得到"主要指普惠性幼儿园的便利性。幼儿园层面主要考量选址和招生两个方面,政府层面主要考量幼儿园办园的区域规划和布局,以及幼儿园园所建设和相关标准。普惠性幼儿园必然是建立在以家庭为圆心的一定单位半径内的建筑,并且其招生范围必然是能够覆盖服务半径内所有家庭的适龄幼儿。

(2)"治得优"

"治得优"主要指在师资方面的保障。幼儿园层面需要保障师资队伍建设管理以及师幼比,政府层面应当考量幼师的入职门槛以及相关的资质标准。要保证幼儿接受有质量的学前教育,教师是质量保证的关键,普惠性幼儿园聘任的教师必然是有资质的。有关学前教育质量的国内外研究表明,师幼比是影响学前教育质量的重要结构性因素,可以在一定程度上预测学前教育质量[1]。较高的师幼比可确保幼儿所处环境的安全性,增加师幼互动的频率和意义性;年龄越小的幼儿需要更高的师幼比以提高其接受教育的质量[2]。因此,普惠性学前教育应当同时依照各地实情确定合理的师幼比。

(3)"惠得广"

"惠得广"主要涉及普惠性幼儿园中教育资源的可获得性。幼儿园层面需要保障招生的公平公开和适度的弱势倾斜,为处境不利的幼儿提供更多的教育机会,为特殊儿童配备特殊教育教师;政府层面需要在政策上对学前教育的服务对象有更加全面的考量,并同时对普惠性幼儿园的招生情况进行监管。普惠性幼儿园以其普惠性特征更应该保证其服务对象的广泛性和无特权性,保证幼儿接受学前教育的相对公平性。

(4)"配得齐"

"配得齐"主要指在除师资质量外的其他方面保障普惠性幼儿园提供有质量的学前教育。幼儿园层面需要保障幼儿园设施设备的配备、资源环境的设置、保教质量的达标以及收费规范的合理;政府层面需要保障规章制度的完善、质量评估的得当、收费的控制以及监督问责机制的建立。普惠性幼儿园的建设是一个系统的教育体制建设,除了教师,还包括环境和资源的合理配置,教师活动设计等成果的评估完善,普惠性幼儿园的内涵也应当将环境、资源和教师成果纳入内涵理解中。

(5)"分得均"

"分得均"维度认为普惠性幼儿园必须是老百姓付得起的学前教育机构。幼儿园层面要不以

---

[1] OECD. Starting Strong Ⅱ: Early Childhood Education and Care[R]. Paris: OECD Publishing, 2006.
[2] Pianta, R. C., W. S. Barnett, M. Burehinal and K. R. Thornburg. The Effects of Preschool Education: What We Know, How Public Policy Is or Is Not Aligned With the Evidence Base, and What We Need to Know? [J]. Psychological Science in the Public Interest, 2009, 10(2): 49-88.

营利为目的,依照基本的、有质量的办园成本合理收费,同时按照政策优惠对幼儿家庭给予补贴和帮扶;政府层面要对整个普惠性幼儿园的城乡建设规划作出必要指示,对幼儿园进行经费资助用以提高教师工资,留住优秀师资,同时对弱势群体直接予以补助以减轻普惠性幼儿园办园压力。普惠性幼儿园需由政府出资拨款适度分担家庭的学前教育费用支出,以保证付得起。基于受众对象的广泛性,针对不同情况的幼儿和家庭应当采取分层补助措施,尤其对处境不利幼儿和特殊幼儿应当体现人文关怀。

附表:

表1-5 "普惠性幼儿园"或"普惠性学前教育"相关定义文献来源

编号	文献名称	作者	具体文本内容
1	大力发展普惠性幼儿园是解决入园难入园贵的根本	冯晓霞	普惠性幼儿园:公共资金举办面向社会大众的公共学前教育服务机构。
2	关于学前教育的普惠性思考与研究	汪溢 曾春梅	普惠性学前教育:学前教育是项关系到千家万户幸福的社会公共服务工程,具有公益性、公平性、非营利性等特征。"普惠性"从表层来看,强调的是普通的、大众的,要面对普通的公众家庭,并且平价实惠于老百姓,没有昂贵的收费,没有华丽高档的硬件装修,普及并实惠到城镇广大民众,特别是城市中低收入家庭和外来务工家庭。在办园理念上并不一味地强调精英教育和特殊才艺教育,保障幼儿园常规教育教学的同时让孩子健康、快乐地成长,满足广大民众适龄儿童入园的需求。同时在办园体制上强调它的公益性,办幼儿园是一项造福人民、提高国民素质的公共教育事业,而不是以赚钱为目的的营利机构。
3	"缩差共富":重庆江北的路径选择	王小妆 根林	普惠性学前教育:普惠性学前教育最大的特点就是不收取捐资助学费和不高收费。
4	中国学前教育财政投入的问题与改革	田志磊 张雪	普惠性公办幼儿园:普惠性公办幼儿园是提供基本、有质量的学前教育,普通家庭,特别是中低收入家庭幼儿都能进入,运行经费主要来自于财政投入的公办幼儿园。
5	何谓"公办园"?	江夏	普惠性公办园:顾名思义,"公办园"重点在于"公办"二字。何谓"公办"?依照相关法律法规,至少应该具备两个基本条件。一是办园主体应该是国家机构。就办园主体而言,当前在我国能够称之为"公办园"的主要是教育行政部门办园、各级党政机关办园和军队办园。二是经费来源应该以国家财政性经费为主。财政性经费不仅要负责园舍等硬件设施的基本投入,还要注重在教师待遇保障和师资队伍建设方面的持续性投入。虽然"以财政拨款为主"没有清晰的界定,但笔者认为财政性经费至少占到"公办园"经费来源的60%以上才能称之为"以财政拨款为主"。以上两个条件,缺一不可,而其中经费来源又是至为重要的一个。"公办园"应具备两个基本内涵。除了以上提到的两个基本条件,"公办园"还应该至少具备两个基本内涵。这两个基本内涵,一是"公益性",二是"普惠性"。这二者既相互关联、不可分割,又有着各自不同的侧重点。"公益性"强调学前教育并非"私人产品",其服务的对象是公共群体,而非某一群体或个体,整个社会都应从中受益。"普惠性"强调学前教育服务要面向大众,要让广大普通劳动阶层的儿童得到科学有效的教育和切切实实的发展。

续表

编号	文献名称	作者	具体文本内容
6	发展普惠性幼儿园的策略思考与研究——以南昌地区为例	涂远娜 王坚	普惠性学前教育:"普惠性"从表层来看,强调的是普通的、大众的,要面对普通的公众家庭,并且平价实惠于老百姓,没有昂贵的收费,没有华丽高档的硬件装修,普及并实惠到城镇广大民众,特别是城市中低收入家庭和外来务工家庭。在办园理念上并不一味地强调精英教育和特殊才艺教育,保障幼儿园常规教育教学的同时让孩子健康、快乐地成长,满足广大民众适龄儿童入园的需求。同时在办园体制上强调它的公益性,办幼儿园是一项造福人民、提高国民素质的公共教育事业,而不是以赚钱为目的的营利机构。现阶段,发展学前教育的重点是要建立和扶持大批适合普通公众家庭优质低价的具有公共服务性质的平价幼儿园。
7	发达国家普惠性学前教育对我国普惠性幼儿园的启示	李晔明 马利娜	普惠性幼儿园:面向社会大众,并为广大民众提供收费合理的学前教育服务的幼儿园,具有达到规定办园标准、面向社会大众招生和收费实行政府定价或接受政府指导价三大特征。普惠性幼儿园的特点主要表现为:公益性、公平性和优惠性。
8	发展和普及普惠性学前教育的财政策研究	济南市财政局山东大学课题组	普惠性学前教育:普惠性学前教育的内涵主要体现在幼儿园这一学前教育的主要载体上。普惠性幼儿园大体上可以总结为以下三点:第一,至少包括三类不同性质的幼儿园,即公办幼儿园、集体或单位举办的公办性质幼儿园、提供普惠性服务的民办幼儿园。第二,普惠性幼儿园应该具有以下特征:一是达到政府规定办园基本标准;二是面向社会大众招生;三是收费实行政府定价或接受政府指导价。第三,普惠性幼儿园一定是公益的、有质量的幼儿园,其收费将不高于同类公办幼儿园的收费标准。普惠性学前教育还必须具备以下本质属性:第一,全体性,提供对象是全体公民,无论身份、地域等特征,只要具有本国国民身份,适龄幼儿即具有享受学前教育的权利;第二,普惠型,即国家能保证足够数量的幼儿园保证所有适龄幼儿有园可上;第三,公平性,不以身份差异和社会烙印作为衡量能否接受学前教育的标准;第四,成本费用的高投入,国家财政较大的支持力度;第五,非挑选性,国家不对受益对象根据一定标准进行严格筛选;第六,国家财政投入的长期性和持续性。体现普惠性学前教育本质的最为重要的三个特征是:普及性、公平性、福利性。只有体现出这三个特征的学前教育才能成为普惠性学前教育。
9	发展普惠性民办幼儿园的意义、困境与对策	庄小满 程立生	普惠性民办园:普惠性民办幼儿园是指面向大众、收费较低、质量有保证的民办幼儿园。普惠性民办园最突出的特点即"普惠性"。根据其核心价值取向,结合目前各地关于普惠性民办园的具体界定,普惠性民办园应具备以下五个基本特点和条件:第一,办园的主体应该是公益性组织、企业或公民个体,园所有明确的法人;第二,办园资质合格,即园所是合格的注册民办幼儿园,各项教学条件基本达标且教育质量合格;第三,服务对象是对学前教育有需求的普通民众,甚至包括部分弱势人群;第四,面向大众定价,其收费控制在大部分群众所能承受的范围之内;第五,按照我国有关政策可以获得一定的政府优惠政策甚至资金扶持。
10	普惠性幼儿园的内涵、衡量标准及其政策建议	秦旭芳 王默	普惠性学前教育:学前教育是一项关系千家万户幸福的社会公共服务工程,它具有公益性、公平性和非营利性等特征。普惠性则是公平性、公益性在教育上的延续,其目的是使广大人民群众享有平等受教育的机会,特别是为弱势群体提供教育手段,使其有可能改变原有的社会地位,进而促进社会公平。

续 表

编号	文献名称	作者	具体文本内容
11	让更多孩子上得起幼儿园	井波	普惠性民办幼儿园:普惠性民办幼儿园是指面向大众、不以营利为目的、办园规范、收费较低、财务公开的民办幼儿园。
12	我国学前教育普惠性概念的构建及政府责任	郑子莹	普惠性学前教育:学前教育普惠性概念的外延非常丰富,主要包括以下几个层面:"广覆盖、保基本""基本的、有质量的""覆盖城乡、布局合理""面向大众、收费较低"。
13	"普惠性"目标定位下民办学前教育的现状与发展	丁秀棠	普惠性学前教育:学前教育的"普惠性"对于幼儿家庭来说应当主要具有"便利性、有质量、低价位、多样性、公平性"五个特点,而这些特点归结起来是要确保学前教育对于幼儿家庭的"可选择性"和"可接受性",这样才能保证学前教育真正"普遍惠及每一个儿童"。
14	地方政府职能在"普惠型"幼儿园校车安全管理中的体现	郑玉莲 何绍军	普惠性幼儿园:"普惠型"幼儿园是指以公共利益为导向,采取政府购买服务、减免租金、以奖代补、派驻公办教师等方式,面向大众、管理规范、收费合理、质量保证的公益性幼儿园。
15	基础教育惠民生 布局均衡促发展	王大明	普惠性民办幼儿园:普惠性民办幼儿园指的是接受政府补贴、面向大众、收费较低、质量较高的民办幼儿园,可以很好地解决家长的后顾之忧。
16	普惠性幼儿教育机构发展现状及其分析:非营利组织的视角	吕苹 付欣悦	普惠性幼儿教育机构:普惠性幼儿教育机构是指向广大人民群众提供学前教育服务的机构,承担着为适龄学前儿童提供保育和教育服务的主要责任,是学前教育政策关注的重点。
17	普惠性幼儿园建设标准问题探讨	赵彦俊	普惠性幼儿园:普惠性幼儿园是广覆盖、保基本的早期教育服务机构,提供的是一种社会福利性教育。普惠性幼儿园应该至少满足三个条件:一是普惠性幼儿园为所有适龄幼儿提供入园机会;二是普惠性幼儿园是面向所有儿童的,不论其家庭经济状况如何都有权享受这一制度安排;三是为了实现所有幼儿都能入园,对入园幼儿,尤其是经济处不利的家庭提供一定的经济援助,但无需偿还。
18	以普惠性为导向设定农民工随迁子女学前教育机构准入标准——基于北京市政策与实践的分析	余晖 黄亚婷	普惠性学前教育:第一,全面覆盖性,普惠性机构所指向的是全体社会成员,尤其强调对弱势群体的保障;第二,收费较低;第三,提供基本而有质量的学前教育。
19	Z市农村民办园转普后需处理的几对矛盾	袁飞飞 包根胜	普惠性幼儿园:普惠性幼儿园是公共资金举办面向社会大众的公共学前教育服务机构,或者是能够为低保家庭和其他各种社会处境不利人群提供普惠性、有质量保证的民办早期教育服务机构。
20	Z市农村普惠性民办幼儿园发展的现状调查	袁飞飞 方兴武	普惠性幼儿园:普惠性幼儿园是指面向大众、收费较低同时保教质量有保障的幼儿园。公办幼儿园、具有公办性质的幼儿园以及提供普惠性服务的民办幼儿园都可称之为普惠性幼儿园,它具有公益性、公平性、优惠性、科学性等特点。
21	安徽省学前教育普惠性实现路径探析	吴雯 程志龙	普惠性学前教育:让学前教育普及、惠及所有幼儿,使适龄儿童拥有均等的入园机会,保证幼儿教育公平。
22	财政扶持民办普惠性幼儿园政策待细化	湖南专员办	普惠性幼儿园:"普惠性幼儿园"从字面上理解,就是既普及又实惠的幼儿园,是在满足办园条件下能给幼儿提供普通学前教育的幼儿园,是面向大部分适龄幼儿且收费合理的幼儿园。

续 表

编号	文献名称	作者	具体文本内容
23	当前普惠性民办幼儿园建设中存在的问题及发展路向——以宁波市江北区为例	袁希迎	普惠性学前教育：学前教育普惠性的最终目的是实现学前教育资源在整个社会范围内的均衡分配，保证每一位幼儿享有公平、公正的受教育机会。
24	普惠性民办幼儿园扶持与管理的实践探索——以乌鲁木齐市水磨沟区为例	杨 睿	普惠性幼儿园：服务对象必须面向大众；收费要相对较低；保障基本的教育，即要有一定的质量保证，普惠的宗旨是普及。
25	普惠性学前教育：内涵与政策意蕴	王 东	普惠性幼儿园：普惠性幼儿园则是普惠性学前教育的语词变异，强调在普惠性学前教育框架下的幼儿园分类，指能够体现和承载普惠性学前教育功能的学前教育机构，具有公益性和非营利性。在这样的限定中，普惠性的核心内涵"惠及人人"标明了最基本的价值追求。
26	普惠性学前教育的内涵与实现路径	杨卫安 邬志辉	普惠性学前教育：普惠性学前教育有以下几个层次的含义：受益主体的多元性，受益主体包括国家、办园者和教师、受教育者及家庭等；普惠性学前教育的弱势补偿性质；保教质量的高水平。
27	我国普惠性学前教育存在的问题及解决对策	赵 玥	普惠性幼儿园：普惠性幼儿园的基本要求是：第一，符合国家关于幼儿园建设的有关规定，在教育教学设施、师资力量配备、教育教学管理、校园安全等方面符合国家有关规定。第二，按照国家有关规定，由各级政府按比例提供教育教学经费，经费来源固定有保障。第三，幼儿园按国家有关政策进行教育教学活动，接受国家或当地政府的定期评估，各种教育教学活动符合国家的法律、法规和教育教学制度，遵循学生成长的规律。第四，以学区划分为依据，面向社会所有家庭进行招生，重点照顾贫困家庭的儿童、留守儿童和残疾儿童入学。
28	幼儿园普惠，民生才得实惠	李 妍	普惠性幼儿园：所谓普惠性幼儿园，是指面向大众、收费较低、教育质量有保障的幼儿园。
29	长株潭三市普惠性民办幼儿园建设存在的问题与对策建议	雷 芳	普惠性民办幼儿园：所谓"普惠性民办幼儿园"就是指由国家机构以外的社会组织或者个人，利用非国家财政性经费，面向社会举办，由政府认定挂牌，收费可以被普通大众接受，质量有保证，政府给予较多资助与监督的幼儿园，具有以下突出特点：一是社会公益性；二是质量保证性；三是收费适度性；四是政府补偿性；五是监管约束性。
30	加快发展普惠性民办幼儿园	朱永新	普惠性民办幼儿园：可以在硬件上要求其达到办园基本标准，提升整个地区的学前教育水平，并为普通群众提供更多的入园机会，缓解"入园难"；可以在收费上实行政府定价或接受政府指导价，缓解"入园贵"；可以在教师编制及培训等方面给予其公办园的同等待遇，提升其办园水平。
31	不同利益主体视野下的普惠性幼儿园发展思路——基于辽宁省三市的实证分析	王 默 秦旭芳	普惠性幼儿园：普惠性幼儿园是公平性、公益性在教育上的延续，其目的是使广大人民群众享有平等受教育的机会，特别是为弱势群体提供教育手段。
32	关于农村普惠性幼儿园发展机制的研究	张学芹 史 宏	普惠性幼儿园：普惠性幼儿园应具备几个特点：便利性、有质量、低价位、多样性、公平性。

续 表

编号	文献名称	作者	具体文本内容
33	普惠性民办园扶持政策不能回避三问	王海英	普惠性民办园：所谓普惠性民办园，是指受政府资助或委托提供学前教育服务，不以营利为目的，面向大众、办园规范、收费合理、有质量保证的民办园。
34	普惠性幼儿园成本效益分析	高天好	普惠性幼儿园：普惠性幼儿园因为具有普惠性，所以它是面向大多数人的、收费低的幼儿园，既包括公办园，又包括具有公办性质的幼儿园及非营利性的民办园。
35	政府以支持置换支配：民办幼儿园普惠化的基本思路	吕 武 张 博	普惠性学前教育：依据普惠制的基本原理，普惠性学前教育必须具备如下四个方面特征：供给充分、分布合理、收费适中、质量上乘。 普惠性幼儿园：入园机会均等、价格适中、质量上乘三项基本条件同时满足的幼儿园才能够满足普惠性学前教育的要求，即是普惠性幼儿园。
36	促进农村学前教育普惠性发展的财政策分析	孙华东	普惠性学前教育：普惠性学前教育涉及"普及和质量"两大内涵，其基本特征有：在生源上，保障3—6岁适龄儿童平等受教育权利；在办学体制上，既要立足公办园，也要调动民办园积极性，即确保公办幼儿园和普惠性民办幼儿园共举；在教育质量上，为适龄儿童提供一定区域内相对均衡、教育质量大致不差上下的教育供给；在经费保障上，加大财政性教育经费保障力度，提高财政保障重心，明确各级政府主导财政投入责任。
37	近十年我国民办幼儿园研究热点与发展趋势——基于CiteSpace的可视化分析	何冬云	普惠性幼儿园：普惠性幼儿园是一种面向大众、收费较低、保教质量有保障的幼儿园。
38	农村普惠性民办幼儿园师资建设的问题及对策	刘凤英 李艳旭	普惠性民办幼儿园：普惠性民办幼儿园是指面向大众、收费较低、质量有保证的民办幼儿园。
39	普惠性民办幼儿园的内涵及其政策价值	余中根	普惠性民办幼儿园：普惠性民办幼儿园指的是国家机构以外的社会组织或者个人，利用非国家财政性经费，面向社会举办的对3周岁以上学龄前幼儿实施保育和教育的机构，在此类机构中，学前教育提供者给予接受者普遍的、非歧视的、非互惠的优惠。
40	普惠性幼儿园建设视域下幼师专业化发展的突破	舒 坦 徐 东	普惠性幼儿园：面向大众、价格公道、服务优质的学前教育资源，其具有入园机会均等、教育收费合理、教育质量良好、幼儿园良性发展等特征。
41	新政策下我国普惠性幼儿园的发展策略	刘思博	普惠性幼儿园：普惠性幼儿园须满足以下条件：价格能为多数中低收入家庭接受；教育质量有所保证，需达到同类公办园水平且避免"小学化"倾向；具有非歧视性，能够纳入发展困难儿童，即教育中的弱势群体；幼儿家庭距周边普惠性幼儿园的距离不得超标；接受相关政策支持、财政投入。根据以上分析，普惠性幼儿园的特点主要有：费用低、质量高、资金足、资源优、广覆盖、保基本。
42	东莞市公益普惠性幼儿园认定、扶持和管理办法	政务公报	普惠性幼儿园：公益普惠性幼儿园是指具有办园资质、面向大众、收费合理、办学规范、质量有保障的幼儿园，包括市、镇（街、园区）公办幼儿园、集体办幼儿园和普惠性民办幼儿园。
43	我国普惠性民办幼儿园内部教育质量保障体系构建	王声平 皮军功	普惠性民办园：受政府资助或委托提供学前教育服务，不以营利为目的，面向大众、办园规范、收费合理、有质量保证的民办园，具有社会公益性、质量保证性、收费适度性、政府补偿性、监管约束性等特征。

续　表

编号	文献名称	作者	具体文本内容
44	我国普惠性民办幼儿园研究的回顾与展望	王声平	普惠性民办园：普惠性民办幼儿园总体而言应具有社会公益性、质量保证性、收费适度性、政府补偿性、监管约束性等几个方面的特征。
45	怎样才能根治无证园	陈红梅	普惠性公办园：普惠性公办园是为社会民众尤其是弱势群体提供学前教育公共服务的公立机构，它体现的是一种公共性，只有实现了公共性，公益和普惠才能成为现实。
46	教育需求多元化背景下政府购买基础教育服务的前景分析	高玉杨	普惠性民办幼儿园：普惠性民办幼儿园是指"不以营利为宗旨，具有办园规范、受众广泛、收费合理、质量保证等特征的受政府资助或委托的民办园"。其实质是政府通过对民办幼儿园的补偿来保证幼儿阶段的入学需求，也属于政府购买教育服务的范畴。
47	普惠性民办幼儿园发展困境及破解策略	邵媛 李朝辉	普惠性民办幼儿园：是国家机构以外的社会组织或个人利用非国家财政性经费面向社会举办的"非营利性民办教育机构"。
48	政府发展和管理普惠性民办幼儿园的现状及其改进建议	王声平 皮军功 关荆晶	普惠性民办园：意指"受政府资助或委托提供学前教育服务，不以营利为目的，面向大众、办园规范、收费合理、有质量保证的民办园"，这使得普惠性民办幼儿园较其他选择性民办幼儿园而言，具有社会公益性、质量保障性、收费适度合理、政府补偿性、监督约束性、开放性的特征。
49	《理想国》对普惠性学前教育发展的启示	高丽芳 张银爱	普惠性学前教育：总体来讲，普惠性的内涵包括两点：一是面向大众的学前教育，二是高质量的学前教育。普惠性学前教育的价值诉求主要是实现教育公平、提高教育质量以及普及学前教育。
50	鞍山城区普惠制幼儿园均衡发展的对略研究	赵洪	普惠性幼儿园：普惠制幼儿园又叫普惠性幼儿园，是一个新生概念，是指由政府出资进行补助，以及制定收费标准，取消入园费、赞助费等高昂收费项目，均衡教育资源配置，解决孩子家长的"入园难"问题的幼儿园。普惠制幼儿园至少包括三个类型的幼儿园：一是公办幼儿园；二是集体或单位举办的公办性质幼儿园；三是提供普惠性服务的民办幼儿园。普惠制幼儿园一般注重园所安全、用房配置、户外场地、设施设备、经费投入、办园规模这些问题。"普惠制幼儿园"应该具有以下特征：一是达到市教委规定办园基本标准；二是面向社会大众招生；三是收费实行政府定价或接受政府指导价。
51	基于CiteSpace的普惠性幼儿园科学知识图谱的可视化分析	张莹	普惠性学前教育：学前教育"普惠性"是指让每一个儿童都能公平享受高质量、低价位的学前教育产品，同时，促使各项学前教育政策增加对农村幼儿园、民办幼儿园的优惠力度，建设城乡一体化的高质量的学前教育体系。
52	普惠性民办幼儿园的认定、监管与资助困境及对策研究	景赛男	普惠性民办幼儿园：由国家机构以外的社会机构或者个人，受到政府资助或委托，面向大众提供有质量的学前教育服务，其收费和发展受到政府监督的一类幼儿园。
53	普惠性民办幼儿园发展问题及建议	崔晴	普惠性民办幼儿园：普惠性民办幼儿园是面向大众、收费较低的幼儿园，它具有社会公益性、质量保证性、收费适度性、政府补偿性、监管约束性五大突出特点。
54	普惠性幼儿园发展的路径与方向	刘焱	普惠性幼儿园：普惠性幼儿园是指向社会提供普惠性学前教育公共服务的幼儿园，其基本特征是由政府举办或接受政府委托，获得财政性教育经费支持，接受政府限价与监督管理，机构性质为非营利性的幼儿园，包括公办幼儿园（含公办性质幼儿园）和民办普惠性幼儿园。

续 表

编号	文献名称	作者	具体文本内容
55	陕西省普惠性民办幼儿园发展的困境与对策	郑益乐 杨得琛	普惠性民办幼儿园：普惠性民办幼儿园则是构建在普惠性幼儿园的概念基础上，指那些除国家机构以外由社会组织或个人所举办的具有办园资质的，并且质量较高、面向大众且收费合理的民办幼儿园。普惠性民办幼儿园需要由政府机构进行认证，同时政府也需要根据当地民办幼儿园的实际发展状况及已有的相关教育政策给予其财政补助和帮扶措施，帮助幼儿园提高教育服务质量，降低其办园成本。
56	县域普惠性学前教育政策优化实施的保障机制研究	张 莹	普惠性幼儿园：这里的普惠性幼儿园是指"公办园、集体或者单位主办的具有公办性质的幼儿园和普惠性民办幼儿园"。
57	中国0—3岁婴幼儿托育服务实践模式评估	杨雪燕 井 文 王洒洒 高琛卓	普惠性公办幼儿园：政府主导模式下面向全体公民，实现公共利益，具有公益性和普惠性的幼儿园。 普惠性民办幼儿园：民办普惠性幼儿园是指在设立条件上，保育教育质量达到同类公办幼儿园水平，受政府委托或资助提供学前教育，实行政府定价或接受政府指导价的民办幼儿园。

第二章 我国普惠性学前教育"获得感-5A"指标体系的构建与现状分析

——基于全国 34 806 个样本的实证研究

一、研究缘起

发展普惠性学前教育,建设普惠性学前教育公共服务体系,是政府为解决"入园难""入园贵"问题的重要举措,是新时代我国学前教育发展的重要任务。近年来,国家陆续出台政策强调学前教育要坚持公益普惠的发展方向,大力提倡普惠性学前教育公共服务体系的建设,但如何评价学前教育的公益普惠性仍是亟待解决的问题。长期以来,由于缺乏准确反映学前教育公益性和普惠性状况的客观数据,研究者难以客观全面地对我国学前教育发展的"普惠度"和"公益性"做出评价,也较难有效地诊断当前国家在推进普惠性学前教育公共服务体系建设中存在的问题。再者,虽然政府对普惠性幼儿园的办园标准有一定的政策界定,但是对于究竟什么样的幼儿园是普惠性幼儿园,以及如何在实践中有效落实和评估幼儿园的普惠性指标,还存在很多问题。政府政策、学术研究、社会公众表达的三种话语形态对普惠性学前教育的内涵理解存在较大分歧,各地陆续颁布的普惠性民办园的认定办法和扶持政策多为试行及征求意见稿,内容涵盖面不全,标准不一,政策相对模糊,多为原则性的规定,缺乏实质性可操作的实施细则。由此可见,"缺乏标准"成为制约普惠性学前教育公共服务体系建设的重要因素,在学前教育公益普惠的发展导向下,形成能够完整、全面反映普惠性幼儿园"普惠"性质的独立、统一及明确的标准体系并对我国普惠性学前教育事业的发展作出评价和监测迫在眉睫。

本研究基于我们对普惠性学前教育的理论阐释,结合政策文本、文献资料、实践访谈等对其作进一步的理解和解读,构建相应的指标体系并进行论证,最后形成了我国普惠性学前教育"获得感-5A"指标体系,以"人民的获得感"为根本追求,从"分得均"(Allocation)、"达得到"(Accessibility)、"配得齐"(Assorting)、"治得优"(Administration)、"惠得广"(All-in)五个角度厘清普惠性学前教育的内涵,评估普惠性学前教育公共服务体系的建设情况。

二、研究设计

(一) 研究内容

研究内容一：解读普惠性学前教育的科学内涵，剖析普惠性学前教育的关键要素，构建和论证普惠性学前教育指标体系，完善学前教育公共服务理论体系。

研究内容二：基于普惠性学前教育"获得感-5A"指标体系对我国目前普惠性学前教育的发展进行现状分析，包括已有成就和面临的突出问题。

研究内容三：针对目前存在的问题对我国普惠性学前教育的深化改革和发展提出政策建议。

(二) 研究方法

本研究采用问卷调查法，以普惠性幼儿园(包含公办园和普惠性民办园)的家长、教师和园长为被试，根据填写对象的不同，问卷分为家长问卷和教师园长问卷两个版本，包含背景信息和普惠性学前教育5A量表两部分，量表采用李克特五点计分方式，按以下方式计分："5-非常符合、4-比较符合、3-一般符合、2-比较不符合、1-非常不符合"，得分越高，普惠性学前教育的发展水平越高。研究依据方便取样原则，通过问卷星制作网络问卷在全国范围内发放。问卷回收后使用SPSS和Mplus统计处理软件对数据进行分析。问卷共计回收55 191份，有效问卷34 806份，有效率63.06%，其中剔除无效问卷的参考标准为：填写时间过短(低于120 s)、雷同(95%以上题项的答案重复)。

(三) 研究对象

本次调研对象主要来源于甘肃、广东、贵州、黑龙江、山东、上海、四川七个省市，涉及我国中西部、北部、东部、南部地区，地域分布较广，且城市经济发展水平不一。回收共计34 806份有效问卷，其中甘肃894份，广东8 971份，贵州1 031份，黑龙江969份，山东16 383份，上海612份，四川5 846份，其他地区包括北京、河北、河南、湖南、江苏、安徽、广西等地共计100份，各主要地区问卷数量均符合大样本要求，总体样本分布广、数量多。

三、普惠性学前教育"获得感-5A"指标体系的构建

(一) 指标体系的研制过程

普惠性学前教育初始5A指标体系的研制大致经历了以下七个关键步骤：

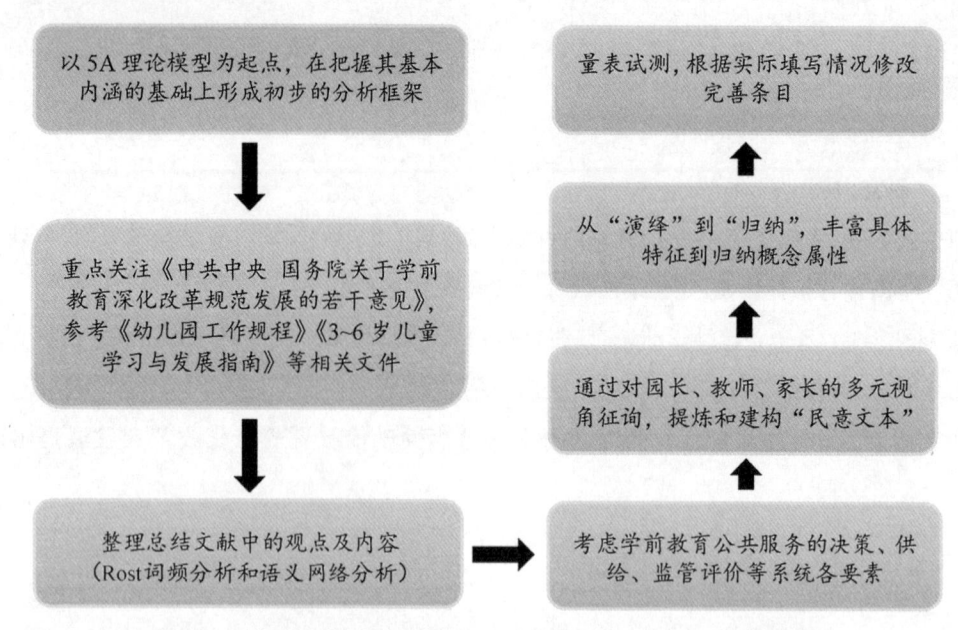

图 2-1　普惠性学前教育"获得感-5A"指标体系确定的七个关键步骤

指标体系的建构一般有两种路径：一种是自上而下的方法，即根据理论分析从一级指标开始建构，进而建构二级指标、三级指标；另一种是自下而上的方法，即根据实践经验确定三级指标，然后归类划分二级指标，进一步归类为一级指标。

本研究从最初的"向下演绎"——把理论模型分解为具体的量化指标，到最后的"向上归纳"——基于具体的量化指标调试理论模型，形成了本研究原始指标体系的建构方法，即以理论分析架构一级和二级指标，通过政策文本、文献资料、系统要素验证及实践访谈的梳理架构二级和三级指标，根据三级指标归类调整二级指标，并嵌入一级指标。建构方法交叉融合，不断循环，理论认识和实践经验又互为印证、互为补充，力求准确厘清和把握普惠性学前教育的内涵外延，保障普惠性学前教育 5A 原始指标体系构建的科学性和严密性，为后续最终指标体系的形成打好基础。

(二) 指标体系的修订与优化

为了提高普惠性学前教育 5A 指标体系的科学性，指标建构完成后，根据回收的问卷样本对其进行了统计学的检验和修订，通过项目分析、一级指标和二三级指标的探索性因子分析修改调整指标结构，最后对初步形成的结构进行信度检验和高阶验证性因子分析。结果显示，指标体系的总体 Chronbach's α 系数为 0.985，分半系数为 0.971，均大于 0.8，各一级指标和二级指标形成的 17 个维度 Chronbach's α 信度介于 0.788—0.975 之间，分半信度介于 0.786—0.961 之间，表明该量表具有较高的内在信度；高阶验证性因素分析的结果也表明模型拟合达到了理想标准（CFI = 0.912, TLI = 0.807, SRMR = 0.037, RMSEA =

0.042)。最终结合理论结构和数据结果,共删除10道题,得出了正式的指标体系,包含5个一级指标、12个二级指标和55个三级指标。

(三) 指标体系的定义和内涵解读

最终形成的指标体系与初始理论架构的维度相比,某些指标的归属和内涵侧重发生了较大变化,导致一级维度的五个因子内涵有所变化,因此研究者根据理论结构和数据输出结果,对普惠性学前教育"获得感-5A"指标体系的五个关键要素重新进行了定义和内涵解读:

"分得均"(Allocation),指政府财政分配的结构和重点,由"基础投入"和"重点投入"两个子维度组成。"基础投入"包括政府对幼儿园的经费资助和幼儿园教师的工资水平,保障普惠性学前教育资源的均衡配置、质量的稳定提升;"重点投入"包括对农村的教育资源支持、弱势群体的倾斜性财政投入和城乡均衡发展,保障财政经费向学前教育事业发展的薄弱环节、薄弱领域分配,发挥财政投入的教育补偿性、公平性作用,确保学前教育事业发展的底线均衡。学前教育财政分配结构的科学合理是应对学前教育"入园贵"问题的重要措施,最终目的是保障每个家庭的适龄儿童能够享受"付得起"的学前教育。

"达得到"(Accessibility),指幼儿进入和到达就读园所的便捷程度,由"入园条件"和"选择机会"两个子维度组成。"入园条件"包括反映入园时间、空间、过程、个人因素等便捷程度的物理因素和入园原则、招生规模等限制条件;"选择机会"包括在家长可接受范围内满足家长择园需求的多样性、自由性和数量可及性。"达得到"是直接惠及到家长实际生活需求的重要标准,是普惠真正落到实处的重要体现,是确保学前教育的便利性,是解决学前教育"入园远"问题的有效保障。

"配得齐"(Assorting),指幼儿园为了保证一定质量而需要具备的各种条件,具体指向幼儿园的内部运作和管理,由"质量规范""资源环境""幼儿发展""收费标准"四个子维度组成。"质量规范"包括幼儿园的规章制度、办园标准、课程设置、教学方法和师幼互动等都符合规范;"资源环境"包括幼儿园充足的教育资源、安全的环境、充足的空间和良好的家园共育机制;"幼儿发展"包括在园对幼儿直接的教育影响以及通过对幼儿家长的教育支持能够对幼儿产生的影响,指向幼儿园教育的结果质量;"收费标准"包括幼儿园的收费依据、目的性、合理性、规范性以及监督约束性。"配得齐"是幼儿园普惠性是否有质量、保质量的重要评价标准,是幼儿园实现教育目标和内涵,促进幼儿身心健康发展的重要保障。

"治得优"(Administration),指幼儿园在师资结构、教师发展、师幼比等内部人员管理方面的优化,由"资质保障"和"教师配备"两个子维度组成。"资质保障"包括教师的学历、资格证等入职条件以及教师发展和权益的保障;"教师配置"包括教师数量、师幼比、教师稳定性和道德素养等内容。"治得优"是发展和提升我国学前教育质量的关键所在,是在"配得齐"的基础质量保障前提下进一步促进学前教育优质发展的必要条件。

"惠得广"(All-in),指幼儿园的服务对象全面公平,要面向所有儿童,尤其首先要惠顾贫困和弱势家庭,由"面向大众"和"弱势照扶"两个子维度组成。"面向大众"包括招生公开性、公平性以及服务对象的定位;"弱势照扶"包括对弱势儿童在教育起点、受教育过程上的补偿作用。"惠得广"是确保普惠是否真正面向大众,尤其是满足弱势儿童对学前教育吁求和渴望的必要条件,是普惠性学前教育公平性、包容性和非排他性的重要体现,有利于发挥学前教育的补偿作用,解决学前教育"入园难"的问题,最终目的是保障学前教育资源对于每个家庭的适龄儿童来说是可获得的。

(四)普惠性学前教育"获得感-5A"体系框架

通过对已有文献和相关理论的梳理,我们发现,目前普惠性学前教育的发展和建设离不开对政府、幼儿园、家庭三方利益相关者角色和作用的探讨。因此,为了更好地澄清和体现指标体系的现实内涵,我们构建了以修订过后的5A指标体系为关键内容,政府、幼儿园、家庭三方利益主体为思考逻辑的五领域三层次体系框架,又称"获得感-5A"体系框架(见图2-2)。

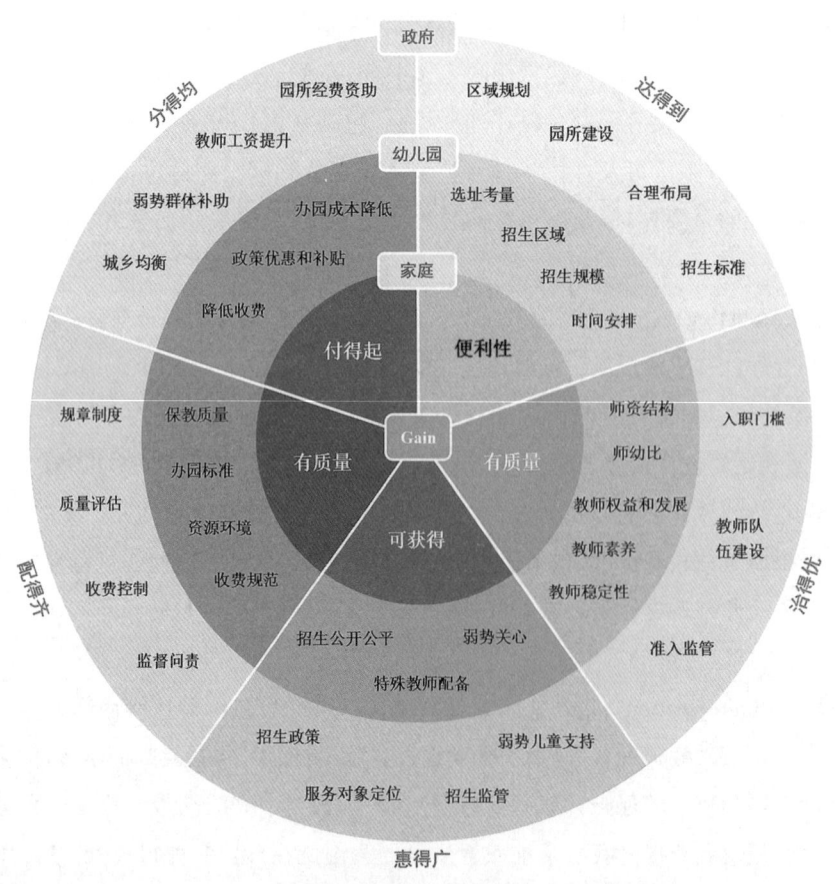

图2-2 普惠性学前教育"获得感-5A"体系框架

"Gain"即获得感。习近平总书记曾指出,人民对美好生活的向往,就是我们的奋斗目标,落实到教育上,他强调要"办好人民满意的教育"。根据习近平总书记"以人民为中心办教育"的发展思想,具体到学前教育领域,我们要以"办人民满意的学前教育"为根本立场和价值导向,坚持"以人民为中心",明确学前教育公共服务体系建设的出发点和归宿是人民[①]。而要让人民满意,必须是人民所需要的,人民有所得的。因此,要保证学前教育的科学发展的根本是要弄清楚人民需要什么样的学前教育,什么样的学前教育能够让每一个家庭感到满意。由此看来,要保证普惠性学前教育的科学导向,就必须弄清楚普惠性之于家庭的意义何在。这种核心意义的体现单靠85%的毛入园率、80%的覆盖率这些评估指标还远远不够,更重要的是80%或者85%的家长是否能够满意,是否有获得感。这是"普惠"之"以人为本"的重要人文精神的体现。那普惠性之于家庭的意义何在? 家庭对普惠性学前教育的需要为何? 我们认为,是否能够获得公平的学前教育机会(可获得),是否能够上得起幼儿园(付得起),入园是否符合实际生活需要(便利性),接受的学前教育是否有质量(有质量)就是普惠性学前教育对于每一个家庭、每一个幼儿来说最根本的意义,即现阶段学前教育作为普惠性公共产品本质属性的实现。

再者,从系统论的角度来看,政府、幼儿园和家庭既是推动普惠性学前教育发展的共同力量,又有互相作用的一个相互关系。每个家庭教育需要的满足有赖于普惠性幼儿园直接提供的教育服务,普惠性幼儿园能否提供满足家长需求的教育服务一定程度上来说又有赖于政府在普惠性学前教育建设中积极的职能发挥。因此,从图2-2包含三个层次的结构图中我们可以看到,每个家庭的教育需求是普惠性学前教育发展的核心和驱动力,普惠性幼儿园的建设是普惠性学前教育发展的中介,政府的责任意识和科学管理是普惠性学前教育发展的保障。其中,普惠性幼儿园的中介作用不仅体现在它是政府职能发挥的受益者,也体现在它是家庭教育需求的施惠者。例如,在"分得均"领域,普惠性学前教育的发展意味着政府需要对各级各类普惠性幼儿园进行合理的经费资助,需要对弱势群体进行补偿性资助,需要考虑城乡发展的均衡性增加对农村的倾斜性投入,需要提升幼儿园教师的工资待遇等等,这些不仅是政府需要积极承担的财政投入责任,而且更代表了政府需要对财政投入结构作出科学合理的规划和分配;而对幼儿园来说,政府的财政投入一方面意味着他们能够降低自身的办园成本,获得政策优惠和补贴,缓解办园压力,另一方面也意味着幼儿园需要降低收费并且合理安排园所的经费支出。政府和幼儿园两个层次间接和直接作用的发挥最终指向的是每一个家庭里的适龄儿童能够享受付得起的学前教育。

总而言之,"获得感-5A"体系框架旨在鼓励政府、幼儿园和家庭在普惠性学前教育的发展过程中积极合作,把每个家庭对学前教育的需要放在核心地位,并且考虑到能够影响每个家庭普惠性学前教育获得感的各个方面。

[①] 姜勇,郑楚楚,赵颖,张蓓蓓,李芳,宋卓奇.中国特色普惠性学前教育公共服务体系构建的若干思考[J].苏州大学学报(教育科学版),2019,7(02):1-12.

四、我国普惠性学前教育事业发展的现状分析——基于"获得感-5A"指标体系

"获得感-5A"指标体系的一级指标和二级指标均为潜变量,问卷各具体题项构成三级指标为显变量,一级指标和二级指标的得分均为对应三级指标得分的算术平均值,普惠性学前教育发展水平总得分为所有三级指标题项的算术平均值。本研究基于"获得感-5A"指标体系各维度得分情况的比较,运用了交叉列联表分析、相关分析、单因素方差分析、聚类分析等统计方法对我国目前普惠性学前教育的发展作出阶段性评价,总结已有成就,发现问题的症结与瓶颈。

(一) 我国普惠性学前教育发展的已有成就

党的十八大以来,随着《国家中长期教育和改革发展规划纲要(2010—2020年)》和《国务院关于当前发展学前教育的若干意见》的贯彻落实,学前教育三年行动计划的实施,我国普惠性学前教育经历了一段时间的探索、改革和发展,围绕"保基本、广覆盖、有质量"的主要任务,积累了一些有益的经验,打下了坚实的基础,也取得了突出的成就,根据本次调研结果,主要体现在以下两方面:

1. 普惠性幼儿园质量建设情况相对最佳,家长满意度高

根据普惠性学前教育5A指标体系各一级指标的得分情况来看(见图2-3),"配得齐"维度得分最高(4.24),其次是"治得优"(4.14)。"配得齐"主要指向幼儿园的收费标准、设施配备、办园规范、资源环境等条件质量,师幼互动、课程建设等过程质量,幼儿发展的结果质量,"治得优"主要指向幼儿园师资配备的结构性质量,这两个维度基本包含了幼儿园质量评价的主要内容。可见,普惠性幼儿园的质量建设水平相对较高,幼儿园的质量建设基础相对较好,它是我们不可失守并且需要不断加固的一块地基。习近平总书记在党的十八大上提出要"办好人民满意的教育"。教育事业的发展要直面真实的问题,倾听基层广大人民群众的声音和诉求。因此,人民满意应该成为教育事业发展和建设的最终归宿。本研究调查了家长对学前教育质量的总体满意度,研究发现家长对目前学前教育质量的总体满意度较高,47.7%的家长选择了很满意,37.5%的家长选择了满意,满意率达到85.2%。

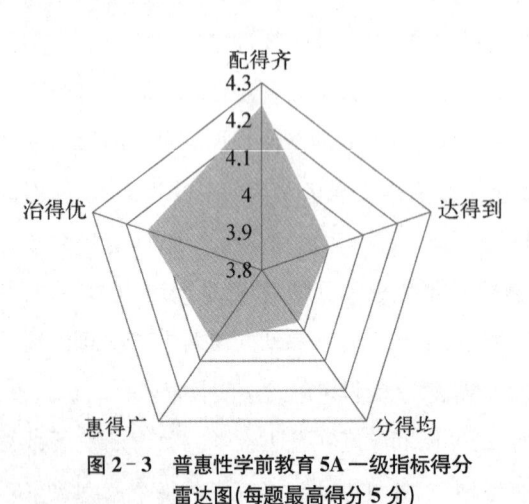

图2-3 普惠性学前教育5A一级指标得分雷达图(每题最高得分5分)

2. 普惠性幼儿园收费得到有效降低,"入园难""入园贵"现象得到改善

通过多年的实践改革,我国学前教育服务能力显著增强,截至2019年全国学前三年毛入园率达83.4%,比2012年提高18.9个百分点,"入园难"问题得到有效缓解。根据调研结果显示,

"严格执行公开合理的招生政策和招生纪律,不设特殊的入学条件"得分4.33,认可率达到85.7%(选择"非常符合"的占51.8%,"比较符合"的占33.9%);"学区内幼儿园数量充足,能够满足该区大部分适龄幼儿的正常入园"得分4.22,认可率达到81.7%(选择"非常符合"的占44.7%,"比较符合"的占37.0%)。在招生规范性和学位数量上,得分和符合情况都达到了较高水平,可见无论从客观数据还是大众的主观感受上来看,"入园难"现象在一定程度上得到了初步改善。

幼儿园适度合理的收费是确保学前教育普惠性的先决条件,是解决"入园贵"问题的重要环节,调研结果显示(见图2-4),幼儿园"收费标准"这个维度的得分达到了4.2,在所有二级维度中处于较高水平,大众对政府的控价效果、幼儿园收费的合理性以及幼儿园经费使用的规范性都给予了较高的评价,其中"按照政府核定的明确统一的收费项目和标准执行,无早教费、择园费、赞助费等限制幼儿入园的隐性收费"这条指标的得分高达4.31,认可率达84.4%(选择"非常符合"的有51.2%,"比较符合"的有31.2%);"面向大众定价,收费控制在当地大部分家长可承受范围之内"得分为4.18,认可率达80.1%(选择"非常符合"的有42.7%,"比较符合"的有37.4%),说明对于目前普惠性幼儿园收费的合理性和规范性,家长、教师和园长普遍比较认可。

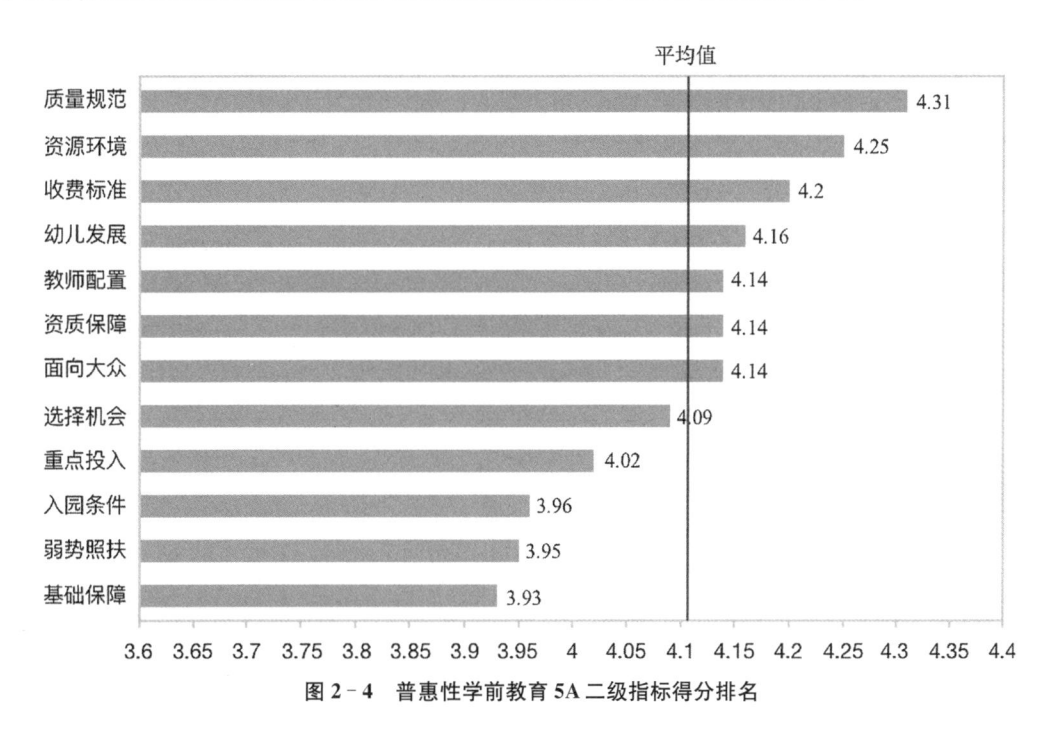

指标	平均值
质量规范	4.31
资源环境	4.25
收费标准	4.2
幼儿发展	4.16
教师配置	4.14
资质保障	4.14
面向大众	4.14
选择机会	4.09
重点投入	4.02
入园条件	3.96
弱势照扶	3.95
基础保障	3.93

图2-4 普惠性学前教育5A二级指标得分排名

从家长每月为孩子缴纳费用的汇总情况来看(表2-1),85%的家长每月缴纳费用在1000元以下,其中超过一半的家长每月缴纳费用在500元以下。不同区域普惠性幼儿园的收费具有显著差异($\chi^2=6\,539.591$,$p<0.001$),50.6%的城市普惠性幼儿园收费在500~1000元,56.5%的县城、56.1%的乡镇和63.3%的农村普惠性幼儿园收费在500元以下。不同园所的家长每月缴纳费用也

存在显著差异($\chi^2 = 1\ 117.741, p<0.001$),公办园由于一直以来受到各地政府明确的标准控制所以收费较低,超80%的各级公办园家长缴费在1 000元以下,大部分在500元以下。普惠性民办园的收费是影响"入园贵"的重要因素之一,调查结果显示,位于城市的普惠性民办园的2 806位家长中,62.2%的家长每月为孩子缴纳的费用在1 000元以下;位于农村普惠性民办园的3 095位家长中,89.5%的家长每月为孩子缴纳的费用在1 000元以下。可以看出,虽然由于区域经济发展水平的差异,城市的普惠性民办园收费总体高于农村,但大部分普惠性民办园的收费都得到了较好的价格调控,相比于转普前收费普遍高于1 000元/月的高收费情况,目前收费基本回落在每月1 000元以下,在总体经济水平上达到了一定的合理收费,减轻了家长的学前教育分担成本。

表2-1 普惠性幼儿园家长每月缴纳费用情况(N=46 425)

类别		500元以下	500~1 000元	1 000~1 500元	1 500~2 000元	2 000元以上	总计(人)
区域	城市	2 258 (21.5%)	5 316 (50.6%)	2 355 (22.4%)	267 (2.5%)	314 (3.0%)	10 510
	县城	4 854 (56.5%)	2 720 (31.7%)	334 (3.9%)	328 (3.8%)	348 (4.1%)	8 584
	乡镇	8 386 (56.1%)	4 708 (31.5%)	771 (5.2%)	361 (2.4%)	732 (4.9%)	14 958
	农村	7 831 (63.3%)	3 381 (27.3%)	516 (4.2%)	246 (2.0%)	399 (3.2%)	12 373
园所类型	示范园	8 256 (52.1%)	5 264 (33.2%)	1 408 (8.9%)	358 (2.3%)	551 (3.5%)	15 837
	一级园	4 274 (52.2%)	2 765 (33.8%)	671 (8.2%)	211 (2.6%)	270 (3.3%)	8 191
	二级园	5 110 (56.2%)	2 853 (31.4%)	554 (6.1%)	245 (2.7%)	326 (3.6%)	9 088
	三级及以下	2 003 (60.0%)	876 (26.2%)	184 (5.5%)	106 (3.2%)	169 (5.1%)	3 338
	普惠性民办园	3 686 (37.0%)	4 367 (43.8%)	1 159 (11.6%)	282 (2.8%)	477 (4.8%)	9 971
总计		23 329 (50.3%)	16 125 (34.7%)	3 976 (8.6%)	1 202 (2.6%)	1 793 (3.9%)	46 425

因此,综合看来,政府多年来采取各种措施对普惠性幼儿园尤其是普惠性民办园进行的一系列引导控价政策初见成效,普惠性幼儿园收费得到有效降低。

(二)我国普惠性学前教育发展面临的突出问题

十八大以来,普惠性学前教育取得的突破性进展为推进建设全国性的普惠性学前教育公共服务体系奠定了良好的基础,但在看到成就的同时,应该看到其中还有不少瓶颈和问题横亘在我们面前,学前教育发展中的不平衡、不协调、不可持续的问题依然比较突出。此次调研结果显示,目前我国普惠性学前教育发展面临的突出问题具体表现在以下方面:

1. 财政投入在普惠性幼儿园的成本分担、教师工资、农村支持、弱势补偿上得分落后,学前教育财政投入结构性供给不足

在普惠性学前教育发展的五大指标中,"分得均"维度的得分最低,其下两个子维度"基础投入"和"重点投入"的得分在所有二级指标中分别排名倒数第一和倒数第三,发展情况依旧不容乐观。在"基础投入"维度,得分最低的两项分别为"幼儿园教师工资水平和福利待遇有适度提高,不低于当地国家公务员的平均工资"(3.72)和"办园成本分担合理,主要由政府公共财政承担"(3.95);在"重点投入"维度,得分最低的两项分别为"农村幼儿园在师资、物资、资金方面能够得到政府越来越多的支持"(3.95)和"公共财政投入能够侧重照顾弱势群体的教育利益"(3.97)。上述四项指标的低得分反映出目前我国普惠性学前教育财政投入存在的问题有:政府在普惠性幼儿园中的分担成本偏低,政府财政投入对教师的利益保障欠缺,政府对农村幼儿园的支持不足,弱势群体的教育利益补偿有失。从中可以看出,在普惠性的发展体系之下,政府的学前教育财政投入应该体现并发挥的普惠性效应相对较弱,间接反映了我国学前教育财政分配内部结构不合理的现象,主要表现在以下四个方面:重示范园轻普惠性民办幼儿园,财政投入园所结构不合理;重硬件轻师资,财政投入使用结构有失衡;重城市轻农村,财政投入地区结构不均衡;重普遍轻特殊,财政投入对象结构待转换。

根据方差分析可以看出政府财政投入园所结构的具体情况(表 2-2)。政府对幼儿园的办园成本分担、经费来源及投入增加情况的评价得分不仅在公办园和普惠性民办园之间表现出明显的差异,在不同等级的公办园之间也有较大差别,示范园的得分远高于二级、三级及以下公办园和普惠性民办园。可以发现,政府财政在优质幼儿园中的成本分担比例高,而在普通公办园和普惠性民办园中的分担比例较低。

表 2-2 不同办园类型和等级幼儿园在财政投入方面的差异分析

三级指标	示范园①	一级园②	二级园③	三级及以下④	普惠民办园⑤	F	事后检验
办园成本分担合理,主要由政府公共财政承担	4.38 (0.87)	4.17 (0.86)	3.98 (0.90)	3.76 (1.01)	3.41 (1.18)	1 238.239***	①>②>③>④>⑤
按照国家有关规定,由各级政府按比例提供教育经费,经费来源固定有保障	4.43 (0.84)	4.23 (0.85)	4.01 (0.88)	3.78 (1.00)	3.71 (1.09)	821.897***	①>②>③>④>⑤
根据统一合理的资助标准,政府对幼儿园的财政投入逐步适度增加	4.29 (0.89)	4.08 (0.86)	3.88 (0.88)	3.66 (0.96)	3.72 (1.01)	585.661***	①>②>③>⑤>④

注:$p<0.01^{**}$,$p<0.05^{*}$,下同。

2. 普惠性幼儿园在特殊教育师资配备、服务对象界定、弱势儿童入园机会上发挥的弱势补偿功能尤为薄弱

弱势儿童指贫困儿童、流动儿童、留守儿童、身心障碍儿童等在内的特殊群体。学前教育具有公平公益性、社会福利性的属性，只有针对弱势群体实施有差异的公平，才能消减起点的不公。但从现实来看，鲜有政策制度层面的有效回应。根据我们的研究结果，"惠得广"维度得分4.04，落后于平均水平4.10，从二级指标来看，"弱势照扶"维度的得分3.95排在倒数第二，具体到三级指标，得分低于此维度均分4.04的有"配备具有特殊教育背景的教师，能为特殊儿童开展针对性的指导"(3.60)，"主要服务对象为广大中低收入家庭"(3.63)，"向贫困和弱势群体倾斜，家庭经济困难儿童和弱势儿童入园时享有优先权"(3.90)，具体选项分布情况如表2-3所示。对于上述三个指标，持否定和一般态度的人占比较高，占比率分别为：幼儿园特殊教育教师的配备42%，幼儿园服务对象为中低收入家庭40.2%，弱势儿童的入园权利31%。从中可以看出，目前我国普惠性学前教育在服务对象上存在着界定不明晰、特殊教育师资配备不足、弱势儿童的入园机会得不到保障等问题，综合表现出了我国学前教育弱势补偿性功能较弱的情况。因此，有学者认为，目前学前教育的主要矛盾已经不再是总体规模和入园机会问题，而是结构性供给不足问题以及公平性问题。换言之，学前教育当前最主要的矛盾是特定人群和特定地区儿童还不能享受基本有质量保证的学前教育服务[①]。

表2-3 "惠得广"维度低得分的三级指标具体选择情况

三级指标	完全不符合	不太符合	一般符合	比较符合	非常符合
配备具有特殊教育背景的教师，能为特殊儿童开展针对性的指导	1 684 (4.8%)	4 370 (12.6%)	8 563 (24.6%)	11 925 (34.3%)	8 263 (23.7%)
主要服务对象为广大中低收入家庭	1 522 (4.4%)	2 984 (8.6%)	9 462 (27.2%)	13 697 (39.4%)	7 141 (20.5%)
向贫困和弱势群体倾斜，家庭经济困难儿童和弱势儿童入园时享有优先权	925 (2.7%)	2 121 (6.1%)	7 741 (22.2%)	12 839 (36.9%)	11 180 (32.1%)

3. 入园就近性不足，农村和乡镇远距离接送更为普遍

除了"入园难""入园贵"，"入园远"也是一个不可忽视的问题，其关系到学前教育的科学规划和合理布局，是办好学前教育的主要表现之一。距离和时间是影响幼儿入园可达性、家长实际生活便捷程度、普惠性幼儿园覆盖面和数量的重要因素，过远的距离势必增加接送时间及交通方式等多重因素的复杂性，尤其是在大城市，不符合幼儿就近入园的需要，对家长接送孩子也造成了负担。

根据我们对家长接送幼儿距离和时间情况的调查显示，54%家庭的入园距离在500米~2公

---

① 宋映泉.我国学前教育事业发展主要矛盾与公共财政投入改革方向[J].教育经济评论,2019,4(03)：19-48.

里。从不同区域幼儿入园距离的对比情况来看(见图 2-5),城市和县城家庭幼儿入园距离在 500 米~1 公里的更多,而农村和乡镇家庭幼儿入园距离在 1 公里以上的更多,远距离接送更为普遍。建设部颁布的《中华人民共和国国家标准城市居住区规划设计规范(2002 年版)》规定,幼儿园服务半径不宜超过 300 米;《兰州市人民政府关于加快学前教育改革与发展的意见(2012 年)》也规定城市幼儿园服务半径不宜大于 300 米,加强城市住宅小区幼儿园配套建设,1 000 户以下的新建住宅小区,按照就近原则,由规划部门组织片区联合建设(服务半径原则上不超过 2 000 米)一所规模适当、满足需求的幼儿园。根据已有标准,在 10 510 份城市家长问卷中,仅有 12.7%的家庭的入园距离满足幼儿园服务半径 300 米之内,26.1%的家庭入园距离在 1~2 公里,仍有 13.4%的家庭入园距离在 2 公里以上。另外,相关研究表明当步行到幼儿园的时间超过 15 分钟时,大部分家长会产生不便感[①],但研究结果显示,仍有 31.7%的城市家庭到达幼儿园的步行时间超过 15 分钟。可见,目前各区域尤其是农村和乡镇幼儿的入园就近性和便利性还得不到很好的满足。

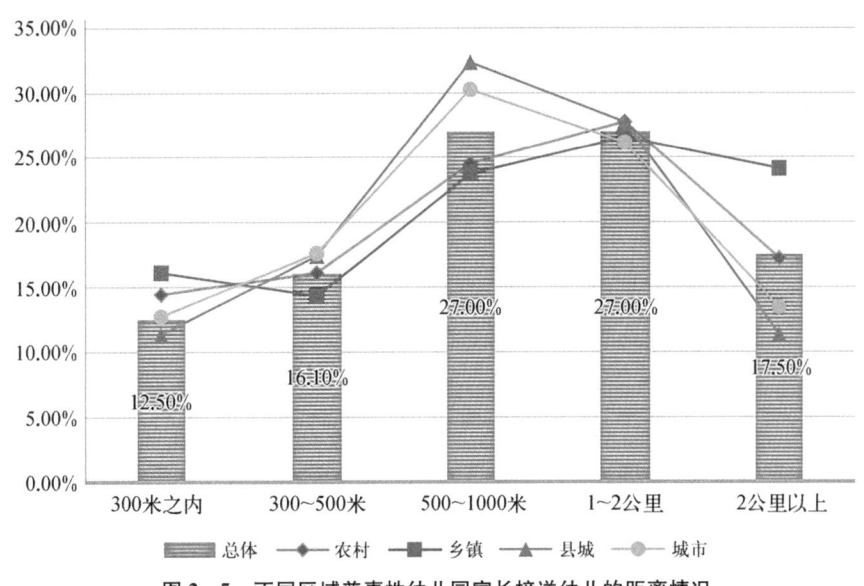

图 2-5 不同区域普惠性幼儿园家长接送幼儿的距离情况

4. 教师学历基本在大专及以下,超一半教师无职称,教龄结构偏年轻化;三级及以下公办园和民办普惠园教师流动率更高;民办普惠园新教师更多,老教师更少,三级及以下公办园相反

虽然总体来看,"治得优"即师资管理维度的得分高于总平均,但对三级指标的具体得分进行比较后发现,以下几项指标的得分明显低于其他指标:"教职工学历符合国家规定的园长、教师、保育员等的学历标准"(4.10)、"所有教职工都具备相应的入职资格证书"(4.07)、"教师队伍流动性小,较为稳定"(4.08)、"班额大小适度,师幼比合理"(4.03),可见教师学历、资质、稳定性和师幼

[①] 李菁,黄大全.学前教育资源空间分布现状与优化——以北京市西城区为例[J].学前教育研究,2014(05):3-10.

比是目前我国普惠性学前教育师资建设问题的突出表现。

根据7 276名普惠性幼儿园教师的背景信息调查结果显示(表2-4),从学历看,本科和研究生学历的教师仅占比26.9%,大专学历教师3 425人,占比47.1%,高中及以下学历1 893人,占比26%;从职称看,无职称教师4 251人,占比高达58.4%。可见目前我国普惠性幼儿园教师队伍"职称低、学历低"问题依旧突出,急需加强教师培养培训,全面提升教师队伍素质。我国《教师法》第十一条规定:"取得幼儿园教师资格,应当具备幼儿师范学校毕业及其以上学历",幼儿师范学校毕业属于中专学历,即幼儿园教师学历必须达到中专学历。就此次调查结果显示,仍有4.8%的教师学历不达标。此外,普惠性幼儿园的教师结构存在年轻化现象,超过七成(70.1%)教师的教龄为8年及以下。

表2-4 普惠性幼儿园教师背景信息(N=7 276)

学 历	人数	百分比	职 称	人数	百分比	教 龄	人数	百分比
初中及以下	350	4.8%	无职称	4 251	58.4%	2年及以下	1 988	27.3%
中专(高中)	1 543	21.2%	幼教三级	491	6.7%	3～5年	2 035	28.0%
大专	3 425	47.1%	幼教二级	1 248	17.2%	6～8年	1 076	14.8%
本科	1 938	26.6%	幼教一级	836	11.5%	9～15年	965	13.3%
研究生	20	0.3%	幼教高级	361	5.0%	16～20年	393	5.4%
			中学高级	89	1.2%	20年以上	819	11.3%

再者,不同类型和等级的普惠性幼儿园教师学历情况($\chi^2=875.778, p<0.001$)和职称情况($\chi^2=558.297, p<0.001$)存在显著差异,普惠性幼儿园的类型和等级与教师学历存在弱强度相关($Cramer\ V=0.212, p<0.001$),与教师职称存在弱强度相关($Cramer\ V=0.139, p<0.001$)。使用Post hoc testing检验,根据调整后的标准化残差判断各组差异后,我们发现,在普惠性民办园和公办园之间,普惠性民办园无职称教师人数高达77.5%,显著高于公办园,各类职称的教师人数与公办园相比明显不足;高中以下学历教师更多,有45.9%,其中,初中及以下学历达到9%,教师学历不达标现象更为严重,本科学历教师显著过少,仅8.4%。而在示范园和一级园中,本科和研究生学历的教师更多,具备幼教高级职称的教师也明显更多。由此可见,不同等级公办园间的教师职称和学历情况不均衡,普惠性民办园的教师职称和学历问题更为严峻。除此之外,不同等级和类型普惠性幼儿园的教师流动性($\chi^2=2 377.242, p<0.001$)和教师教龄($\chi^2=393.581, p<0.001$)也存在显著差异。三级及以下公办园和普惠性民办园的教师流动率更高。普惠性民办园的新教师更多,老教师更少,2年以下教龄的教师占到了39.20%,20年以上教龄的教师仅占3.63%;二级、三级及以下公办园新教师更少,2年以下教龄的教师占比分别为19.6%和20.6%,三级及以下公办园老教师更多,20年以上教龄的教师占比17.6%;示范园和一级公办园的教师教龄则较为平衡。

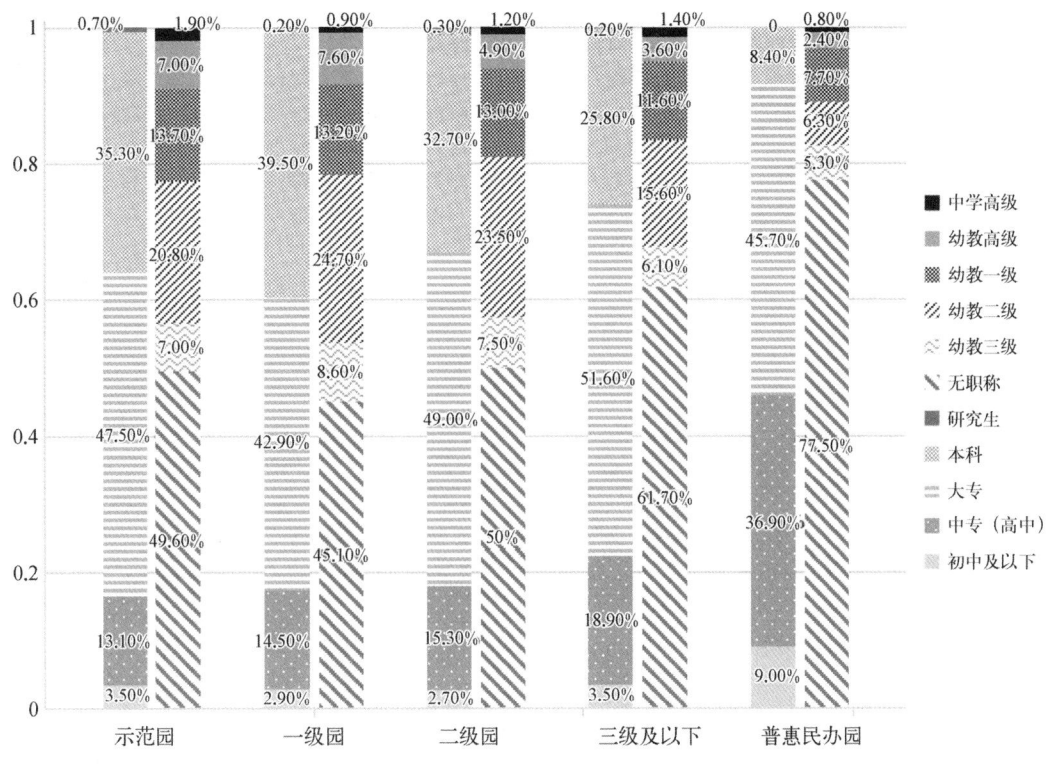

图 2-6 不同等级和类型普惠性幼儿园的教师学历和职称情况比较

5. 示范园和一级园在多个维度显著优于三级及以下公办园和普惠性民办园,尤其在财政投入和师资条件上差距更大

在学前教育领域,发展更加公平、更有质量的教育,让每一个孩子都能接受优质公平的普惠性学前教育,需要办好每一所普惠性幼儿园为前提。根据我们的调研结果显示(表 2-5),不同园所等级和类型的普惠性幼儿园在普惠性学前教育各个维度的得分均存在显著差异。事后多重比较发现,公办示范园和一级园在各个维度的评价得分都显著高于二级、三级及以下公办园和普惠性民办园,三级及以下公办园的普惠性各维度发展得分均处于最低水平。另外,普惠性民办园的得分总体处于二级公办园和三级及以下公办园之间。结合不同园所的普惠性 5A 发展水平得分比较图(图 2-7)可以看到,"分得均"和"治得优"维度的折线图趋势更为陡峭,说明普惠性民办园、三级及以下公办园与示范园、一级园在财政投入和师资管理方面的差距更为明显。

表 2-5 不同类型和等级园所普惠性学前教育各指标评价得分差异(N=34 806)

维度	幼儿园性质 M(SD)					F	事后检验
	示范园(A)	一级园(B)	二级园(C)	三级及以下(D)	普惠性民办园(E)		
分得均	4.30(.75)	4.10(.72)	3.90(.73)	3.68(.79)	3.74(.83)	881.297***	D<E<C<B<A
基础投入	4.28(.76)	4.09(.73)	3.88(.74)	3.64(.81)	3.62(.90)	1 014.684***	D&E<C<B<A

续表

维　　度	幼儿园性质 M(SD)					F	事后检验
	示范园(A)	一级园(B)	二级园(C)	三级及以下(D)	普惠性民办园(E)		
重点投入	4.32(.79)	4.11(.76)	3.92(.78)	3.72(.84)	3.85(.84)	638.166***	D<E<C<B<A
达得到	4.18(.61)	4.05(.58)	3.90(.61)	3.76(.68)	3.96(.64)	390.801***	D<C<E<B<A
选择机会	4.36(.82)	4.15(.80)	3.94(.82)	3.73(.91)	4.02(.84)	511.471***	D<C<E<B<A
入园条件	4.09(.59)	3.99(.57)	3.88(.60)	3.78(.66)	3.94(.62)	230.608***	D<C<E<B<A
配得齐	4.50(.69)	4.33(.66)	4.14(.69)	3.97(.75)	4.09(.74)	800.106***	D<E<C<B<A
质量规范	4.56(.70)	4.41(.67)	4.22(.71)	4.04(.79)	4.19(.75)	635.811***	D<E<C<B<A
资源环境	4.53(.72)	4.35(.69)	4.14(.73)	3.94(.81)	4.13(.79)	697.407***	D<C<E<B<A
幼儿发展	4.45(.75)	4.23(.74)	4.02(.79)	3.85(.87)	4.06(.81)	587.776***	D<C<E<B<A
收费标准	4.47(.72)	4.31(.70)	4.13(.72)	3.99(.79)	3.98(.79)	722.731***	D&E<C<B<A
治得优	4.44(.69)	4.24(.66)	4.02(.69)	3.81(.77)	3.99(.73)	973.938***	D<E&C<B<A
资质保障	4.46(.72)	4.26(.70)	4.03(.74)	3.80(.84)	3.94(.78)	980.744***	D<E<C<B<A
教师配置	4.43(.72)	4.23(.69)	4.02(.72)	3.82(.78)	4.03(.76)	733.263***	D<E&C<B<A
惠得广	4.25(.68)	4.10(.65)	3.94(.67)	3.84(.71)	3.94(.71)	449.026***	D<E&C<B<A
面向大众	4.30(.70)	4.19(.66)	4.06(.70)	4.00(.76)	4.08(.72)	227.578***	D<E&C<B<A
弱势照扶	4.21(.77)	4.02(.73)	3.85(.74)	3.71(.78)	3.83(.79)	502.199***	D<E&C<B<A
5A 总平均	4.36(.64)	4.19(.61)	4.00(.63)	3.84(.68)	3.96(.68)	827.140***	D<E<C<B<A

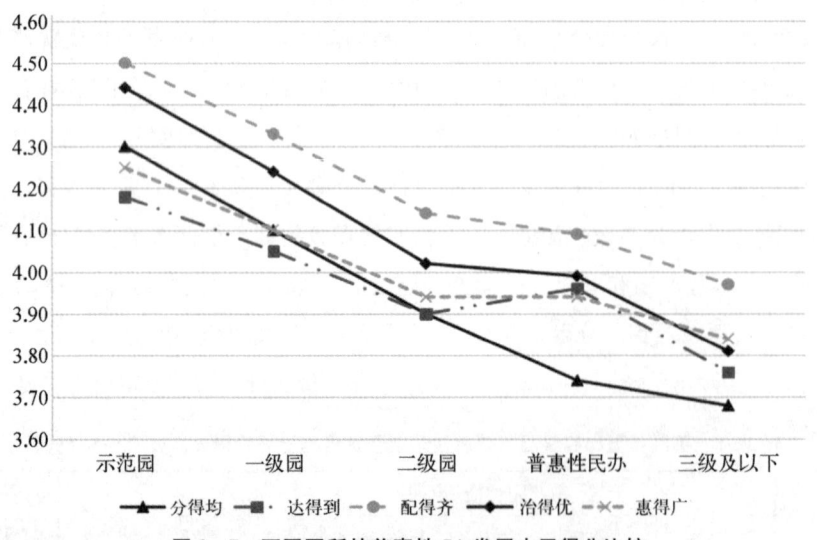

图 2-7　不同园所的普惠性 5A 发展水平得分比较

从上述分析中可以看出,示范园、一级园的普惠性发展水平较好,二级、三级及以下公办园和普惠性民办园的发展水平不高,差异较为明显。为了进一步了解各类型园所普惠性学前教育发展得分的具体分布情况,本研究通过 k-means 聚类分析,将普惠性学前教育的发展总分分为高分组和低分组,结果发现,各园所在不同分组上的得分差异显著($\chi^2 = 1\,934.620, p<0.001$)(表2-6)。在低分组,二级园(36.1%)、三级及以下公办园(45.4%)和普惠性民办园(38.7%)的比例远高于示范园(14.6%)和一级园(23.2%),三级及以下公办园发展水平较差的园所比例甚至达到了示范园的三倍之多,可见不仅是在公办和民办之间,公办园内部普惠性的发展差异也尤为突出。总的来说,示范园和一级园在普惠性学前教育服务的供给中达到了高水平,而三级及以下公办园和普惠性民办园的普惠性发展水平较为落后,服务质量难以保证,尤其是在园所的财政投入和师资条件方面普惠性建设状况堪忧,这也呼应了我们上文财政投入园所结构不合理的分析结果。

表2-6　不同类型及等级园所和普惠性学前教育总评价得分各组别的交叉列联表

园所等级		低分组 计数	低分组 百分比	高分组 计数	高分组 百分比	总计
	示范园	1 256	14.6%	7 356	85.4%	8 612
	一级园	1 521	23.2%	5 024	76.8%	6 545
	二级园	2 733	36.1%	4 838	63.9%	7 571
	三级及以下	1 429	45.4%	1 721	54.6%	3 150
	普惠性民办园	3 459	38.7%	5 469	61.3%	8 928
总 计		10 398	29.9%	24 408	70.1%	34 806

五、深化普惠性学前教育公共服务体系改革发展的政策建议

(一)对普惠性学前教育资源的性质进行重新认定,推动普惠性幼儿园一体化发展,保障财政投入"分得均"

同样作为普惠性幼儿园,公民办之间、公办不同等级之间的不合理差异极易导致幼儿园的服务对象产生分化,使不同等级的幼儿园服务于不同家庭社会经济地位的幼儿,加剧教育的不公平。要使普惠性学前教育公平、均衡、有序发展,首要前提是正确处理一些观念和概念误差,对普惠性学前教育资源性质进行重新认定,明确界定普惠性幼儿园的标准。政府要逐渐淡化幼儿园公、民办概念,跳出以办园体制来定义普惠性性质的窠臼,以普惠性学前教育的价值原则和科学内涵为导向和依据,确立幼儿园普惠性发展的关键指标,出台统一、明确的普惠性幼儿园认定和评估指标体系并探索建立面向所有普惠性幼儿园的法治化、均等化的学前教育投入体制和管理机制。比如对普惠性幼儿园的服务对象作出限定性要求,如果某些公办园服务于所谓的精英阶层子女,而不是面向大众且以中低收入家庭子女为主要服务群体,就应该将其认定为非普惠性幼儿园,减少甚至不予财政投入。而对于符合普惠性学前教育资源性质认定的幼儿园,无

论其办园体制或园所等级有何差异,都应该在普惠性学前教育公共服务供给框架内一体化发展。

(二)建立科学的普惠性幼儿园生均公用经费财政拨款制度,提供"付得起"的学前教育

公共财政投入要真正发挥促进教育资源公平普及的普惠性作用,必须秉持公平普惠的原则,让每一位幼儿都能平等地享有资助以获得教育资源,而不是依据园所性质和等级分配到各个幼儿园。因此,建立以幼儿为本的、科学的普惠性幼儿园生均公用经费财政拨款制度对于解决由园所、地区差异而导致的资源配置的不公显得至关重要和迫切,要求政府必须以教育公平为基础,深入改革学前教育财政投入体制,实现定向到人的精准拨款。一者要确立合理的生均经费标准和生均财政拨款标准,使政府补贴有据可依,有制可循。可参考国内学者袁媛基于OECD 2012年度教育统计报告的数据分析,根据近年来OECD国家学前教育生均投入与人均GDP比例20%的平均水平作为衡量我国学前教育生均经费标准的重要指标[①]。二者要将生均财政拨款进行合理切分,剥离为两层,一层是基本需求,一层是特殊需求。基本需求项目服务于大众,站在公平角度确保切实惠及到每个儿童,只要是中华人民共和国国籍需要接受学前教育服务的幼儿,无论其所在幼儿园类型、等级有何差异,都要获得平等的补助;特殊需求要以"需要原则"为第一原则,资金专门用于惠顾包括贫困和落后地区在内的处境不利儿童和弱势儿童,通过直接指向服务对象,提高经费配置效率和精准性,切实维护幼儿的受教育权。

(三)配套实施弱势儿童优先入园制度与弱势儿童学前教育资助体系,实现"惠得广"的学前教育

在解决"入园难""入园贵"的突出问题时,我们要以马克思主义公平正义观的"需要原则"为第一原则,即哪些家庭孩子"入园难""入园贵"的困境最大?哪些幼儿最需要政府的托底保障、积极关心、有效支持与扶助?哪些地方最需要政府运用财政经费予以重点支持与孵化[②]?目前在普惠性学前教育的服务群体中,弱势儿童的入园机会、教育质量、资助制度等需求仍然得不到满足,政府对其精准帮扶不到位,学前教育补偿功能尤为薄弱。普惠性的提出正是对公平性、公益性在实践层面上出现偏颇的弥补,对弱势儿童的意义更加可贵,因而政府要对弱势儿童群体面临的"入园难""入园贵"的复杂困境给予更多的关注,将普惠性学前教育的建设重点从普遍性需求向针对性问题转变,剥离和挖掘不同弱势群体的教育境况和教育需求,分层次、分对象选择性供给,优先满足弱势家庭和处境不利家庭对学前教育资源的吁求和渴望。

[①] 袁媛,杨卫安.我国学前教育生均经费标准和生均财政拨款标准研究——基于OECD 2012年度教育统计报告的数据分析[J].教育与经济,2013(3):15-19.

[②] 姜勇,庞丽娟.以供给侧改革为抓手推进普惠性学前教育公共服务体系建设[J].教育发展研究,2019,39(08):17-25.

目前亟须建立健全弱势儿童学前教育扶助政策体系,通过学费减免、加薪辅助和优先入学等措施确保弱势儿童的入园机会,以最大程度地实现教育公平,不落下任何一个孩子。首先需要对弱势儿童进行清晰界定,明晰我国弱势儿童的具体分类,明确扶助对象和资助标准;其次建立弱势儿童优先入园制度,将弱势儿童入园率划入普惠性学前教育普及指标,将其作为普惠性幼儿园的评估标准和审核依据,并对符合要求的园所适当增加财政拨款比例;再者要解决公共财政与弱势家庭儿童的错配问题,根据地理环境、经济发展水平等特点,以减免、免费、补助等多种形式相结合的方式予以落实,从多个层面降低弱势儿童的受教育成本,保证他们能够享受有质量保证的学前教育服务。从制度层面保障弱势儿童的入园权利,再辅以经济层面的补助以保障弱势儿童的入园机会和教育质量,才能真正帮助弱势儿童获得有质量的学前教育。

(四) 利用 GIS(地理信息系统)软件科学配置托幼机构资源,提供"达得到"的学前教育

发挥政府引导和调控学前教育发展的"有形之手"的作用,对学前教育作出科学合理的区域发展和规划建设,将学前教育纳入区域经济社会发展规划,根据人口变化和幼儿就近入园的原则,科学测算学龄前儿童数量及分布,合理确定幼儿园建设数量、区域布局、服务半径和招生范围,尤其是要对区域农村幼儿园作出整体布局,请规划局和乡镇全面规划辖区内幼儿园布局,落实村级幼儿园和小学附属幼儿园建设用地,方便农村孩子就近入园。发挥大数据、人工智能、新媒介技术对学前教育现代化的支撑作用,充分利用科学的技术、方法与手段合理配置资源,如借助地理信息系统(Geographic Information System,简称 GIS)软件可实现对一定区域内的学前教育资源分布、新建园所选址、布局合理性等进行科学规划和追踪,提高学前教育资源配置效率[①]。

(五) 严格准入制度,提高幼儿园教师待遇,增强其专业热忱与职业信念,把关"有质量"的学前教育

普惠性学前教育发展和建设离不开师资队伍的质量建设,离不开对教师资质特征及生存状态的关注和重视,要将高素质的幼儿园教师队伍建设作为发展学前教育的质量之本和教育规划的重要目标。

首先,要提高和落实幼儿园教师入职标准,将幼儿园教师学历提升至专科并逐步过渡到本科,严格教师资格准入制度,将师资质量列入普惠性幼儿园认定和评估指标,避免幼儿园的教师聘任混水摸鱼。针对现阶段很多在职幼儿园教师学历偏低、专业不对口的现象,各级相关部门应建立在职幼儿园教师学历进修机制,为其学历提升、专业训练创造条件,同时为

---

① 姜勇,庞丽娟.以供给侧改革为抓手推进普惠性学前教育公共服务体系建设[J].教育发展研究,2019,39(08):17-25.

转岗教师提供统一的入职培训,参照幼儿园教师专业标准进行考核,使幼儿园教师成为"有要求""有标准"的职业[①]。

其次,要保障幼儿园教师的合法权益,落实幼儿园教师待遇,切实保障其在职称评聘、工资福利、社会保险等方面与当地中小学教师一视同仁。通过公共财政投入推动各地逐步实现幼儿园教师同工同酬,在提升普惠性幼儿园生均财政补贴标准的同时要放宽生均财政补贴的使用范围,明确生均财政补贴经费中有相当比例可用于教师工资待遇保障,同时将普惠性幼儿园非在编教师薪资待遇支出部分纳入财政预算,把教职工薪资支出比例最低要求列入幼儿园园所评估指标。通过专项补贴、税收优惠等形式,为幼儿园教师提供经费保障,提高幼儿园教师的薪资待遇和福利水平,稳定教师队伍。同时,以立法形式对幼儿园教师薪资水平作出强有力的规定。

最后,要大力推进幼儿园教师培训,提高专业水平。一方面,政府应在财政预算中设立幼儿园教师培训的专项经费,用于幼儿园教师的在职培训和教育,做到专款专用;另一方面,幼儿园还可以依据教师所处的发展阶段和需求提供个性化的培训,结合园本培训、省培、国培,构建多元化、多层次、开放式培训体系,力求提高培训的有效性。此外,要增强幼儿园教师对特殊儿童的指导能力以适应目前不断增加的特殊儿童的受教育需求,招收一定比例的特殊教育背景的教师,增加特殊教育的相关培训以确保幼儿园具备为特殊儿童服务的能力,增强学前教育的多元包容性。比如《上海市特殊教育三年行动计划(2018—2020年)》就明确要求,加强对婴幼儿身心发展问题的早期发现与早期干预,提高幼儿园教师对有特殊需要幼儿的观察与支持能力。上海将在每个街镇选取1所普通幼儿园设置1个特殊教育点,为各类学龄前残疾幼儿接受早期融合教育创造更多机会,使有质量保证的学前教育公共服务真正做到普遍惠及、人人享有。

---

① 张汶军,张绵绵.深化改革背景下幼儿园教师队伍建设的思考[J].河北师范大学学报(教育科学版),2019,21(02):17-20.

第三章 我国学前教育财政投入的特征与对策研究
——基于国际比较的视角

新世纪以来,在政府的大力支持和投入下,我国学前教育事业取得了长足发展。当前学前教育公共服务体系建设是我国教育事业发展的重要内容。投资学前教育不仅能够获得很高的回报率[1],推动经济发展,还能够改变弱势群体生存状况,打破中低收入国家千百万儿童和家庭面临不平等现象的恶性循环。稳定充足的经费投入是推动学前教育事业发展的必要条件,也是实现2035中国教育现代化学前教育目标的重要保障,更是建设普惠性学前教育公共服务体系的根基。自2011年学前教育行动计划实施以来,经费投入总量大幅度增涨,全国学前教育财政投入从2010年的244亿元增长到2017年的1 563亿元,全国幼儿园生均经费支出达到了9 770元。

在学前教育阶段的财政投入规模不断扩大的新形势下,我们更需要回顾历史,放眼世界,冷静反思:近十年来,我国学前教育成本分担结构是否合理?投入规模与世界上发达国家相比存在多大差距?经费支出结构呈现怎样的特征?是否存在需要改进之处?许多学者们针对不同教育阶段的经费投入进行了国际比较研究,包括高等教育[2][3]、职业教育[4]、基础教育[5]等,学前教育阶段的国际比较研究大多聚焦于某一层面,如经费投入规模[6]、生均财政拨款[7]、成本分担[8]等,而且数据上总体比较滞后。在国际比较视角下,我们对2006年至2016年中国学前教育财政投入进行了实证研究,通过多主体经费筹措渠道构成分析成本分担结构;通过教育投入占GDP比重、学前

---

[1] Heckman J, Pinto R, Savelyev P. Understanding the Mechanisms Through Which an Influential Early Childhood Program Boosted Adult Outcomes[J]. American Economic Review, 2013, 103(6): 2052-2086.
[2] 方芳,刘泽云.高等教育投入模式的国际比较研究[J].南京师大学报(社会科学版),2018(06):40-47.
[3] 郭宏.中印高等教育经费来源比较及启示[J].教育评论,2017(03):54-57.
[4] 韩永强.职业教育经费投入及其国际比较[J].职业技术教育,2014,35(28):48-54.
[5] 刘小春,李婵.农村基础教育财政投入的国际经验及其启示[J].教育探索,2010(05):147-149.
[6] 张翼飞,黄洪.学前教育财政投入的国际经验研究——基于OECD主要发达国家的分析[J].现代教育管理,2016(11):28-35.
[7] 袁媛,杨卫安.我国学前教育生均经费标准和生均财政拨款标准研究——基于OECD 2012年度教育统计报告的数据分析[J].教育与经济,2013(03):15-19.
[8] "学前教育成本分担研究"课题组,李宏堡,王海英.OECD国家学前教育成本分担现状及其启示[J].学前教育研究,2015(03):26-37.

教育财政性经费占总教育财政性经费比例和生均教育经费支出衡量学前教育阶段的投入规模水平;通过经常性支出和资本性支出构成以及教职工薪资占比来呈现经费配置方式,力图描绘我国学前教育经费投入的历史发展趋势与特征,揭示我国学前教育阶段财政投入的特征及问题,思考我国学前教育阶段财政投入的未来规划和对策。

一、谁在承担学前教育的成本

基于当前中国政府有限的财政支付能力和"穷国办教育"的基本国情,建立合理的成本分担机制成为保障普惠性学前教育公共服务体系可持续运转的必然要求,也是推动学前教育健康、长足、可持续发展的关键。合理的成本分担可以弥补政府投入的不足,满足老百姓日益增长的需求。

(一)分担结构中的不同主体:政府承担不足,家庭负担沉重,社会力量减弱

教育成本分担理论由美国著名教育财政学者约翰斯(D. Bruce Johnstone)提出,他确定了教育成本分担的主体包括政府、家长、捐赠个体和团体、企业。OECD国家经费来源分为公共资源(Public Sources)和私人资源(Private Sources),其中公共资源代表政府投入,私人来源包括家庭和其他私人组织投入,而中国经费来源分为财政性教育经费、事业性收入、民办学校中举办者投入和捐赠以及其他收入。为了方便与OECD国家进行比较,将我国财政性教育经费同比为公共资源,其他经费同比为私人资源,学费同比为OECD国家的家庭分担部分。

从政府承担比例上来看,绝大数OECD国家政府投入主体地位基本确立。2006年至2015年间,OECD国家学前教育经费的公共来源占比平均水平稳定保持在80%左右,并呈现缓慢上升的趋势,2015年达到了84%,相比2006年增长3.3%。在2015年有可用数据的31个OECD国家中,政府投入比例超过90%的有10个国家,80%—90%之间的有14个国家,70%—80%之间的有2个国家,低于70%的只有4个国家,分别是澳大利亚(68.4%)、葡萄牙(64.4%)、英国(59.0%)和日本(47.9%),中国则低于OECD所有成员国,为46.7%。近十年来OECD成员国之间的政府投入比例起伏有所差异。其中,日本政府投入水平相对稳定,近两年有所攀升,2015年占比为47.9%,相比2005年增长了4.5%;而韩国政府投入比例提升幅度很大,2006年远远低于OECD政府负担的平均水平,仅为46.3%,但是近五年迅速增长,2015年韩国政府承担学前教育经费占比达到了83.9%,接近OECD平均水平,年均增长率为6.84%;中国自2010年之后政府分担比例始终低于50%,尽管2011年至2012年有可观提升,但从近几年总体趋势来看,政府分担比例的增长速度有所减缓甚至下降(如图3-1所示)。

从家庭负担的比例上来看,2015年OECD国家家庭支出平均水平为14.7%,绝大部分OECD

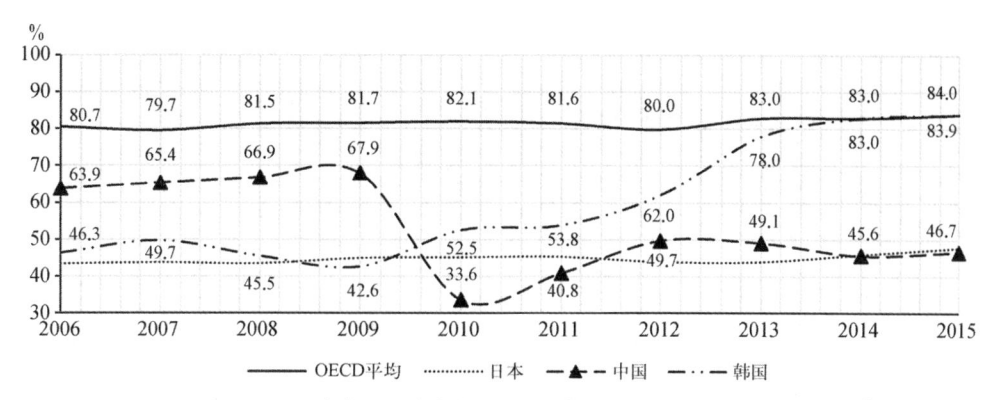

图 3-1 2006—2015 年各国政府在学前教育经费中分担比例的变化（ISCED 02①）

数据来源：OECD 数据来源于 Education at a Glance（2009—2018）— Relative proportions of public and private expenditure on educational institutions, by level of education (Pre-primary)；中国数据来源于《中国教育经费统计年鉴》(2007—2017)，由研究者计算所得（政府分担比例＝财政性教育经费/总投入）。

国家的家庭负担比重都在 20% 以下，低于 OECD 平均水平(14.7%)的国家占 55%(16/29)。其中，家庭支出低于 10% 的有 10 个国家，如爱尔兰(0.1%)、瑞典(5.3%)、法国(6.6%)等；在 10%—20% 之间的有 14 个国家，如芬兰(11.3%)、挪威(15.0%)、韩国(14.8%)、智利(17.2%)等；家庭支出在 20%—30% 之间的有 2 个国家，即斯洛文尼亚(24.4%)和美国(26.4%)；高于 30% 的只有 4 个国家，即澳大利亚(31.5%)、葡萄牙(35.6%)、英国(41.0%)和日本(52.1%)（如图 3-2 所示）。为了减轻家庭负担压力，许多国家都利用公共财政实施有效举措。在丹麦，地方政府必须向符合条件的父母提供经济援助；在挪威，政府通过增加公共资金来实现私立幼儿园最高收费监管，父母负担比例从 2002 年的 37% 降至 2012 年的 15%；在瑞典，政府不仅提供 1 年免费教育，还规定父母仅花费家庭收入的 1%—3% 在学前教育上②。中国学前教育经费中家庭承担比重的变化与 OECD 国家总体趋势背道而驰。2010 年之前，家庭承担比重（学费/总投入）在 30% 以下，2006 年仅为 14.5%，到 2010 年一跃而上为 52.77%，此后虽有缓和，但仍居高不下，2016 年为 47.8%，家庭负担比例约为 2015 年 OECD 国家平均水平的 3 倍。

从私人支出（除家庭外）所占比例上来看，OECD 国家在学前教育阶段的社会参与程度不高。2015 年 OECD 国家除家庭之外的私人投入平均水平为 1.7%，其中占比超过 1.7% 的只有 6(6/24) 个国家，分别是捷克(2.1%)、以色列(2.4%)、冰岛(2.4%)、新西兰(2.9%)、斯洛伐克(4.3%)和日本(18.3%)。这些国家都积极鼓励私人基金和社区参与支持早期教育与保育机构，社会力量被

---

① 教育阶段：《教育概览》中采用《国家教育分类标准法》(ISCED2011)，早期儿童教育(early childhood education ISCED 0)分为早期儿童教育开发(early childhood education development, ISCED 01)和学前教育(pre-primary education, ISCED 02)。按照年龄阶段的一致性，《中国教育经费统计年鉴》中的"幼儿园"对应的是国家教育标准分类法中的 ISCED 02，即学前教育(pre-primary education)。但由于部分指标没有单列，只能采用 Early Childhood Education (ISCED 0) 的数据。http://uis.unesco.org/sites/default/files/documents/isced-2011-ch.pdf.

② Starting Strong 2017: Key OECD Indicators on Early Childhood Education and Care[R]. OECD, 2017: 96-97.

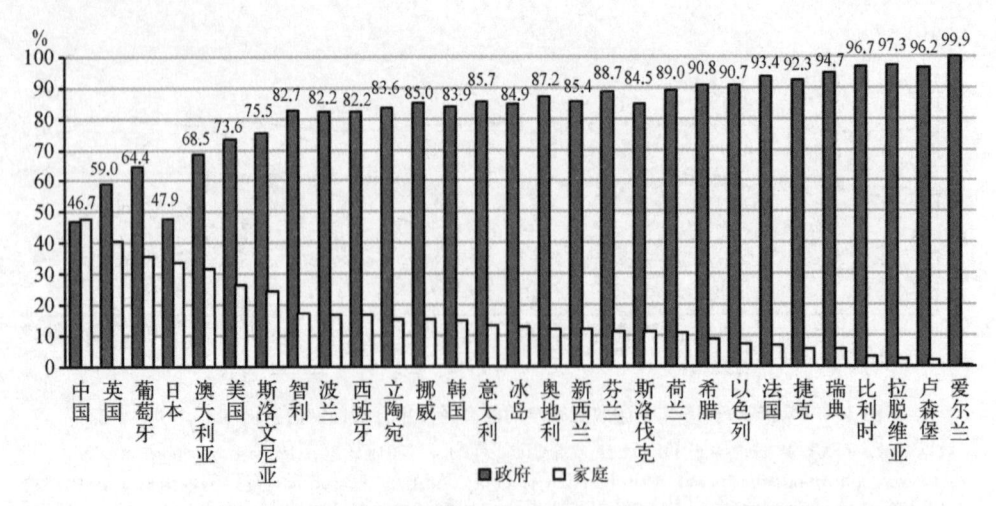

图 3-2　2015 年各国政府与家庭的学前教育成本分担比例（ISCED 02）

数据来源：经合组织数据库（OECD. Stat）— 2015 Relative shares of public, private and international expenditure (Pre-primary education)；中国数据来源于《中国教育经费统计年鉴》(2016)，由研究者计算所得（政府分担比例＝财政性教育经费/总投入；家庭分担比例＝学费/总投入）。

视为重要的额外资源，特别是在政府承担比例相对较低的日本，索尼公司成立了索尼教育基金会，举办早期教育机构并且进行广泛的活动①。

目前我国学前教育阶段的经费分担结构属于多方承担型。近十年我国学前教育财政性经费投入虽不断增加，但增长速度较为缓慢，政府负担比例总体下滑，存在过度依赖家庭投入的问题。社会分担能力未得到充分发挥，学前教育阶段经费筹措的社会捐赠土壤尚未形成，社会捐助热情度较低。从实质上来说，多方主体合理分担的学前教育经费投入机制的建立仍处于起步阶段。首先是政府投入，2006 年至 2010 年间国家财政性经费占比平稳增长，2009 年达到峰值，为 67.93％。进入 2010 年后，财政性经费分担比例出现大幅度滑坡，降至 33.56％，尽管政府不断弥补短板，但直至 2016 年占比始终低于 50％。其次是家庭投入，2009 年之前事业性收入占比不断减少，家庭承担的教育经费占比低于 30％，但是进入 2010 年事业性收入出现迅猛增涨趋势，达 59.64％，至今居高不下，维持在 50％左右，家庭一跃成为了学前教育经费分担第一主体。三是社会投入，包括民办学校举办者的投入和捐赠以及其他投入，从近几年总体趋势来看，社会力量的发挥逐渐减弱。2010 年以前，民办学校举办者投入在整个学前教育经费来源结构中分量微弱，2010 年迅猛攀升，占学前教育经费投入总量的 3.86％，之后的五年里，民办学校举办者投入不断减少，2016 年民办学校举办者投入仅占经费投入规模总量的 1.81％，相比 2010 年减少了 2.05％；而捐赠收入在近十年里一直低于 3％，整体呈现下降趋势，2016 年比重为 1.40％，相比 2006 年减少了 1.43％（如图 3-3 所示）。

---

① OECD. Starting Strong III: A Quality Toolbox for Early Childhood Education and Care [R]. Paris: OECD Publishing, 2012: 254.

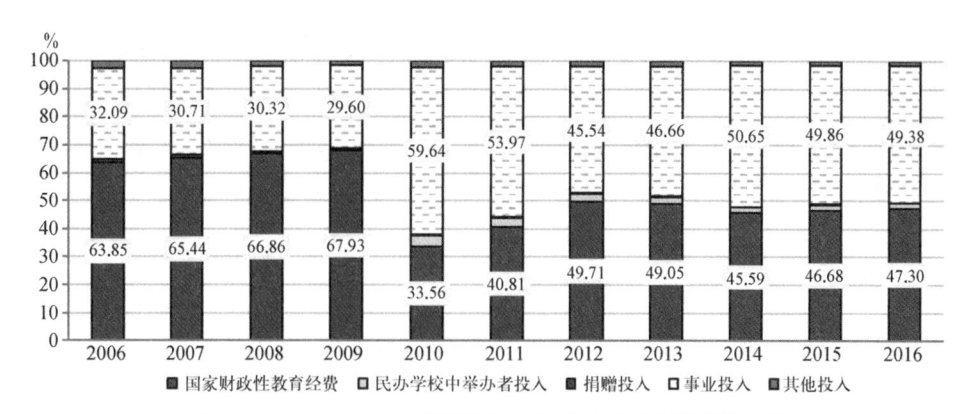

图 3-3　2006—2016 年我国学前教育阶段经费来源结构的变化

数据来源：《中国教育经费统计年鉴》(2007—2017)——全国各级各类教育机构教育经费收入情况(幼儿园)，比例由研究者计算所得。

(二) 分担结构中的各级政府：投入责任重心过低，分担比例不够明确

OECD 成员国在各级政府分担结构上呈现多样化特征，大致可以分为三类：单方承担型、一方主导型和双方均摊型(如图 3-4 所示)。转移支付在各国政府之间财政投入调整上都具有非常重要的作用，通过转移支付来平衡不同经济发展水平地区的经费投入，促进教育均等化，保障教育公平。2013 年，在转移支付前早期儿童教育阶段的经费投入平均有 41% 的公共资金来自中央政府，转移支付后下降至 34%，而地方投入份额从 45% 上升至 54%，各国主要由中央政府来进行转移支付，比重超过 20% 的国家有：智利(22%)、立陶宛(40%)、芬兰(34%)、拉脱维亚(21%)，而省级政府转移支付额度较少，OECD 国家省级转移支付平均水平为 1%，但德国和奥地利由省级向地方转移支付比例分别达到了 23% 和 19%。根据 2015 年统计数据，转移支付后 OECD 政府间分担结构的平

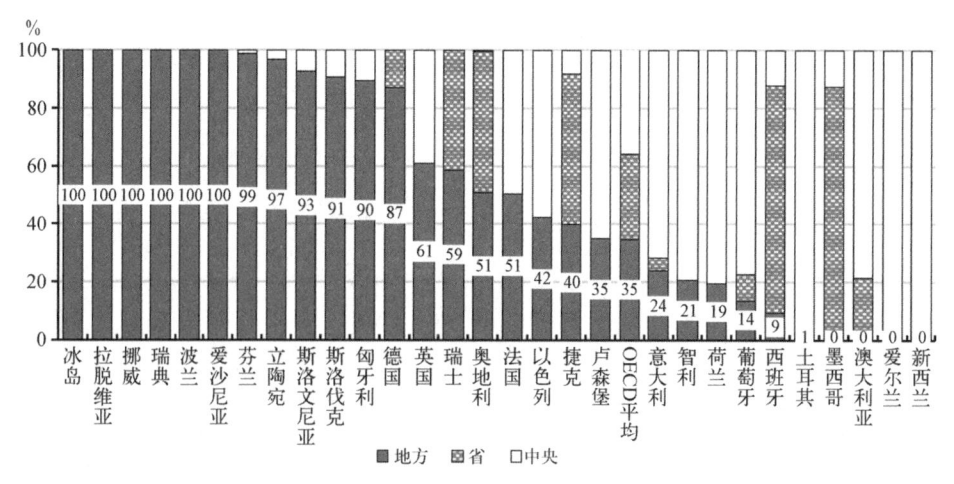

图 3-4　2015 年 OECD 国家各级政府早期教育阶段成本分担比例(ISCED 0)

数据来源：经合组织数据库(OECD.Stat) — 2015 Relative shares of public expenditure on education by level of government.

均水平是：中央(34.6％)、州(29.7％)、地方(57.6％)。当前我国教育转移支付主要集中于义务教育和高等教育阶段，学前教育阶段比较少，并且大部分专项转移支付主要用于支持校舍改扩建、配置图书和教学仪器设备以及附属设施建设等，较少用于提高教师生活水平和改善教师生活条件[①]。

我国学前教育经费投入以政府为主导，坚持"地方为主，中央奖补"的基本原则，实行地方负责、分级管理体制。近十年学前教育事业发展得轰轰烈烈，国家出台了多项政策文件。无论是《国务院关于当前发展学前教育的若干意见》(国发〔2010〕41号)，还是《关于加大财政投入支持学前教育发展的通知》(财教〔2011〕405号)，或是2018年新发布的《中共中央 国务院关于学前教育深化改革规范发展的若干意见》都在强调学前教育经费投入的落实问题。政策规定了各级政府之间需承担责任，但未明确说明比例如何，只有总体表述，没有量的规定，在当前学前教育无法可依的背景下，留下了各级政府相互推诿的制度漏洞。世界上很多国家都通过法律法规明确了各层级政府分担的责任。日本在1997年开始实施的《儿童福祉法》中规定，学前教育阶段的机构补助由国家负担二分之一，都道府县负担三分之一或四分之一。巴西1996年修订的《宪法》中将"市政府拿出40％作为学前教育预算"的条款改为"市政府只需承担20％，另外20％由中央政府承担"。我国部分地区也作出了积极的探索，江苏、浙江等地在出台的《学前教育条例》中要求县级财政性学前教育经费占比不低于5％。

我国各地经济发展很不均衡，财政实力差异大，这对学前教育投入保障力度有较大影响。各级政府间在分担结构上不合理的体现之一是不同地区之间生均公共财政预算上存在巨大差距。2006年至2016年这十年间我国省际学前教育生均公共财政预算教育经费支出的差距不断扩大，2016年省际生均公共财政预算教育支出标准差已达到5 929元，最大差值为25 369元(如图3-5所示)。

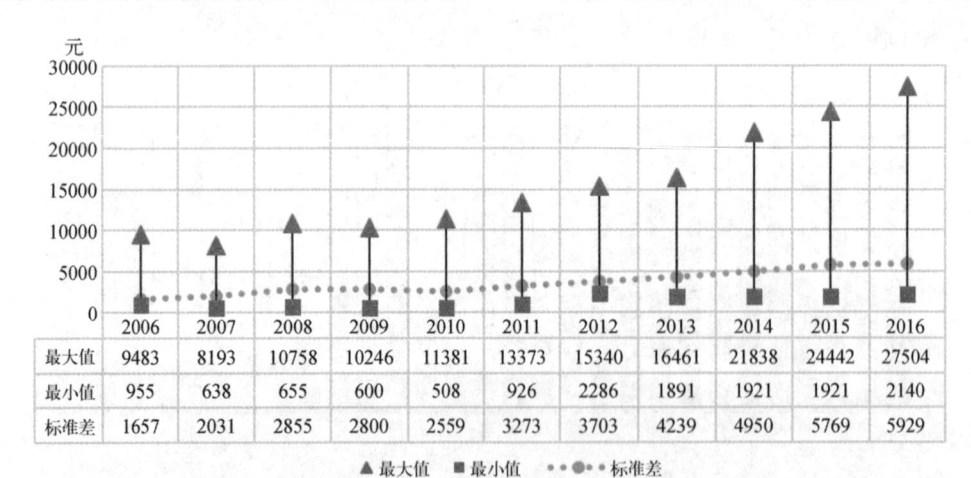

	2006	2007	2008	2009	2010	2011	2012	2013	2014	2015	2016
最大值	9483	8193	10758	10246	11381	13373	15340	16461	21838	24442	27504
最小值	955	638	655	600	508	926	2286	1891	1921	1921	2140
标准差	1657	2031	2855	2800	2559	3273	3703	4239	4950	5769	5929

▲最大值　■最小值　……标准差

图3-5　2006—2016年我国地方幼儿园生均公共财政预算教育经费支出统计量

数据来源：《中国教育经费统计年鉴》(2007—2017)—各地区教育部门和其他部门生均公共财政预算教育经费支出(地方幼儿园)，统计量由研究者计算所得。

---

① 李振宇，王骏.中央与地方教育财政事权与支出责任的划分研究[J].清华大学教育研究，2017，38(05)：35-43.

31个省市中48%的地区生均公共财政预算教育经费支出低于全国平均水平,河南省排在末位,为平均水平的0.38倍。农村学前教育生均公共财政预算经费普遍低于地方平均水平,其中有23%的地区的农村低于地方生均公共财政预算教育经费的70%,尤其是天津市和辽宁省,其农村生均公共财政预算教育经费支出不及地方平均水平的一半。

二、学前教育阶段的投入规模如何

充足稳定的教育经费投入对学前教育事业发展具有至关重要的作用。针对学前教育阶段的投入规模,我们可以从两个方向进行比较:一是从横向上比较不同国家学前教育经费占GDP的比重,以衡量其在发展学前教育事业中的努力程度;二是从纵向上比较不同教育阶段的财政性经费占比和生均教育经费,以衡量学前教育阶段在整个教育体系中的受重视程度。

(一) 横向比较:投入总量逐年上升,投入水平与OECD发达国家有较大差距

一是学前教育阶段经费投入总量占GDP的比重。近十年来,OECD国家早期教育阶段经费投入总量占GDP比重呈现不断上升的趋势,其中增长幅度最大的国家是韩国(十年涨幅为0.44%),年均增长率超过10%的国家有:韩国(17.21%)和澳大利亚(13.21%)。2015年OECD国家学前教育阶段经费投入总量占GDP比重的平均水平为0.6%,投入水平最高的国家是以色列(0.9%)。OECD国家中有53%(9/17)的国家在早期教育阶段经费投入总量占GDP比例超过0.7%,而占比低于0.4%的只有2个国家,分别是澳大利亚(0.25%)和日本(0.20%)(如图3-6所示)。近十年来,我国学前教育经费规模不断扩大,2016年学前教育经费投入总量占GDP比重达

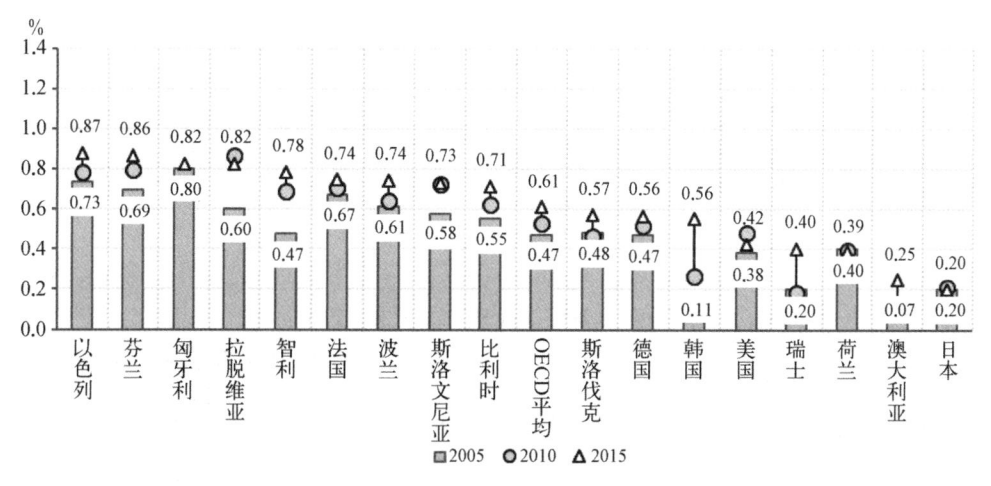

图3-6 2005—2015年OECD国家学前教育阶段经费总投入占GDP比重(ISCED 02)

数据来源:OECD at a Glance 2018:OECD Indicators — Expenditure on early childhood education and care (ISCED 0) and change in expenditure as a percentage of GDP in pre-primary education (2005,2010,2014 and 2015)。

0.38%,相比 2006 年(0.06%)提高了 0.32%,年均增长率为 20.27%,但由于底子薄,目前仍旧远远落后于 OECD 国家平均水平。

二是学前教育阶段政府投入占 GDP 比重。2006 年至 2015 年,OECD 国家政府投入占 GDP 比重呈现平稳增长的趋势。2015 年 OECD 国家政府投入占 GDP 比重的平均水平为 0.55%,相比 2006 年(0.43%)上升了 0.12%,年增长率为 2.67%。2006 年排名靠后的韩国和意大利在政府投入占 GDP 比重上都有显著提高,韩国年均增长率达到了 21.02%,澳大利亚年均增长率为 15.24%。十年间政府投入占 GDP 比重涨幅最大的国家是瑞典(涨幅为 0.72%),其次是芬兰(涨幅为0.44%)、韩国(涨幅为 0.41%)以及挪威(涨幅为 0.37%)。同时,个别国家年均增长率为负值,如英国(-4.44%)、西班牙(-1.38%)和荷兰(-0.63%)。根据 2015 年数据,当前政府投入占 GDP 比重超过 OECD 平均水平(0.55%)的有 14 个国家,其中排名靠前的分别是瑞典(1.28%)、冰岛(0.89%)和拉脱维亚(0.81%)等,排名进步最明显的国家是芬兰、挪威、智利以及韩国,均攀升了 10 位及以上。中国的涨幅处在中间水平,从 2006 年到 2015 年增长了 0.13%,2016 年继续增长到0.18%,但仍旧低于绝大部分 OECD 国家的政府投入水平(如图 3-7 所示)。

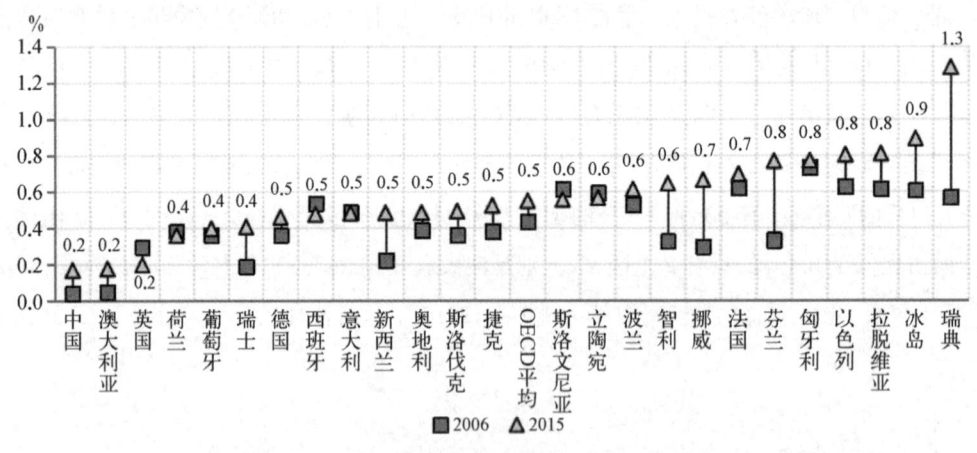

图 3-7 2006 年与 2015 年学前教育阶段政府投入占 GDP 比重的变化(ISCED 02)

数据来源:联合国教科文组织统计研究所数据库(UIS.Stat) — Government expenditure on pre-primary education as a percentage of GDP (2006—2016);中国数据来源于《中国教育经费统计年鉴》和国家统计局,由研究者计算所得(比重=幼儿园财政性教育经费/GDP)。

(二) 纵向比较:学前教育阶段投入增长速度缓慢,受重视程度不足

一是政府在整个教育经费中投入到学前教育阶段的比例。近十年中 OECD 国家政府在学前教育阶段经费投入比例不断提高。2006 年 OECD 成员国政府投入到学前教育阶段的教育经费的比重的平均水平为 8.2%,2015 年提升至 10.4%,年均增长率为 2.73%,其中瑞典(涨幅为 8.19%)和韩国(涨幅为 7.18%)的增长幅度相对较大。2015 年绝大部分 OECD 成员国的投入比重都高于 6%,近一半成员国高于 10%,如瑞典(16.99%)、智利(13.18%)、法国(12.72%)和芬兰(10.81%)

等,而澳大利亚和爱尔兰略低于中国水平,分别为3.25%和1.97%。2006年中国政府投向学前教育阶段的经费比重低于OECD所有成员国,仅占1.3%,大部分经费主要投向义务教育和高等教育阶段。2015年相比2006年提高了2.25%。2016年中国政府在学前教育阶段的投入达到了4.22%,但相比其他教育阶段和OECD国家的平均水平,仍旧偏低(如图3-8所示)。

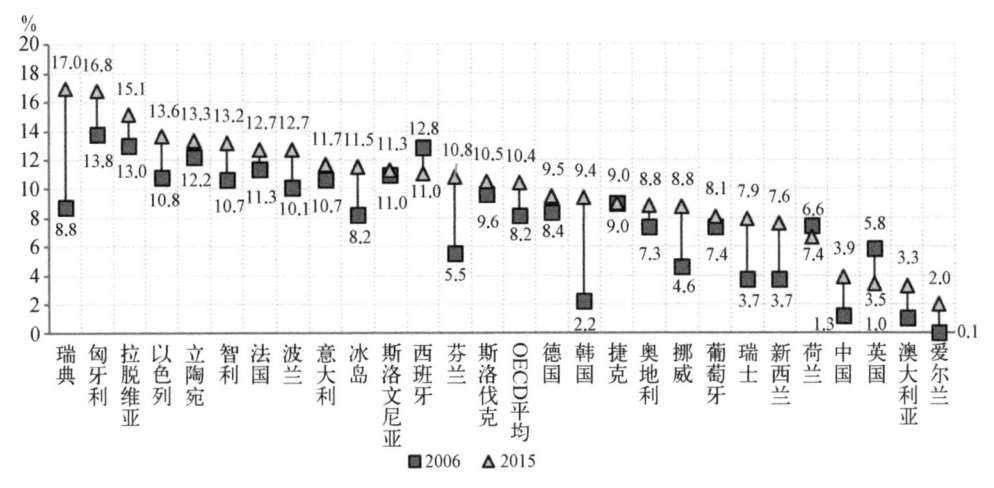

图3-8 2006年和2015年政府教育投入经费中学前教育阶段所占比例(ISCED 02)

数据来源:OECD国家数据来源于联合国教科文组织统计研究所数据库(UIS.Stat)—— Expenditure on pre-primary as a percentage of government expenditure on education;中国数据来源于《中国教育经费统计年鉴》(2006和2016),比例由研究者计算所得(比例=幼儿园财政性教育经费/国家财政性教育经费)。

自2006年起,我国财政性教育经费保持不断增长,远高于经济增长的速度(以GDP增速表示),2016年达到了31 396.25亿元。尽管《国务院关于当前发展学前教育的若干意见》(国发〔2010〕41号)明确强调新增教育经费要向学前教育倾斜,财政性学前教育经费在同级财政性教育经费中要占合理比例,未来三年要有明显提高,但从现实来看,实际情况并不乐观。与GDP增速和全国财政性教育经费增速相比,我国学前教育财政性经费投入的增长速度非常缓慢,而且占全国财政经教育经费的比例始终很少,2016年学前教育财政性经费仅占全国财政性教育经费的4.22%(如图3-9所示)。

二是生均教育经费。生均教育经费反映了每位入学幼儿所享有的教育资源的多寡,是衡量教育投入水平的关键指标。2006年至2014年,OECD国家学前教育生均教育经费始终保持上升水平,到2015年有所回落,平均水平在8 528美元。美国在2006年是OECD所列国家中生均教育经费最高的国家,2009年在金融危机的冲击下跌落至8 396美元,之后迅速回升到10 010美元,并保持着较为稳定平缓的增长;2012年以前,挪威在学前教育阶段的生均教育经费基本与OECD国家的平均水平相差无几,进入2012年之后挪威的生均教育经费迅速增长,2013年跃居峰值,达到14 704美元,近两年始终保持在14 000美元左右;韩国在2006年是学前教育经费投入最低的国家,2012年之前生均教育经费保持稳定增长,2012年出现回落后又继续上升,2015年(生均教育

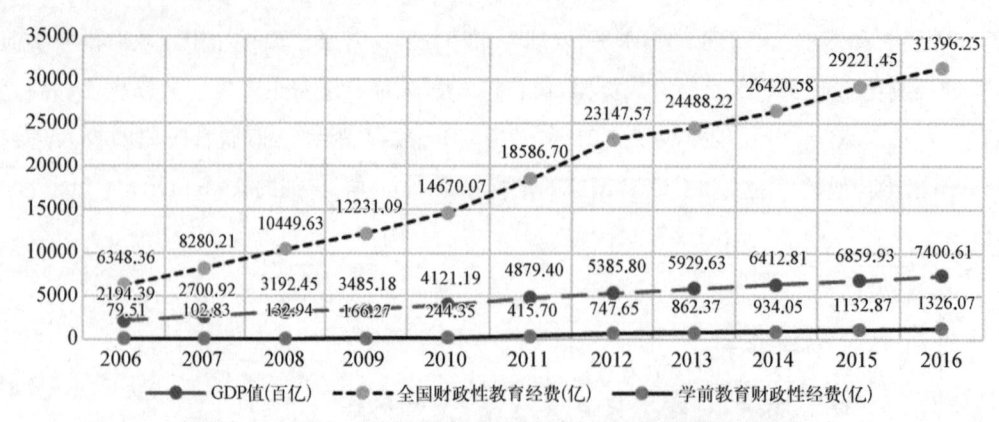

图 3-9 2006—2016 年我国 GDP 及财政性教育经费的发展变化

数据来源：财政性经费来源于《中国教育经费统计年鉴》——各级各类教育机构教育经费收入情况（全国）；GDP 值来源于中华人民共和国国家统计局官网，指标为"国内生产总值"。

经费为 7 814 美元）超过了法国、澳大利亚等国家；日本和韩国生均教育经费差距不大，近十年始终处于 OECD 国家的平均水平之下，但始终保持着增长的趋势，日本 2015 年达到了 7 499 美元，相比 2006 年增长了 3 110 美元，缩小了与 OECD 国家的平均水平之间的差距。相比之下，我国学前教育生均经费（2018 年为 9 770 元）与 OECD 国家的投入水平存在巨大差距（如图 3-10 所示）。另外，将 OECD 国家不同教育阶段的生均经费支出进行比较发现，挪威、瑞典、新西兰、芬兰和法国等国家的学前教育阶段生均经费反倒高于其他学段的生均教育经费，尤其是瑞典和新西兰。

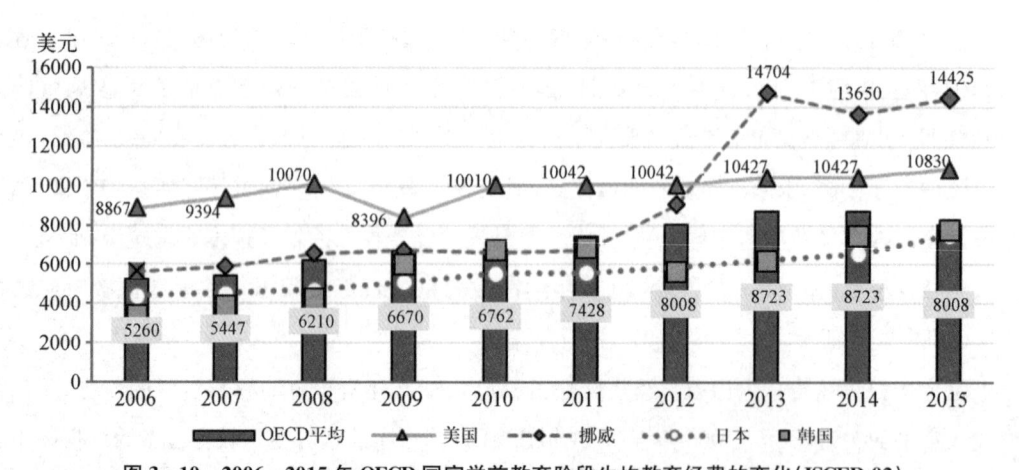

图 3-10 2006—2015 年 OECD 国家学前教育阶段生均教育经费的变化（ISCED 02）

数据来源：Education at a Glance（2009—2018）— Annual expenditure by educational institutions per student (in USD using PPPs).

我国各级各类学校的生均教育经费一直处于不断增长的状态，普通初中和高中以及普通小学生均教育经费增长速度平稳，初中和高中增速近两年持平，而幼儿园生均教育经费的增长速度则波动较大。在 2009 年之后幼儿园生均教育经费始终排在各学段的末位。2016 年普通初中和普通高中的生均教育经费差距很小，但普通小学和幼儿园远远低于初高中，尤其是幼儿园。

2016年幼儿园生均经费与普通小学相差2 770元,与普通初中相差7 380元,与普通高中相差8 149元(如图3-11所示)。当前已有多个(19)省(区、市)出台幼儿园生均公用经费标准,但额度相对较低。如浙江省从2018年开始,确定了全省学前教育生均公用经费最低标准为每年每生500元;山东省制定了每生每年710元的公办园生均公用经费财政拨款标准和普惠性民办园生均补助标准。

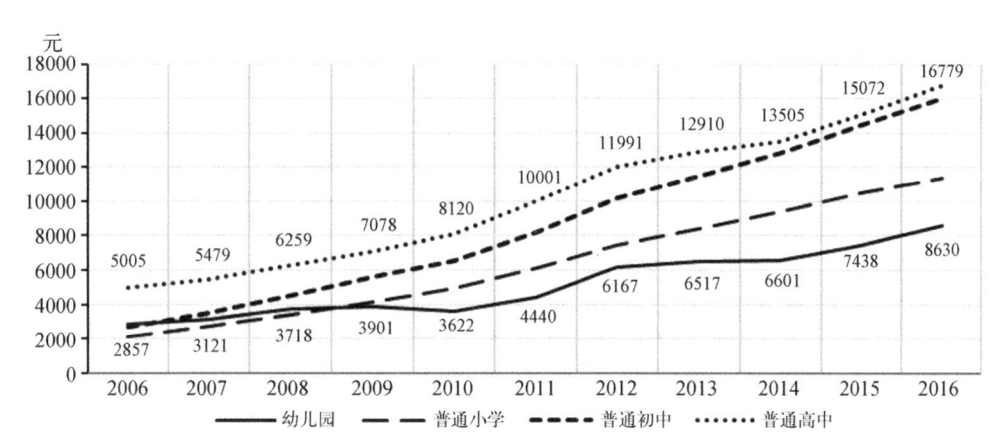

图3-11 2006—2016年我国各级各类学校生均教育经费的变化

数据来源:《中国教育经费统计年鉴》(2007—2017)—各级学校生均教育经费支出(全国教育和其他部门)。

三、学前教育经费流向何处

学前教育经费投入总量并不总是与其成效直接相关,经费的配置结构影响着学前教育的质量。国际上一般将教育经费支出分为经常性支出(current expenditure)和资本性支出(capital expenditure)。经常性支出是指当年购买服务和商品以及维持教育服务的经常性生产,包括教职工薪资福利和其他经常性支出;资本性支出是指效用超过一年的资产支出,包括建筑、设备更新、大型建筑的翻新和维修。我国学前教育经费支出则分为事业性经费支出和基础建设支出,其中事业性经费支出又包括个人部分和公用部分。个人部分包含工资福利支出和对个人、家庭的补助支出,公用部分包含商品服务支出和其他资本性支出。按照两者含义,经常性支出指的是个人部分支出与商品服务支出之和,而资本性支出是指基建支出与其他资本性支出之和。

(一)偏重资本性支出,经常性支出不足

OECD国家的经常性支出总体上保持较高水平,而资本性支出所占比例很少。2015年OECD国家的早期教育阶段的经常性支出水平为93.5%,其中最高的国家是爱尔兰,达到了99.4%。84%(22/26)的OECD国家经常性支出占比都超过了90%,除了荷兰(88.5%)、土耳其

(87.7％)、日本(86.0％)和捷克(84.4％)之外，但是这四个国家的经常性支出水平依旧在中国之上。中国学前教育经费在资本性支出上高于OECD国家整体平均水平，但经常性支出(81.8％)比重不足，与OECD国家平均水平相差11.7％(如图3-12所示)。2016年中国学前教育经费经常性支出有所上升，为82.8％。

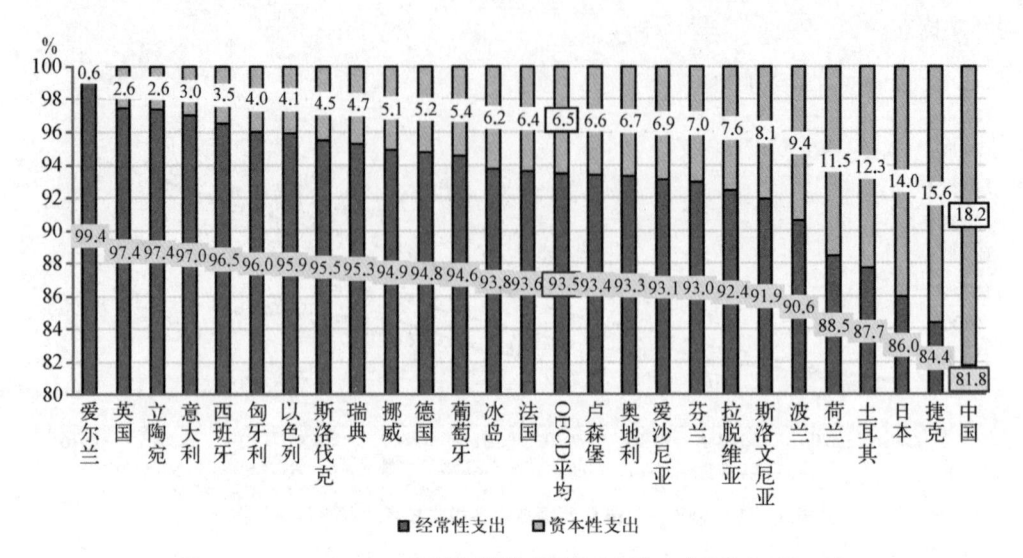

图3-12 2015年OECD国家早期教育阶段的经费支出结构(ISCED 0)

数据来源：经合组织数据库(OECD.Stat)—2015 Relative shares of current and capital expenditure (Early Childhood Education)；中国数据来源于《中国教育经费统计年鉴》(2016)—全国教育部门和其他部门教育经费支出明细(幼儿园)，具体比例由研究者计算所得。

我国学前教育三年行动计划将改扩建幼儿园作为主要项目之一，从行动计划的绩效指标上来看，过去我们集中于扩大普惠性学前教育资源、提高毛入园率、改扩建幼儿园。2007年至2016年期间，学前教育阶段经常性支出占比呈现出先下降后回升的趋势(如图3-13所示)，2012年跌至低谷(72％)，之后逐渐上涨，2016年为82.78％。2012年国家大力推动幼儿园新建及改扩建项目，基本建设经费支出明显增多，为38亿元，比上年净增21.37亿元，占学前教育经费支出比例为2.6％。根据发展规划司教育数据统计，2013年全国幼儿园共计19.86万所，相比2010年增加了4.82万所，增长了32％；在园幼儿达到3 895万人，比2010年增加918万人，增长了31％。在入园率不断提高的情况下，同样也要看到存在资源浪费现象，如价格高昂的大型器械、闲置在库房的设施、豪华幼儿园建设、空置园舍等。在实地调研过程中我们发现目前仍有部分新建幼儿园处于闲置状态，其招生数远低于幼儿园学位数，造成了教育资源的浪费。一方面由于农村人口流出，子女随迁，导致当地尤其是农村适龄幼儿减少，另一方面教师数量缺口过大，师资条件不足，许多教师无证上岗，质量水平没有保证，无法吸引家长。地方政府追求园所建设、学位扩增，忽视了教师薪资、图书等方面的投入，一定程度上解释了资本性支出占比居高不下的原因。

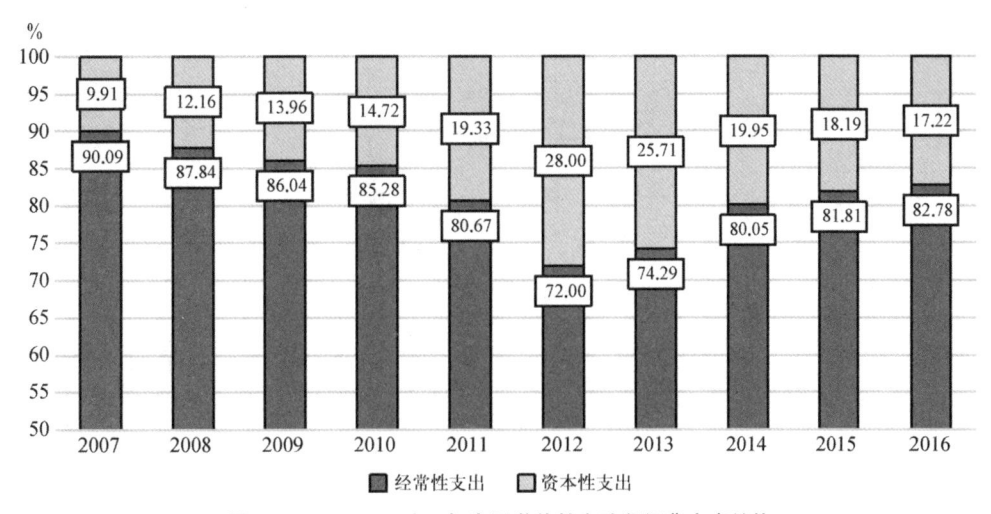

图 3‑13　2007—2016 年我国学前教育阶段经费支出结构

数据来源:《中国教育经费统计年鉴》(2008—2017)—全国教育部门和其他部门教育经费支出明细(幼儿园),具体比例由研究者计算所得。由于 2006 年经费支出明细条目不一致,所以未纳入统计中。

(二) 教职工薪资福利水平低,非在编教师薪资待遇没有保障

有竞争力的薪酬待遇和良好的工作条件影响着教师的职业吸引力[1]。工资不仅影响幼儿教师的工作满意度,更重要的是对教师效能具有显著影响[2]。教职工的工资福利待遇是各国学前教育机构经费支出中的主要组成部分,具体包括三个方面,分别是教职工的工资、福利和养老金。2012 年至 2015 年间,OECD 国家公立机构的教职工薪资待遇支出比重的平均水平始终在 70% 以上,并呈现稳步上升的发展趋势,年均增长率为 0.18%。OECD 国家之间在教职工薪资支出比例上存在较大差异,42.86%(9/21)的国家公立机构教职工薪资支出在近几年呈现平缓上升的趋势,其中年均增长率最高的是卢森堡(5.50%),而 57.14%(12/21)的国家呈现负增长的趋势,其中瑞士和芬兰在 2015 年公立机构的教职工薪资支出上发生锐减,相比 2012 年分别减少了 20.95% 和 10.66%。2015 年,OECD 国家公立机构教职工薪资支出比重平均水平为 71.17%,其中有 8(8/21)个国家超出 OECD 平均水平,最高的是挪威(81.26%),而薪资支出水平最低的是芬兰(53.11%)(如图 3‑14 所示)。2006 年至 2016 年间,我国学前教育阶段教职工工资福利支出比重经历了下降再回升的过程,年均增长率为 -2.64%。2006 年为 67.28%,2012 年下降到低谷(44.26%),近几年才缓慢上升,2016 年幼儿园教职工工资福利支出占学前教育经费总支出的 52.52%,相比 2006 年,减少了 14.76%,与 2015 年 OECD 平均水平相比相差 18.65%(如图 3‑15 所示)。

---

[1] EE. Intention to Leave, Anticipated Reasons for Leaving, and 12-Month Turnover of Child Care Center Staff [J]. Early Childhood Research Quarterly, 1997, 12(2): 145‑167.

[2] Moon, J. and J. Burbank. The early childhood education and wage ladder: a model for improving quality in early learning and care programs[R]. Policy Brief, Economic Opportunity Institute, Seattle WA, 2004, 173‑189.

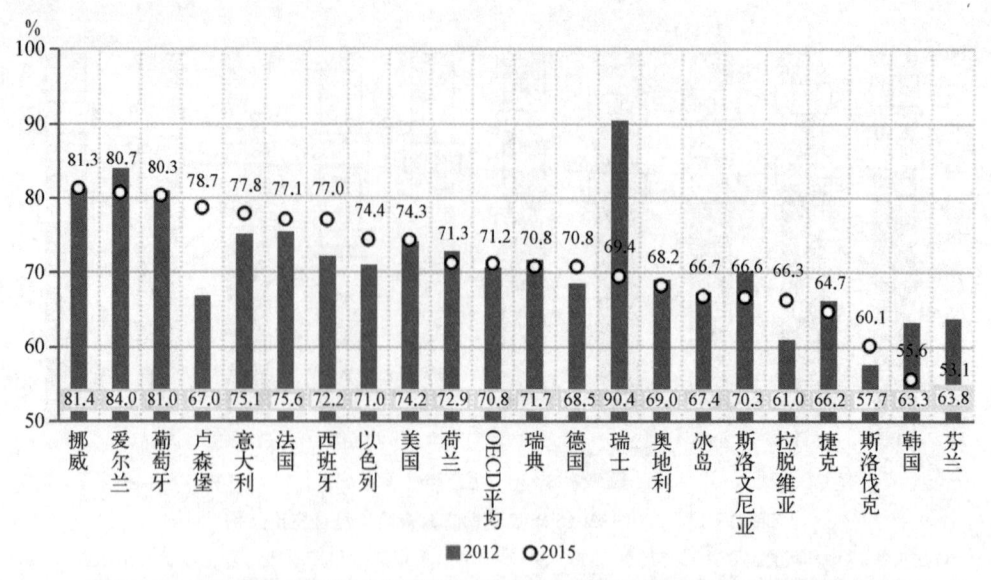

图 3-14　2012 年与 2015 年 OECD 国家公立机构中教职工资福利支出比重(ISCED 02)

数据来源：经合组织数据库(OECD.Stat)——2012—2015 All staff compensation as a percentage of total expenditure in pre-primary public institutions.

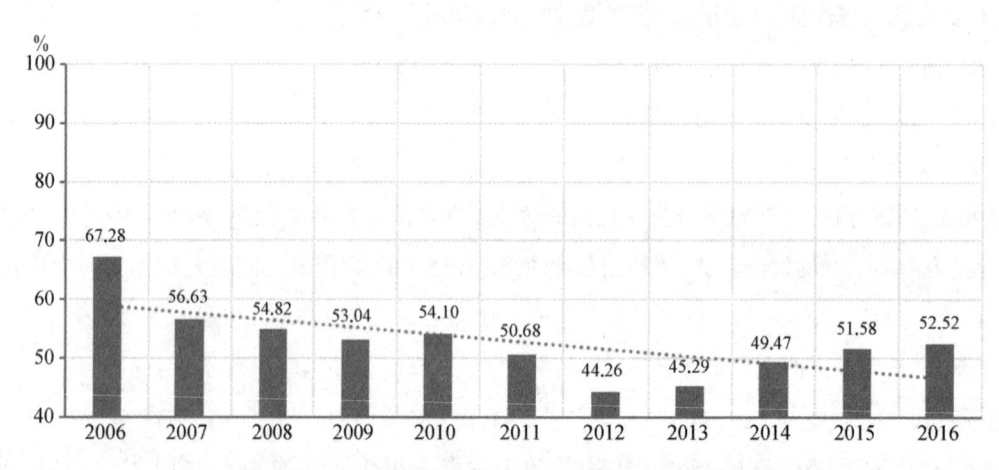

图 3-15　2006—2016 年我国学前教育阶段教职工薪资支出比重的变化

数据来源：《中国教育经费统计年鉴》(2007—2017)——全国教育部门和其他部门教育经费支出明细，比例由研究者计算所得。

我国幼儿园教师的薪资待遇与编制之间存在着密不可分的联系。2006 年印发的《高等学校、中小学、中等职业学校贯彻〈事业单位工作人员收入分配制度改革方案〉三个实施意见》(国人部发〔2006〕113 号)文件规定，公办幼儿园在编教师享受与中小学在编教师同等工资待遇。但现实情况中幼儿园教师工资待遇却普遍低于其他教育阶段的教师。编制内和编制外幼儿园教师工资收入差异的 80.85% 可以归因于"编制歧视"[①]。在地方财力投入不足、编制总量控制等背景下，实

---

① 赖德信.幼儿园教师工资差异决定机制分析[J].学前教育研究,2015(12)：3-12.

践中不少地方未能按实际需要核定幼儿园教师职工编制,当前只有 15 个省出台了幼儿园教师编制标准;即使已制定了编制标准,有些地方也没有将其落实,公办幼儿园教职工编制数仍严重不足。由于编制、待遇问题长期得不到解决,社会保障水平低,致使幼儿园教师队伍流动性大、稳定性差,难以吸引优秀人才从事幼教事业[①]。公办幼儿园教职工编制问题已成为制约学前教育发展的重要因素。同时,在当前编制改革的外部制度环境下,矛盾更为突出的是民办幼儿园教师工资待遇保障的问题,奖补政策的缺位和歧视使得很多民办园所留不住优秀的教师,甚至在利益驱动下会为了压缩成本而缩减教师薪资。

四、普惠性学前教育公共服务体系建设的财政投入对策

普惠性学前教育公共服务体系的建设以充足、有效的财政投入为保障条件。当前我国学前教育阶段的投入现状不容乐观,具体表现如下:一是分担结构不合理,家庭负担沉重,社会力量发挥不足;二是投入水平偏低,投入规模增长缓慢;三是经费流向本末倒置,资本性支出过高,教职工薪资比重不足。政府应当正视普惠性学前教育投入中存在的老难题和新问题,直面我国与发达国家在学前教育投入上的差距,要有攻坚克难的决心和魄力,力求突破学前教育发展瓶颈,坚持学前教育的公益性和普惠性,建成保基本、广覆盖、有质量的普惠性学前教育公共服务体系。

(一) 落实政府主体地位,激活社会投入热情,提供"付得起"的学前教育

《2017 年中国教育消费白皮书》显示,中国学龄前教育支出占家庭年收入的 26.39%。学前教育的可承担性是实现普及普惠的先决条件,履行普惠性学前教育公共服务的职能意味着要为老百姓提供"付得起"的学前教育。值得指出的是,建立免费的学前教育制度在世界上已经成为一种普遍趋势。2017 年联合国教科文组织统计研究所(UIS)发布的数据显示,OECD 国家中 72%(26/36)的国家及金砖五国中的巴西、俄罗斯都在法定框架下提供了一定年限(1—4 年)的免费学前教育。为了推进普惠性学前教育的发展,我国部分地区也展开了学前教育免费制度的探索和尝试,如陕西省率先于 2011 年开始实施免除学前一年幼儿保教费、家庭经济困难学前一年幼儿补助生活费政策,覆盖全省所有公办和民办园。但是,从全国学前教育经费分担结构上来看,家庭负担比重仍旧很高。

各级政府应当切实承担起学前教育阶段的投入责任,健全转移支付制度,提高公共财政投入比例。对于欠发达地区来说,"以县为主"的投入体制重心过低,县级财政自给能力不足,难以维

---

① 中华人民共和国教育部.《国家中长期教育改革和发展规划纲要》中期评估学前教育专题评估报告[EB/OL].[2019-11-14]. http://www.moe.gov.cn/jyb_xwfb/xw_fbh/moe_2069/xwfbh_2015n/xwfb_151124/151124_sfcl/201511/t20151124_220650.html.

持普惠性学前教育可持续发展的长期投入,不利于学前教育公共服务均等化的实现。当前不同地区的生均经费拨款标准差异巨大,河南省公办园生均财政拨款按照市属幼儿园每生每年5 000元,县级以下每生每年3 000元来实施;而山东省则按照每年710元的额度进行生均补助拨款,惠及所有公办园和普惠性民办园。解决不同地区之间经济发展不平衡以及各级政府间财力和责任之间不对称的问题要通过投入责任上移,执行转移支付制度的方式进行。上级转移支付资金在促进县域基础教育发展上发挥着重要的作用,对县级基础教育财政支出具有显著的激励效应,相比地方自有收入的增加,转移支付可以更加有效地刺激地方基础教育财政支出增长[①]。2010年以来,上级政府的转移支付有效提高了中西部地区的学前教育财政投入水平,对地方政府学前教育成本分担水平的提升具有显著效果。

  同时,应当为社会力量营造稳定友好的投入环境,通过政策红利激发社会投入热情,并提供相应的制度来支持规范民办教育的健康发展。从我国当前经济发展情况来看,发展普惠性学前教育,必须要调动一切力量,统筹各类资源。民办幼儿园在当前学前教育资源供给中扮演着重要的角色。2017年,民办幼儿园有16.04万所,占比62.90%,在园幼儿2 572.34万人,占全国在园幼儿的55.92%。但近年来民办园在快速发展过程中也暴露出了许多突出的矛盾和问题,如部分民办园过度逐利,幼儿安全问题时有发生等。2018年11月份,中共中央国务院印发了《中共中央 国务院关于学前教育深化改革规范发展的若干意见》(中发〔2018〕39号),随后,国务院办公厅又发布了《国务院办公厅关于开展城镇小区配套幼儿园治理工作的通知》(国办发〔2019〕3号)。文件印发后,"民办园退出历史舞台"的谣言顿时甚嚣尘上,虽然存在个别媒体追求噱头、相关利益主体在背后操纵舆论的因素,但同时也反映了民办教育者面对新法新政的焦虑和担心。当前应保护社会投入热情,为民办教育者营造稳定的投入环境,为投入者保留合理的投资回报空间,从而扩大学前教育投入来源渠道,发展多元化的学前教育,满足人民群众的不同需求。

(二)分层设立拨款项目,直指处境不利儿童,提供"顾得广"的学前教育

  当前学前教育发展资金由中央财政通过专项转移支付安排用于支持学前教育发展的资金,现阶段重点支持三方面的内容:一是支持地方公办民办并举、多种形式扩大普惠性学前教育资源;二是支持地方深化体制机制改革;三是支持地方健全幼儿资助制度。地方为了保证"硬性指标"的达成率,如"新建幼儿园数""普惠性资源覆盖率""毛入园率"等,不免要对投入经费进行优先层级排序划分,无法顾及到所有的弱势儿童。因此,应当将当前上级政府拨款项目进行合理切分,剥离为两层,一层是基本需求,一层是特殊需求,两层相互独立,互不侵占。基本需求项目服

---

① 任宛竹,王在全,黄璇.转移支付对县级政府基础教育投入的激励效应分析[J].现代管理科学,2017(07):94-96.

务于大众,满足人民群众的基本要求,包括地方教育体制机制改革、普惠性资源扩大、学前教育质量提升等类别;特殊需求项目的资金专门用于帮助处境不利儿童和弱势儿童,直接指向服务对象,提高经费配置效率和精准性,切实维护幼儿的受教育权。

"顾得广"作为普惠性学前教育实现的重要标杆,要求首先要惠顾到弱势儿童、处境不利儿童,如流动人口子女、低收入家庭子女、贫困地区儿童、留守儿童、特殊儿童等。中国当前学前教育经费更多投入到了公办园,特别是示范性公办园和一级园等,弱势群体的子女较难得到进入公办园的机会,往往只能进入收费较为低廉的民办园,甚至还有一部分弱势家庭、流动家庭的孩子被迫流入黑园、无证园,无法享受到公共财政保障。特殊需求层次的精准拨款项目具有独立性,通过单列拨款,定向瞄准特定群体,直接惠及到弱势家庭和孩子,更好地保障普及普惠的推进。美国实行"瞄准性"财政投入拨款项目,由联邦、州和政府合力承担,在最大程度上满足弱势群体在教育子女方面的需求,促进处境不利儿童的学习与发展,取得了卓越的成效[①]。通过开端计划项目(Head Start)的拨款资助处境不利儿童;通过"力争上游项目——早期学习挑战"(Race to the Top — Early Learning Challenge,RTT-ELC)这种竞争性的拨款,运用激励的方式推动各州幼儿教育改革进程;通过学前教育发展补助金(Preschool Development Grants,PDG)支持国家发展高质量的学前教育课程,提供给来自低收入和中等收入家庭的孩子;通过儿童保育和发展拨款(Child Care and Development Block Grant,CCDBG)为低收入工作者的子女提供学前教育。

(三) 转变经费配置方式,关注质量核心要素,提供"配得齐"的学前教育

普惠性学前教育必须要做到"配得齐",要有质量保证。教师是影响学前教育质量的核心要素。当前我国学前教育经费在人员支出方面比例不足,幼儿园教师的薪资待遇亟待提升,幼儿园教师留任主要靠自我奉献的精神。但政府不仅不应该坐视不管,更应当有所作为。在过去的两期学前教育三年行动计划中,普惠性资源大幅度扩大,覆盖水平大大提高。但2019年度支持学前教育发展资金的绩效目标仍旧停留在不断扩大普惠性资源上,对教育质量的内涵建设关注不够,学前教育经费的投入方向应当进行调整。

一方面要破除编制约束,切实保障幼儿园教师(包括公办园和民办园)薪资待遇。美国《1990年提前开端扩展和质量提升法案》(Head Start Expansion and Quality Improvement Act of 1990)明确提出用于质量提升的资金中至少有一半要用作教师的工资待遇,同时鼓励提前开端机构建立与教师的培训和教育经历挂钩的薪资结构。研究表明,高水平薪资有利于保障高质量的师生互动[②],而薪

---

① Neuman S, Westport C. Changing the odds for children at risk: Seven essential principles of educational programs that break the cycle of poverty[J]. School Administrator, 2009, 134(3): 112.

② Hu B Y, Mak M C K, Neitzel J, et al. Predictors of Chinese early childhood program quality: Implications for policies[J]. Children & Youth Services Review, 2016, 70: 152-162.

资低下导致的高离职率对儿童发展具有显著的负面影响①。编制改革的背景下如何破除编制约束,有效保障民办园和公办园教师薪资成为重要议题。为了保障幼儿园教师薪资问题,北京市出台的《普惠性幼儿园认定与管理办法(试行)》提出普惠性幼儿园用于人员经费支出比例占保教费收入和财政生均定额补助收入之和的比例原则上不低于70%。2015年山东省探索开展了非营利性民办学校教师养老保险与公办学校教师同等待遇试点工作,江苏、陕西等地将公办园非在编教师工资和保险的70%—80%纳入财政预算。各地的改革经验为我们指明了教师薪资保障的投入途径,即通过公共财政投入推动各地逐步实现幼儿园教师同工同酬,同时将普惠性幼儿园非在编教师薪资待遇支出部分纳入财政预算,把教职工薪资支出比例最低要求列入幼儿园园所评估指标,从财政投入和实际践行上来提升幼儿园教师薪资待遇水平。

另一方面要建立常规化高质量的幼师培训机制,推动教师专业发展,帮助教师实现自我价值。根据2017年教育统计公报,21%的幼儿园专任教师不具备专科及以上学历,其中4.29万专任教师没有达到高中毕业水平。2018年发展规划司发布的统计数据显示,学前教育阶段专任教师中有29.06%未接受过学前教育专业教育。教师参与在职培训直接有助于促进儿童的发展与学习,教职员工的初始培训水平和持续时间与学前教育质量呈现正相关②。瑞典2007年出台的《关于国家对教师继续教育的补助的条例》(Förordning (2007:222) om statsbidrag för fortbildning av lärare)规定由国家拨款,鼓励学校校长为合格的中小学教师、学前教师或业余教师提供高等教育,从而提高教学质量。当前我国学前教育在质量提升工作中存在偏离正轨的情况,有些地方过度开展各种繁琐低效的监测评估。这种做法不仅无法推动教师专业化发展,反而还给幼儿园教师平添累赘,被困在无止尽的案头工作中,远离了专业发展的实践场所。国培计划则是一项很好的提升教师质量的国家工程。幼师国培项目是我国中央层面支持地方学前教育发展的重大项目之一,培训对象为中西部地区农村公办幼儿园(含部门、集体办幼儿园)和普惠性民办幼儿园园长、骨干教师、转岗教师。截至2017年,幼师国培计划中央财政投入30多亿元,培训中西部农村幼儿园骨干园长和教师达140多万人次,取得显著成效。当然也存在一些需要解决的问题,如主要采取短期集中的培训形式,客观上影响了师资不足的幼儿园(特别是民办幼儿园和农村幼儿园)教师参训率,民办园教师往往是被忽视的群体,接受培训机会少。因此,政府应当通过政策和资金等渠道加大对教师教育的支持力度,将普惠性幼儿园的教师培训经费列入财政预算,并作为资金使用的重要方向;落实《教师教育振兴行动计划(2018—2022年)》(教师〔2018〕2号),构建市、区、校三级联动培训体系,分类分层分岗实施培训,建立常规化、高质量的幼师培训机制,推动教师专业发展,从而更好地保障、支持和促进幼儿的成长与发展。

---

① OECD. Starting Strong III: A Quality Toolbox for Early Childhood Education and Care[R]. Paris: OECD Publishing, 2012: 158.
② Burchinal M R, Peisner-Feinberg E, Pianta R, et al. Development of Academic Skills from Preschool Through Second Grade: Family and Classroom Predictors of Developmental Trajectories [J]. Journal of School Psychology, 2002, 40(5): 415-436.

第四章 我国普惠性民办幼儿园现行办园政策研究

——基于我国12省(自治区、直辖市)出台的普惠性民办幼儿园的认定、扶持与管理办法的政策文本

随着我国教育体制机制改革的不断深入,学龄前儿童的入园率与教育公平受到全社会越来越广泛的关注。根据已有的文献,在学界大力发展普惠性幼儿园的倡导始于2010年,当时学者提出的是"面对不够合理的幼儿园结构现状,财政支持、大力发展普惠性幼儿园才是破解难题的根本出路"[1]。此后,众多学者对"普惠性"一词纷纷热议、探索与研究。大部分学者认为,除了公办园和公办性质幼儿园之外,普惠性幼儿园还包括私人举办,服务对象大众化,具有合理的收费标准,教育教学质量和其他方面有保障的,受政府引导的民办幼儿园。在此背景下,2010年11月21日,国务院以国发〔2010〕41号印发《国务院关于当前发展学前教育的若干意见》,明确提出了对普惠性民办幼儿园的关注与支持,"积极扶持民办幼儿园特别是面向大众、收费较低的普惠性民办幼儿园提供普惠性服务"[2]。受这一文件的指引,各省(自治区、直辖市)陆续出台了对普惠性幼儿园的相关认定及扶持政策,通过财政、人事等相关措施保障普惠性幼儿园的发展与后续建设。普惠性幼儿园是我国普惠性学前教育公共服务体系的重要组成部分,是促进学前教育公平的重要措施,是提高中国学前教育质量,保护不同地区、不同阶层儿童权利的关键一步。它是提高人口素质诸多举措的重要组成部分。我们必须注意普惠性幼儿园的发展,"我国幼儿园如今发展势头较猛,但是民办园与公办园依然存在着一定的差距,这是由我国幼儿园办园体制的不同造成的"[3]。因此,从长远来看,我们必须引导和支持普惠性民办园提供合理的收费和办学标准的包容性服务,提高普惠性幼儿园的质量,使普惠性幼儿园为人民带来实实在在的利益。

我们注意到,通过近十年的不断努力,学前教育阶段的教育公平在一定程度上得到了改善。超过90%的省级有关部门已发布普惠性幼儿园支持和认可规则。对这些省份制定和落实了哪些有关普惠性幼儿园认定、扶持、管理的相关政策进行研究,将成为我们科学、客观、准确地判断国家有关普惠性幼儿园办园的宏观政策是否能够具体落实到地方的执行政策之中的重要依据。在

---

[1] 冯晓霞.大力发展普惠性幼儿园是解决入园难入园贵的根本[J].学前教育研究,2010(5):4-6.
[2] 贺红芳.坚持政府主导,明确政府职责——解读《国务院关于当前发展学前教育的若干意见》[J].亚太教育,2015(7):266-267.
[3] 柏檀,王水娟,李芸.外部性视角下我国学前教育财政政策的选择[J].教育与经济,2018(5):65-72.

国家相关政策的指导下,省级部门依据本省的经济发展、已有资源及人口结构等制定出适合省情的相关政策,并付诸实践。"中央和地方政府主导,是保障学前教育的性质、功能与定位,保证学前教育事业持续稳定发展的关键所在。"[①]"包容性私立幼儿园具有典型的区域特征,现有研究中的相关政策建议是否适合在不同地区发展包容性私立幼儿园,实际上需要通过实证考量。"[②]因此,对各省的普惠性幼儿园相关政策进行比较分析,有助于把握我国不同地区普惠性幼儿园政策的支持和管理政策,并对其进行改进和完善,提出实施建议。

本研究选取了东、中、西部共12个省(自治区、直辖市)作为研究样本。之所以考虑到东、中、西部地区是因为普惠性幼儿园针对的入学群体有较大差别,在东部发达地区,普惠性幼儿园的入学群体以外来农民工子女为主,而在中部及西部地区,则以贫困家庭子女为主。北京、江苏、广东、福建作为我国具有代表性的几个较发达省份,有大量流动的外来务工人口,因此大部分东部省份的普惠性幼儿园主要面向这些群体;作为中国的中部省份,河南、湖北、安徽和江西人口众多,普惠性幼儿园的发展不仅受到经济限制,而且受到人口限制;陕西、四川、内蒙古自治区和广西壮族自治区位于中国的西北、西南、北部和南部,这些地区普惠性幼儿园的政策在一定程度上可以代表我国西部地区普惠性幼儿园的发展状况。

一、12省(自治区、直辖市)的普惠性民办幼儿园建设与发展中面临挑战:现状与突出问题

文献研究发现,本研究重点关注的这12个省(自治区、直辖市)虽都出台了普惠性民办幼儿园的相关管理政策,但差异显著,存在科学性不足、操作性不强、实效性不够等问题,主要包含以下几方面:一是各地对普惠性幼儿园的认定标准差异较大、繁简不一,山东、陕西等省份的认定标准比较复杂,而有些省份则只对认定标准做了概括性要求;二是已出台相关政策的省份的扶持政策都比较多元化,但在实践中,云南等省份的政策缺乏可操作性,各省的实践结果差异也很大;三是在认定周期上,各省基本都是每年一评,但一些省份,如陕西省规定的政策有效期较短,还有一些省份如贵州、云南等省,没有明确规定期限,实施过程中可能存在不确定性[③]。有学者明确提出,中部地区的普惠性民办幼儿园的管理政策存在较大不足与问题,主要表现在:一是政府对普惠性民办园的财政补贴较少,政府缺乏对经费使用的监督;二是政府提供的外部支持与普惠性民办园的实际需要之间存在一定差距,教师专业发展中提供的环境和条件支持明显不足[④]。

---

① 刘占兰.学前教育必须保持教育性和公益性[J].新华文摘,2009(19):125-127.
② 王声平.我国普惠性民办幼儿园研究回顾与展望[J].集美大学学报(教育科学版),2017(3):36-42.
③ 吕武.县域城乡一体化学前教育公共服务体系构建的路径分析[J].教育与经济,2016(10):91-96.
④ 王声平,皮军功,关荆晶.政府发展和管理普惠性民办幼儿园的现状及其改进建议[J].学前教育研究,2018(8):17-27.

各省要制定激励、扶持与促进普惠性民办幼儿园科学发展的相关管理政策,就必须要针对各省的学前教育发展的实际情况和突出问题进行准确地分析与把握。12个省(自治区、直辖市)的普惠性民办园的发展现状问题见表4-1。

表4-1 2018年学者们反映的我国12个省(自治区、直辖市)的普惠性民办园发展中存在的主要问题

省市	缺乏有效监管	扶持不够体制不全	省市内部差异大	财政投入不足	办园条件差运营困难	教师队伍建设弱	质量不高小学化	重视程度不够	政策落实不力
北京	√	√							√
江苏			√	√	√	√	√		
广东	√	√						√	√
安徽	√	√		√		√			
陕西		√		√		√	√	√	
四川									
内蒙		√				√			
广西				√					
福州		√			√	√		√	
开封					√		√		
武汉		√		√		√			
南昌		√	√					√	
频次	3	7	4	7	4	6	3	4	2

表4-1反映了学者们对各省(自治区、直辖市)的普惠性民办园发展中存在的问题的主要观点与看法。由表4-1的频次统计可知,目前的普惠性民办幼儿园发展的政策扶持力度不够、体制建设不全,地方财政投入不足是当前最为突出的两大问题(频次为7)。其次,较严重的问题是幼儿园教师队伍建设的力度不足(频次为6)。而对于何谓普惠性,如何认识到普惠性民办幼儿园的重要地位与作用,为何要重视普惠性民办幼儿园的生存与发展,如何解决普惠性民办幼儿园办园条件差、运营困难等这些问题也是各省(自治区、直辖市)迫切需要回答与解决的重要课题(频次为4)。具体到各省(自治区、直辖市),12个省(自治区、直辖市)面临的普惠性民办幼儿园建设与发展的问题分别如下:

北京市学前教育资源分布不够均衡是导致民办幼儿园快速发展的原因之一,同时,北京市政府积极推进购买服务的政策,这有助于普惠性民办幼儿园的快速发展。要解决"入园难""入园贵"的问题,大规模兴建公办幼儿园是最快捷有效的途径,但它需要庞大的经费支持。由于我国当前经济发展水平还不发达,财政负担较重,因此,举办和发展普惠性民办幼儿园是当前我国学前教育阶段的很好选择。目前北京市在推进普惠性民办幼儿园方面的主要问题是责任尚未完全落实、有效监管不足、对普惠性幼儿园的扶持方式比较单一等[①]。

[①] 丁秀棠.北京市民办学前教育领域政府购买服务研究[C].2014年北京教育科学研究院学术年会论文集.北京教育科学研究院,2014:238-247.

江苏省十分重视学前教育的事业发展,不断增加学前教育的财政投入,持续提升幼儿园教师的队伍质量,努力推进学前教育的体制机制改革与政策创新,并初步建立了普惠、公益的学前教育公共服务体系。但江苏省的普惠性民办幼儿园在发展过程中还存在以下一些突出问题:一是地区发展差异较大。苏南、苏北经济发展的不平衡使得两地发展有所差异。苏北地区更需要财政、师资支持。而苏南地区外来人口较多,对普惠性幼儿园的需求量较大。二是部分市县学前教育的财政投入不足,迫切需要改善办园条件。三是幼儿园教师待遇急需改善,学前教育质量有待进一步提高[①]。

广东省的办园格局以民办幼儿园为主。近年来,政府通过不断建立有益于普惠性方向改革的学前教育新政策,使公办园和普惠性幼儿园有了较大幅度的发展,尤其对公益性普惠幼儿园的投入力度较大。但广东省的民办幼儿园存在办园性质较复杂,普惠性幼儿园的性质难以界定,政策机制不健全等问题,从而导致普惠性政策的落实不够有力,不同主体的不同利益诉求难以平衡或完全满足,有效扶持普惠性幼儿园的发展、监管力度不够[②]。G市在普惠性民办幼儿园的改革方面做出了一些有益的探索,通过建设新的园区和为民办园提供资金支持,实现了快速发展。在G市财政持续加大投入的支持下,普惠性民办幼儿园占比达51.8%。尽管普惠性民办幼儿园数量和质量有所提升,但距离全面普惠、公平公正、合理布局还有着一定的差距,还需要更好的政策支持[③]。

安徽省学前教育在近年有突破性进展,虽然学前教育毛入园率仍低于全国平均水平,但学前教育质量的总体水平有较大提高,学前教育管理机制也在逐步完善。同时,我们也要看到安徽省普惠性民办幼儿园的发展还存在一些突出问题,主要是公共经费投入不足、学前教育资源不平衡、教师数量不足、相关管理和保障体系不健全等[④]。

陕西省的幼儿园覆盖率近年有大幅提高,发展前景较为乐观。从2010年到2017年,陕西公办园数量增长了436%,普惠性幼儿园的涨幅高达633%,"入园难、入园贵"问题得到了基本解决。但陕西学前教育依然面临着种种挑战,例如,家长对普惠、优质学前教育有较大需求,保障机制还不够完善等[⑤]。陕南地区的调研发现,普惠性幼儿园存在以下问题:一是政策体制缺失,普惠性运转不畅。很多幼儿园定位模糊,加之政府缺乏扶持资金,使得普惠性幼儿园质量大打折扣。二是幼儿园教师就职意向不稳定,且缺乏教育经验。由于地处偏远,经济相对落后,许多教师不愿意在陕南任教。与此同时,教育经费向硬件设施的倾斜也是教师短缺的重要因素。三是其他岗

[①] 虞永平.江苏发展普惠性学前教育的现状问题和对策建议[EB/OL].(2017-01-23).http://www.qunzh.com/jdfc/jdhc/jcck/201701/t20170123_27962.html.
[②] 董青.发达地区普惠性幼儿园教育成本分担:以粤省S县为样本[J].地方财政研究,2017(1):85-90.
[③] 杨慧敏.推进学前教育公益普惠性发展现状研究——以广东省为例[J].教育导刊(下半月),2017(10):11-15.
[④] 吴雯雯.安徽省学前教育普惠性研究[D].安徽财经大学,2015.
[⑤] 冯丽.陕西学前教育:速度与质量并重[J].人民教育,2018(10):65-67.

位人员不足,工作人员身兼多职,园长、保教主任兼任教师的现象比比皆是,教育质量不高。四是小学化倾向严重。五是普惠性特征不明显。由于财政投入不足,陕南地区普惠性幼儿园只能通过缩减开支来保障幼儿园的运营[①]。

四川省在推进普惠性民办幼儿园的建设过程中,主要借助政府购买服务的形式。四川省的经验表明了政府购买服务是当前普惠性学前教育发展中比较可行的扶持方式,这一模式极大地促进了普惠性民办幼儿园的质量和硬件水平的提高,减轻了幼儿家庭的经济负担,并建立起受到人民欢迎的普惠性学前教育[②]。

内蒙古自治区的学前教育毛入园率近些年同样大幅度增长,但普惠性民办幼儿园的入园率仍较低;政府对学前教育的投入较大,但公立园数量仍然不足;学前教育覆盖率有所提高,但仍存在资源分布不均、城乡差异大等情况。因此,内蒙古自治区需要大力增加学前教育的财政投入、提高教师的专业化水平、加快普惠性民办幼儿园建设,确保适龄儿童平等地接受教育,进一步确保教育公平[③]。

广西壮族自治区的学前教育公共财政预算投资占学前教育投资总额的比例较低,甚至低于全国平均水平,对普惠性民办幼儿园的投入严重不足[④]。研究表明,广西边境地区学前教育各项指标近年来明显提升,但仍处于广西的中等或落后水平,边境地区仍需积极投入经费,发展公办园和普惠性民办园,提高学龄前阶段的教育质量,建立起一个可以良性连续发展的学龄前教育机制[⑤]。

福建省以福州市为例,在地方政府的扶持和管理下,福州市普惠性民办幼儿园发展较好,基本上做到了面向社会、收费合理、科学保教、关心老师、管理多样化等,但仍存在可持续发展较差的问题,具体体现为:办园条件差、对于普惠性民办幼儿园的认识不足、相关法规及制度较少、师资质量差或不足等[⑥]。

河南省以开封市为例,普惠性幼儿园发展的总体状况较好,但还存在以下一些较严重问题:一是对普惠性幼儿园的理解和认识不够科学、准确、明晰,如有些家长甚至领导认为普惠性民办园是无入园条件的幼儿园;二是县区职能部门规定普惠性民办幼儿园收费标准不得高于公办幼儿园,导致普惠性幼儿园运营困难;三是小学化倾向严重[⑦]。

湖北省武汉市对普惠性民办幼儿园的发展比较重视,其发展现状较好。武汉市对普惠性幼

---

① 罗燕.农村普惠性民办幼儿园现状与发展对策——以陕南地区为例[J].教育观察 2018,7(20):65-66,77.
② 仲精鸿.四川省财政厅:2016年全省学前教育购买学位预计24万个[EB/OL].(2016-03-25).http://edu.newssc.org/system/20160325/001878999.htm.
③ 张宇.鄂尔多斯市学前教育发展现状的调查研究[J].福建教育学院学报,2017,18(7):97-99.
④ 赵彦俊,嵇玲玲.民族地区学前教育投入的差异分析——基于云南、广西等八省区的数据统计[J].民族教育研究,2015,26(06):47-52.
⑤ 甘鹏,李钰燕.广西边境地区学前教育综合发展水平及发展路径分析[J].基础教育研究,2018(17):15-18.
⑥ 马慧敏,黄姗,卢艺,林良章.福州市普惠性民办幼儿园现状调查及对策研究[J].时代教育,2017(17):209-210.
⑦ 张静.关于大力发展普惠性幼儿园的思考——以开封市为参照[J].开封教育学院学报,2016,36(11):244-245.

儿园的经费投入主要分为由举办者筹措、幼儿园保教费收入、教育主管部门定额奖补等。普惠性幼儿园经费投入存在的主要问题有：幼儿园人事支出比例过高、教师及保育人员流动性较大、政府财政投入不足及后续投入较少等，导致普惠性幼儿园难以为继①。另有学者对湖北省襄阳市的普惠性民办幼儿园进行了调查，发现襄阳市普惠性民办幼儿园发展良好，但仍处于探索阶段，虽然取得了一些进展，但是，仍然存在普惠性民办园接受不到政府足够的援助，相关部门监管不力，教师教研水平比较低，普惠性民办幼儿园教师培训不足等问题②。

江西省南昌市的幼儿园近年来发展比较迅猛，尤其是民办园发展势头较好，但仍然存在良莠不齐，甚至两极分化的情况。有学者提出，发展南昌地区普惠性民办幼儿园迫在眉睫，主要可以通过以下方式促进其发展：增加财政投入及财政扶持制度、要向公众宣传、强调普惠性民办园的性质、相关部门要做好引导工作、政府也要加快健全相关法规及机制③。

二、基于当前我国 12 个省（自治区、直辖市）出台普惠性民办幼儿园管理政策的内容分析

截止 2019 年 3 月，北京、江苏、广东、福建、河南、湖北、安徽、江西、陕西、四川、内蒙古自治区、广西壮族自治区 12 省（自治区、直辖市）都已出台普惠性民办幼儿园认定及管理办法。其中，北京市于 2019 年出台了最新的普惠性幼儿园认定与办理办法；《江苏省普惠性民办幼儿园认定管理办法（试行）》于 2015 年初出台，但仅在认定条件、经费管理方面对普惠性民办幼儿园作出规定；广西壮族自治区的多元普惠幼儿园认定及管理办法于 2014 年出台，值得一提的是，该办法对于多元普惠幼儿园的认定标准做了非常详细的规定，从园舍安全与证照齐全、办园规模和行为、普惠措施与公益形象、管理水平和社会评价四个方面进行认定，这四个认定标准下还有更为详细的解释，是本研究 12 个样本中认定标准最详细的省份。广东、福建、湖北、江西、陕西、四川、内蒙古自治区则分别于 2016 年 4 月、2018 年 7 月、2016 年 2 月、2016 年 12 月、2016 年 10 月、2015 年 10 月及 2015 年 12 月出台了最新的普惠性民办幼儿园认定、管理工作的相关政策。河南及安徽两省于 2017 年 12 月出台了相关政策。以上省份都在认定细则、认定程序及条件、扶持政策及保障措施、监督方式等方面做出了详细规定。

（一）东、中、西部 12 个省（自治区、直辖市）出台的普惠性民办幼儿园"认定标准"的分析

对东部、中部、西部 12 省（自治区、直辖市）关于普惠性幼儿园认定标准的分析结果见表 4-

---

① 宋卫斌，郑一斌，刘新荣.武汉市普惠性民办幼儿园公用经费投入现状及对策研究[J].教育财会研究，2017，28(03)：86-90.
② 张越.襄阳市普惠性民办幼儿园建设的问题与对策研究[J].襄阳职业技术学院学报，2017，16(4)：104-106.
③ 涂远娜，王坚.发展普惠性幼儿园的策略思考与研究——以南昌地区为例[J].江西教育学院学报，2011，32(01)：65-67.

2。从地域上来看,东部地区省份关于普惠性民办园的省级认定政策较为粗略,江苏省最为简洁;而处于中部及西部地区的河南、湖北、安徽、江西、陕西、四川、内蒙古自治区、广西壮族自治区八省则在省级层面的政策上提出了较为详细的要求,其中,广西壮族自治区的政策最为详细。同时,根据相关研究,东部地区尚未出台政策的省份较多,位于中、西部地区的大部分省份均已出台省级政府关于普惠性幼儿园的认定、扶持及管理政策。

表4-2 我国东部、中部和西部12省(自治区、直辖市)关于普惠性幼儿园的认定标准

	内容	东部 北京	东部 江苏	东部 广东	东部 福建	中部 河南	中部 湖北	中部 安徽	中部 江西	西部 陕西	西部 四川	西部 内蒙	西部 广西	东部频数	中部频数	西部频数
资质	证件齐全,组织机构符合规定,县级教育主管部门审批	√	√	√	√	√	√	√	√	√	√	√	√	4	4	4
标准	符合城乡规划,基本条件达标,保健、财政等制度完善	√	√	√	√	√	√	√	√	√	√	√	√	4	4	4
方式	自愿申请,当地政府授权		√											1	0	0
收费	参照当地同类公办幼儿园的收费标准	√	√	√	√	√	√	√	√	√	√	√	√	4	4	4
布局	符合城乡规划、当地学前教育发展规划和幼儿园布局规划						√	√	√	√	√	√	√	1	3	4
经费	由举办者筹措并提供稳定经费来源						√			√		√	√	0	1	2
教学内容	科学保教、以游戏为基本活动、遵循国家政策、无"小学化"倾向			√	√				√		√	√	√	1	1	3
安全	无重大安全事故及隐患	√	√	√	√	√	√	√	√	√	√	√	√	4	4	4
人员	教职工配备相关要求及合理工资福利待遇			√				√					√	1	1	1
差异检验	双尾T检验	东部—中部 0.22				东部—西部 0.05				中部—西部 0.03*						

根据统计结果可以看出,位于东部地区的省份对普惠性幼儿园的认定标准较为简明,而位于中部、西部省份的认定标准则较为繁琐。但是各省份都关注到了办学资质、认定标准、合理收费和保障安全这四方面,在其他方面的认定标准上各有侧重。频数统计表明,在布局和教学内容方面,西部的普惠性幼儿园存在的问题更大,因此西部省份在幼儿园认定标准中对布局合理性的规划,以及教学内容无小学化倾向的关注更为突出。

具体到各省(自治区、直辖市)来说,北京市仅就认定标准、办园资质、合理收费及安全做出了明确规定,相较于中部及西部省份,认定标准较为简单。江苏省对于收费标准和办园资质的规定

较为简洁,仅办园资质提出达到国家及省级规定的条件、收费标准参照公立幼儿园即可。值得一提的是,在广东省的普惠性民办园认定标准中,将"教职工配备的相关要求及合理的工资福利待遇"单列出来,而其他部分省份尽管提出了要重视教职工的配备,却并未明确提出工资福利待遇情况。处于中部及西部地区的省份对收费和办园资质作出详细的规定,如要求举办者筹措并提供稳定的经费来源、需要取得相关证件、要面向大众提供普惠性服务,不得乱收费等等。其中,湖北省的认定标准中着重指出普惠性民办园不得出现"大班额"的情况,这是其他省份没有明确强调的。湖北、安徽两省在认定标准中也对具体的师资配备做出了规定,即要求普惠性民办园的师资标准必须为"两教一保",而其他省份尽管对师资提出了要求,但仅要求"师幼比合理"。

内蒙古自治区由于其特殊的地理环境,在认定标准中,要求普惠性民办园用地要产权清晰,即在农牧区原有土地上建设的幼儿园需提供有效的证明材料,租地办园的则需要有期限不少于10年(距合同期满不少于3年)的园舍租赁合同,且双方产权不存在争议。江西、陕西、内蒙古对教学内容作出了严格规定,要求普惠性幼儿园要科学保教,不得出现小学化倾向,普惠性民办幼儿园的所有工作要依据《3—6岁儿童学习与发展指南》《幼儿园教育指导纲要(试行)》进行等。而内蒙古和广西对于普惠性民办园的办学规模也提出了要求。内蒙古要求城区和旗县所在地举办的普惠性民办幼儿园规模原则上不少于6个班(120人),苏木乡镇及以下行政区域举办的普惠性民办幼儿园不少于3个班(60人),并按幼儿的年纪科学分班定额。广西要求普惠性民办园的班级数量不得少于3个班,并设有大、中、小班,每班幼儿的数量不超过省级相关部门制定的标准5人;普惠性民办园幼儿总数也有要求:县(区)城镇幼儿园不低于90人,农村(含乡镇)幼儿园不低于60人。

(二) 东、中、西部12省(自治区、直辖市)有关普惠性民办幼儿园的"管理办法"的分析

整体来看,绝大多数省份都关注到了财务公开、合理收费这两个管理要点,这是普惠性民办幼儿园发展的重要根基,也是影响普惠性民办园后续能否健康发展的重要因素之一。东部和西部省份更是将专项审计单独列出,指出要重视普惠性民办园的财政收支情况,派专人进行专项审计,保障财务管理的合理性。而所选样本中的中部、西部省份则较为重视动态监管,强调要关注普惠性民办园的日常监管情况,对于出现的问题及时关注并解决。此外,加强组织领导和社会监督也是所选12个样本中一半的省份关注的重点。请见表4-3。

表4-3 我国东部、中部、西部12省(自治区、直辖市)关于普惠性幼儿园的管理办法

内容	东部				中部			西部				东部频数	中部频数	西部频数
	北京	江苏	广东	福建	河南	湖北	安徽	江西	陕西	四川	内蒙	广西			
成本测算		√											1	0	0
专项审计	√	√	√	√	√				√	√	√		4	1	4

续表

内容	东部 北京	东部 江苏	东部 广东	东部 福建	中部 河南	中部 湖北	中部 安徽	中部 江西	西部 陕西	西部 四川	西部 内蒙	西部 广西	东部频数	中部频数	西部频数
组织领导	√			√	√	√	√			√			2	3	1
退出机制				√	√	√	√	√				√	1	4	1
动态监管	√			√	√	√	√		√	√	√	√	2	3	4
宣传引导					√	√							0	2	0
财务公开、合理收费	√	√		√	√	√	√	√	√	√	√	√	3	4	4
社会监督		√	√		√	√			√	√		√	2	2	3
分级管理、分类支持								√			√	√	0	1	2
年度考核							√						0	1	0
严禁以其他名义收费										√	√		0	0	2
差异检验(双尾T检验)	东部—中部 0.14				东部—西部 0.07				西部—中部 0.50						

由表4-3可见,中部省份的普惠性民办幼儿园的管理办法中都提到了退出机制,而东、西部省份中只有福建和广西提及;东部、西部省份非常重视管理办法中的专项审计制度,而中部省份仅河南省提及。年度考核、成本测算是管理办法中的薄弱环节,仅安徽、江苏提及。

就各省的管理办法而言,江苏省出台的普惠性幼儿园管理办法主要集中在经费管理上,尤其注重成本测算和经费审计,要求办园的启动资金应该按比例由举办者、公共财政以及普惠性民办园的服务对象承担,同时要对普惠性幼儿园的财政进行监督和审计,保障普惠性幼儿园是服务大众的。安徽省对普惠性民办园的财务情况及收费的衡量标准较为重视,是所选12个样本中唯一将普惠性民办幼儿园的财政及收费方面的管理办法单列出3条的省份。这3条管理办法分别为:建立普惠性民办幼儿园约定价格机制,建立普惠性幼儿园收费标准的调整机制,严格普惠性幼儿园收费的监督和管理。不仅要求普惠性民办幼儿园的收费要参照当地经济发展状况及家庭承受能力,还指出收费标准要根据情况及时调整。同时,安徽省还是本研究选取的12个省级政策中唯一将普惠性幼儿园年度考核列入管理办法的省份。管理办法中指出:要将普惠性民办园的建设列入本地学前教育发展规划,普惠性民办园的覆盖率也将作为本省学前教育发展是否良好的核心指标,纳入年度考核。江西、内蒙古、广西根据本地区的办园条件、在园数量、幼儿园等级、办园特色等差异,在支持政策方面提出,在普惠性民办园的管理方面要进行分级管理、分类管理和分类奖补,不同等级的普惠性民办幼儿园有不同的管理标准,其享受到的财政支持也有所不同。四川和内蒙古则着重强调了严禁以其他形式(例如兴趣班、特长班、实验班)为名义乱收费,不得变相收取赞助费和捐助费等等,对收费方面的要求比较严格,保障合理收费。尽管多地规定要根据当地经济发展水平、在园幼儿家庭情况、办园质量等标准调整相关费用,但在本研究所选12个样本中,只有广西壮族自治区的普惠性民办园管理办法中明确提出要达到自治区示范幼儿园、自治区三星、二星标准的多元普惠幼儿园才可适当在一定范围内上浮保教费用,评价标准一目了然,非常明确。

(三) 东、中、西部 12 省(自治区、直辖市)有关普惠性民办幼儿园的"扶持政策"的分析

各地是否颁布具体而明晰的普惠性民办幼儿园的扶持政策,这也是制约和影响普惠性学前教育公共服务体系建设成功与否的关键。请见表 4-4。

表 4-4　我国东部、中部、西部 12 省(自治区、直辖市)关于普惠性幼儿园的扶持政策

内容	东部				中部				西部				东部频数	中部频数	西部频数
	北京	江苏	广东	福建	河南	湖北	安徽	江西	陕西	四川	内蒙	广西			
专项补助	✓	✓	✓		✓			✓					3	2	0
减免房舍租金		✓	✓	✓	✓	✓	✓	✓	✓	✓	✓	✓	3	4	4
派驻公办教师	✓	✓	✓	✓	✓		✓		✓	✓	✓	✓	4	2	4
政府购买服务			✓	✓	✓	✓	✓		✓	✓	✓		2	3	3
合理用地					✓	✓	✓	✓	✓	✓	✓		0	4	3
教研指导	✓		✓		✓		✓		✓				2	2	1
教师培训		✓			✓	✓	✓	✓	✓	✓	✓	✓	1	4	4
财政奖补	✓	✓	✓		✓	✓	✓	✓	✓	✓			3	4	2
教师帮扶					✓	✓	✓	✓	✓	✓	✓	✓	0	4	4
税收优惠		✓	✓		✓		✓		✓				2	2	1
调整保教费用									✓				0	0	1
提高教师工资待遇	✓						✓						1	1	0
家庭困难幼儿资助						✓	✓						0	2	0
纳入整体规划								✓					0	1	0
差异检验(双尾 T 检验)	东部—中部				东部—西部				中部—西部						
	0.04*				0.22				0.01*						

由表 4-4 可见,东部省份出台的关于普惠性幼儿园的扶持政策最少,普惠性幼儿园比较能够发挥自主性;中部省份和西部省份则都制定了非常细致的扶持政策,特别是中部地区出台的普惠性幼儿园扶持政策最多。整体来说,减免房舍园区租金、派驻公办园教师前往普惠性民办园支教、加强园所教师培训、加大财政奖补的力度、促进园际间教师帮扶是所选 12 个省份中绝大多数省份所共有的扶持方式。与此同时,可以看出位于东部地区的省份比较侧重于用专项补助和财政奖补的方式扶持普惠性民办园的发展,扶持方式比较宽泛,而位于中部和西部的省份则多采取财政补助、保障合理用地、促进教师培训的扶持政策,扶持手段是传统方式与流行方式并存。

需要指出的是,在选取的12个样本中,绝大多数省份都出台了教师培训和教研指导的扶持措施,并提出普惠性民办园在师资培训、教师评优、教研结果评优等促进教师发展的重要方面与公办园享有同等待遇或优于公办园。在教师配备及教师福利待遇方面,各省都提出了要求,其中安徽省的要求最为细致和完备。具体要求为保障教职工工资待遇,对于编外编内人员不得区别对待,要逐步实现同工同酬。同时,在教职工数量不足的情况下,可以通过公开招聘、内部调配、支持中小学冗余教师转岗等方式配齐公办园教职工。江西省更是将普惠性民办园的发展列入学前教育发展的整体规划,统筹安排,统一领导,定期解决普惠性民办园存在的部分困难,支持普惠性民办园的发展。值得一提的是,在所选12个样本中,仅有安徽省和江西省的扶持政策中有资助家庭困难儿童这项,其他省均未提及。

三、科学制定普惠性民办幼儿园管理政策的思考与建议

综合上述研究,我们认为,目前东部、中部、西部12省(自治区、直辖市)在出台普惠性民办幼儿园的相关政策中还存在一些不足,需要进行相应的调整、修改与完善。

首先,东部地区普惠性幼儿园相关政策过于简洁,应给予更多非资金方式的扶持。东部地区的认定标准比较简洁,相关帮扶政策以财政补助为主,管理办法也并未单独列出。尽管这种方式有利于普惠性幼儿园发挥其自主性,有利于普惠性幼儿园办出特色,但我们应当注意的是,普惠性幼儿园的发展还在初步探索阶段,需要国家引导,加强政府的宏观调控。缺乏系统和明确的认定、管理和扶持办法是非常不利于普惠性幼儿园的后续健康发展的。同时,东部地区应在幼儿园的布局规划、入学对象和经费筹措上做出规定。普惠性幼儿园要融入当地的整体规划,保障入学对象的来源。普惠性幼儿园一般首先是由民办的,其次才是国家扶持的,因此,经费的来源应当明确,应当按比例分配,而不是单一的由举办者筹措或由国家财政出资。而在帮扶方式上,要更多向普惠性民办幼儿园提供非资金支持,由于其办学性质与公办幼儿园不同,普惠性民办幼儿园难以吸纳优秀教师,所以在教学、教研及教育质量等方面与公立幼儿园存在一定的差距,东部地区可以采取教师间帮扶、公办幼儿园教师入园指导、对普惠性民办园教师进行培训或教研指导等方式对普惠性民办幼儿园进行扶持,从而提高普惠性民办幼儿园的质量。

其次,中部地区和西部地区的出台的相关政策过于繁琐,使普惠性幼儿园难以发挥自主性。位于中部及西部地区的省份制定的普惠性民办幼儿园的认定、管理、扶持政策较为繁琐,不利于普惠性民办幼儿园发挥特长、展示优势。在部分极度贫困地区,由于政策过于繁琐,导致基层普惠性民办幼儿园体制不清、关系不明,使得其难以真正得到政策上的支持。扶持政策方面,中部及西部省份多以非资金的方式对普惠性幼儿园进行扶持,资金投入较少,尽管资金投入已经向弱势群体倾斜,但仅能够维持普惠性幼儿园的基本开销,难以提升质量,使得普惠性幼儿园丧失了普惠性这一重要特性。由于中部及西部地区省份相关政策过于繁琐又缺乏系统性,使得普惠性

民办幼儿园在申请认定的过程中或接受扶持时过于依赖政策条文而缺乏对于幼儿园发展的独立、整体的科学规划。

第三,各省应当树立正确的发展目标,只有树立好发展目标,才能够使得普惠性民办幼儿园端正办学理念。要清晰地认识到,普惠性民办幼儿园的发展目标是要持续不断地、良性地发展面向大众的公共服务体系,而不是制定三年一期或者五年一期的短期政策;普惠性民办幼儿园的服务是面向大众的、惠国惠民的、提高教育质量的长期体制,而不是暂时的面子工程。政府要引导好、带领好普惠性民办幼儿园发展,同时要尊重普惠性民办幼儿园合理的营利诉求,不能简单地认为普惠性民办幼儿园是政府的单方面职责或举办者的自身职责,而应当是由政府、社会、举办者共同筹办的、长期的、可持续的、具有公共服务性质的学前教育。

第四,各省应继续完善认定标准。值得一提的是,我国12个省(自治区、直辖市)对于入园方式和服务对象都没有作出明确的规定,使得普惠性幼儿园入园方式不明确,服务对象模糊,可能会造成有些家庭托关系入园。普惠性民办幼儿园应当采取规定户籍所在地等方式限制入园幼儿的数量,保障普惠性民办幼儿园面向大众、服务大众的基本性质不变。

最后,各省应制定多样化的扶持政策,并持续改进与完善管理体系。就制定多样化的扶持政策而言,位于东部地区的省份主要以经费扶持为主,而位于中部及西部的省份由于地区经济发展水平的原因,扶持手段以非资金的方式为主,资金投入较少。位于东部地区的省份应当增加一些非资金方式的扶持,例如教师帮扶、教研指导、教师培训、宣传等方式。提高大众对普惠性幼儿园的接受度,提高普惠性民办幼儿园在职教职工的素质和教师的教学及研究水平,以此来提高普惠性民办幼儿园的办学质量,提高普惠性民办园服务对象自身的水平,系统地改善普惠性民办幼儿园当前面临的状况,促进普惠性民办幼儿园的持续健康发展。中部、西部地区则要在财政投入方面加大力度,合理规划普惠性民办幼儿园的分布,将财政资金投入到真正需要的地方。就管理体系的完善而言,位于东部地区的省份的管理方法比较笼统,多依赖于幼儿园的自纠自查。以江苏省为例,江苏省的管理体系以经费管理为主,缺乏对其他方面的动态监管,应当对安全、人事、认定方式及周期等方面展开监管,而不是放任普惠性民办幼儿园随意发展,应当完善管理体制,让普惠性幼儿园的筹办者和管理者认识到有所约束,这样有利于普惠性民办幼儿园建立自我监督管理体系,也对普惠性民办幼儿园质量的提高有帮助。中部及西部的省份要做好经费管理及退出机制管理,在财政投入有限的情况下更应该做好财政审计,保证每部分财政投入都用到该用的地方,保证国家财政投入真正服务于儿童、服务于大众。

第五章 我国普惠性民办幼儿园认定管理政策研究
——基于 ROST 文本挖掘系统的分析

一、问题的提出

面向 2035,中国教育现代化对学前教育的要求是普及有质量的学前教育,建成覆盖城乡、布局合理的学前教育公共服务体系。以市场为导向的新公共管理理论,强调市场在提供和生产公共服务、公共产品中的重要作用,通过市场竞争机制,改善学前教育公共服务供给情况,提高学前公共服务的有效性,而公共机构的职能则更像市场中的促进者,运用奖励而非命令的方式实现市场的良好运作[①]。我国学前教育发展以"坚持政府主导"为基本原则,强调各级政府在投入、监管等方面的责任,同时又坚持公办民办并举,尤其在我国经济发展进入新常态的现状下,发挥市场机制,调动社会力量显得尤为重要,社会力量是学前教育持续发展的重要砥柱。2018 年,全国普惠性幼儿园占全国幼儿园的比重为 68.57%,普惠性幼儿园在园幼儿为 3 402.23 万人,占全国在园幼儿比重为 73.07%。为了实现 2020 年普惠性幼儿园覆盖率达到 80% 的目标,必须进一步发展普惠性民办园。通过政府积极扶持和规范管理,推动民办幼儿园迅速转型为普惠性民办园,从而扩大学前教育普惠性资源,完善办园体制,保证学前教育质量。

普惠性民办园是当前我国学前教育政策中的重点扶持对象。面临"入园难""入园贵"两大突出问题,《国家中长期教育改革和发展规划纲要(2010—2020 年)》提出要"形成惠及全民的公平教育。坚持教育的公益性和普惠性,保障公民依法享有接受良好教育的机会"。随后,国务院出台了《国务院关于当前发展学前教育的若干意见》(以下简称"国十条"),提出"积极扶持民办幼儿园特别是面向大众、收费较低的普惠性民办幼儿园发展",这是首次在国家层面明确提出普惠性民办园。"国十条"下发以后,各地以县为单位开始实施学前教育行动计划,二期行动计划要求"各地 2015 年底前出台认定和扶持普惠性民办园实施办法,对扶持对象、认定程序、成本核算、收费管理、日常监管、财务审计、奖补政策和退出机制等做出具体规定"。通过制定并实施普惠性民办园认定管理办法,强化政府发展学前教育责任,规范、鼓励、支持并引导民办幼儿园向社会提供普惠性服务,扩大普惠性

---

① [美]戴维·奥斯本,[美]特德·盖布勒.改革政府:企业精神如何改革着公营部门[M].周敦仁,等,译.上海:上海译文出版社,1996:262.

学前教育资源覆盖面,进一步完善政府主导、社会参与、公办民办并举的学前教育办园体制,有效解决"入园难、入园贵"问题。目前,全国各地都相继制定并出台了普惠性民办园认定管理的相关政策文件,这是深入贯彻国家中长期教育改革和发展规划、进一步落实学前教育行动计划的重要举措。那么,当前各省市出台的普惠性民办园认定管理政策文本具体涵盖哪些内容?对普惠性幼儿园的概念界定是否一致?针对认定条件、认定程序、收费管理、日常监管、财务审计分别提出了什么规定和举措?奖补政策能否落地?是否能够有效吸引社会力量参与办园?我们希望通过系统研究我国各地普惠性民办园认定管理政策,剖析当前政策文本的内容结构,把握现有政策,以期为政策制定者、研究者和普惠性民办园利益相关者提供系统的信息参考,并提出普惠性民办园的后续发展建议。

二、政策文本选择及分析框架

(一)政策文本选择

本研究以普惠性民办园认定管理政策文件为研究对象,以各级行政区的政府官网为政策文本唯一来源,截至2018年11月26日,检索到127份普惠性民办园认定管理政策文件,其中省级行政区22份,覆盖率为64.7%;地级行政区68份,覆盖率为20.4%;县、区政策37份。为确保政策文本的全面性和代表性,本研究在省级和市级行政区层面对政策文本进行选择,筛选过程遵循以下三项原则:第一,权威性,即发文单位为省、市级政府相关部门;第二,公开性,即面向社会公开发布于政府官网;第三,相关性,即直接针对"普惠性民办园"制定的相关认定管理政策。最终,本研究确定了36份关于普惠性民办园的认定管理政策作为研究样本(如表5-1所示),三分之一地区的政策文件尚处于试行中,时间跨度为2012年至2018年,文种形式上包括"意见""通知""办法"等类型。

表5-1 我国普惠性民办幼儿园认定管理政策文本表

编号	政策名称	编号	政策名称
1	《无锡市普惠性民办幼儿园认定管理办法(试行)》	8	《安康市普惠性民办幼儿园认定扶持和管理实施办法(试行)》
2	《关于开展普惠性民办幼儿园认定工作的通知》	9	《河南省普惠性民办幼儿园认定及管理工作的指导意见》
3	《威海市普惠性民办幼儿园认定管理办法》	10	《平顶山市普惠性民办幼儿园认定及管理工作的实施办法》
4	《广东省普惠性民办幼儿园认定、扶持和管理办法》	11	《鹤壁市普惠性民办幼儿园认定及管理暂行办法(试行)》
5	《宁波市普惠性民办幼儿园管理办法》	12	《漯河市普惠性民办幼儿园认定及管理办法(试行)》
6	《大连市普惠性民办幼儿园认定与管理暂行办法》	13	《三门峡市普惠性民办幼儿园认定及管理办法(试行)》
7	《宝鸡市普惠性民办幼儿园认定及管理办法实施细则》	14	《信阳市普惠性民办幼儿园认定及管理工作的实施办法》

续 表

编号	政 策 名 称	编号	政 策 名 称
15	《驻马店市普惠性民办幼儿园认定及管理工作的办法》	26	《石家庄市普惠性民办幼儿园认定及财政扶持管理实施办法(试行)》
16	《四川省关于普惠性民办幼儿园认定工作的指导意见》	27	《天津市支持普惠性民办幼儿园发展奖补项目和资金管理办法》
17	《湖南省教育厅关于普惠性民办幼儿园建设认定的通知》	28	《重庆市普惠性幼儿园管理办法》
18	《黑龙江省普惠性民办幼儿园认定及管理办法》	29	《江西省普惠性民办幼儿园认定及扶持办法》
19	《佳木斯市普惠性民办幼儿园认定及管理办法》	30	《赣州市普惠性民办幼儿园认定及扶持办法(试行)》
20	《关于加强普惠性民办园认定及管理工作的指导意见》	31	《山西省教育厅山西省财政厅关于开展普惠性民办幼儿园认定及奖补工作的指导意见》
21	《芜湖市普惠性民办幼儿园管理办法》	32	《昆明市普惠性民办幼儿园认定和管理办法(试行)》
22	《南平市普惠性民办幼儿园认定管理及政府购买服务实施办法(试行)》	33	《贵州省普惠性民办幼儿园认定、扶持及管理办法(试行)》
23	《宁德市普惠性民办幼儿园认定管理及政府购买服务实施办法(试行)》	34	《内蒙古自治区普惠性民办幼儿园认定及管理办法》
24	《吉林省普惠性民办幼儿园认定及管理办法(试行)》	35	《鄂尔多斯市普惠性民办幼儿园认定及管理办法(试行)》
25	《河北省普惠性民办幼儿园认定及财政扶持管理办法(试行)》	36	《青海省普惠性民办幼儿园认定管理办法》

(二) 政策文本分析框架构建

通过分析普惠性民办园认定管理政策样本的基本内容结构,确定了政策文本的内容编码结构,具体分为 5 个维度,分别是"'普惠性民办园'概念""认定条件""认定程序""管理监督"和"保障扶持",从而构建政策文本分析框架,制定政策文本分析单元编码表。采用内容分析法,依照分析单元编码表,对 36 份样本编码归类并记录其相关信息(包括政策文本名称、地区、文号、生效时间等),并通过 ROST CM6.0 分析工具对编码条目进行统计分析,以分析结果为重要线索,剖析当前我国各省市关于普惠性民办园认定管理政策文本内容的具体特点和存在的问题。

三、政策文本的量化分析

(一)"普惠性民办幼儿园"概念

"国十条"中针对普惠性民办园的限定词是"面向大众"和"收费较低"。对省、市政策文本中的"普惠性民办幼儿园"概念条目进行词频分析,发现高频词之首正是"收费"和"面向"(详见表5-2)。"面向大众""收费较低"是国家针对"入园难""入园贵"问题对普惠性民办园提出的现实要求,并未涵盖普惠性民办园的所有核心属性。由于"普惠性民办幼儿园"在国家层面上定义不清,导致地方无据可依,反映在政策文件上则是各省市关于"普惠性民办幼儿园"的概念存在三个核心争议:一是收费高低,对于大部分家庭而言,需要承担的学前教育费用是选择托幼机构时考虑的重要因素之一,能够让老百姓以合适的、且能够承受的价格接受学前教育服务是"普惠性"学前教育发展目标的重要内容[①];二是质量水平要求,质量保证体现了学前教育发展的公平性,澳大利亚、芬兰、美国和英国等国家的学前教育服务质量监测都涵盖了民办的学前教育机构;三是办学属性,即是否为营利性民办学校,根据修改后的《民办教育促进法》规定,非营利性民办学校的举办者不得取得办学效益,学校的办学结余全部用于办学。普惠性民办园的非营利转向是对教育公益属性更高的回应,更适应中国国情[②]。

表5-2 "普惠性民办幼儿园"概念的词频统计

关键词	词频	政策文本
收费	36	收费合理(22)、收费较低(8)、收费实行政府定价或接受政府指导价(2)、收费适中(1)、比照执行同类公办幼儿园收费标准(1)
面向	31	面向大众(28)、面向社区(1)、面向公众(1)、面向社会(1)
质量	27	质量较高(15)、质量合格(6)、有质量(1)、质量稳定(1)、质量达到同类公办幼儿园水平(1)、质量保证(1)、质量有保障(1)、质量较好(1)
规范	25	办园规范(12)、管理规范(7)、行为规范(5)、办学规范(1)
资质	17	具有办园资质(9)、办园资质健全(3)、资质健全(2)、办园资质合格(1)、办园资质合法(1)、具有资质(1)
政府	16	多种形式接受政府扶持(5)、按照当地政府指导价收费(3)、政府定价(2)、经政府教育行政部门审批(2)、受政府委托和资助(1)、政府购买服务(1)、接受政府限价(1)、得到当地政府支持(1)
社会	15	国家机构以外的社会组织(11)、社会力量(2)、面向社会(1)、积极为社会大众提供(1)
举办	14	国家以外的社会组织或者个人举办(6)、非(国家)财政性经费举办(6)、社会力量举办(2)
公办	8	公办性质的幼儿园(3)、同类公办幼儿园收费标准(2)、教育质量达到同类公办幼儿园水平(1)、派驻公办教师(1)
营利	8	不以营利为目的(5)、非营利性(3)

在普惠性民办园管理认定政策样本中,明确提出"收费较低"的占22%,"质量较高"的占44%,"非营利性"的占22%。"普惠性民办幼儿园"的概念反映了普惠性民办园的定位问题,是发展普惠性民办园的逻辑起点,因此必须从我国学前教育现实要求和困境出发,在学理层面进一步

---

① 丁秀棠."普惠性"目标定位下民办学前教育的现状与发展[J].学前教育研究,2013(3):16-21.
② 魏聪,王海英,胡晨曦,王蕾.促进普惠性民办幼儿园的非营利转向更适合中国国情[J].中国教育学刊,2018(7):12-16.

明晰"普惠性民办幼儿园"的内涵。

(二) 认定条件

各地区政策文件中的认定条件是其"普惠性民办园"概念的具体展开和延伸,涵盖了园务管理、安全管理、财务资产管理、教职工队伍建设和质量管理等方面(如图5-1所示),内容较为全面(详见表5-3)。总体上看,各地区关于普惠性民办园的认定条件划定的是一条办园底线,强调达标、资质健全、无安全责任事故等基本办学要求,在保底基础上,尤其关注普惠性民办园的收费管理(占91.67%)和财务资产管理(占75%)。收费管理是坚持"普惠性"的重要体现,政策文件中的具体要求可以分为三个方面,分别是收费标准、收费公示制度和收费禁止条例。收费标准主要有两条依据,即属地普惠性民办园收费标准和同类公办园收费标准。不同省份对普惠性民办园与同级同类公办园收费标准之间的差距规定有较大差别,其中只有少部分省市明确规定了普惠性民办园的最高收费标准。瑞典、挪威、土耳其等国家则对所有的学前教育机构(包括民办园)都进行了限价,保证了学前教育的可承担性。财务资产管理则是针对"民办性质"的严格要求,政策文本中规定普惠性民办园需做到产权清晰,财务、会计资产管理制度完善规范,配备符合任职资格的财会人员,实行财务公开,接受监督检查等。

图5-1 普惠性民办园认定条件社会语义网络图

表5-3 普惠性民办幼儿园的认定条件

类别	认定条件	具 体 内 容	政策覆盖率
办园条件	A 资质合格	① 年检合格; ② 证照齐全有效; ③ 办园时间达到一定年限; ④ 无违规办园行为。	69% 31% 44% 39%
	B 办园达标	① 达到属地的办园标准。	50%
	C 布局合理	① 符合属地学前教育城乡建设规划、幼儿园布局规划等。	50%
	D 规模适中	① 规模适中; ② 科学分班定额。	56% 61%
办园行为	E 质量水平	① 以公办园为标杆。	61%
	F 保教实施	① 科学保教,贯彻《幼儿园教育指导纲要(试行)》、《3—6岁儿童学习与发展指南》等重要学前教育文件。	44%

续 表

类别	认定条件	具体内容	政策覆盖率
办园行为	G 财务资产	① 财务、会计资产管理制度完善规范； ② 配备符合任职资格的财会人员； ③ 实行财务公开，主动接受监督检查。	36% 39% 22%
	H 教职工队伍	① 教职工配备合理； ② 符合岗位任职资格； ③ 保障教师工资和福利待遇； ④ 执行教职工培训制度。	53% 33% 56% 19%
	I 安全	① 近年内无重大安全责任事故发生； ② 无安全隐患。	83% 25%
	J 收费	① 收费标准：比照同类公办园收费标准；依照属地收费暂行标准等； ② 执行收费公示制度，接受社会监督； ③ 收费禁止条例。	92% 31% 64%

（三）普惠性民办幼儿园认定程序

普惠性民办园的基本认定程序为：书面申请——县区评审——市级抽评——社会公示——认定备案（如图5-2所示）。具体如下：每年规定月份内，符合条件的民办幼儿园按照属地管理原则，向县（市、区）级教育行政部门提出申请，对提出申请的幼儿园进行审核、考察和评审。在某些省份，县区级初步认定后还要上报到市教育局进行市级抽评（如：黑龙江省、山西省、内蒙古自治区、青海省等），市级抽评结果与县区级认定结果不一致的，以市级评定结果为准。无异议后，各县（市、区）通过官方网站或媒体向社会公示评审通过的普惠性民办园名单、收费标准等信息。通过评审和公示的幼儿园，与政府签订相关服务协议，由各县（市、区）发文认定并上报当地教育

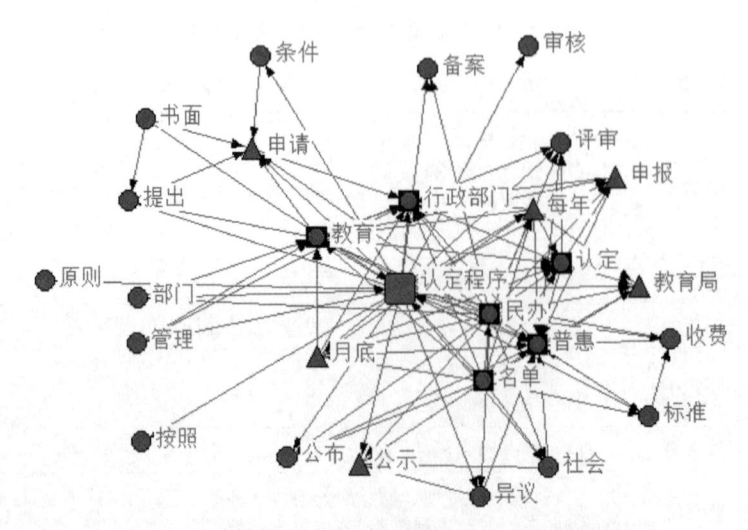

图5-2 普惠性民办幼儿园认定程序社会语义网络图

厅、省财政厅、省物价局等相关部门备案。一般来说,普惠性民办园认定工作基本每年组织一次,认定后有效期为3年,但若存在违反有关规定的行为,则会勒令限期整改,情节严重的甚至会取消普惠性民办园资格,在一定年限内不得重新申报。

(四) 管理与监督

为了规范普惠性民办园的发展,政府会与经认定的普惠性民办园签订相关服务协议。按照新公共管理实行合同制的要求,政府在维持合同稳定性方面扮演着重要角色,不仅是签约者,更是裁判,对合同的性质拥有最终解释权。政府作为仲裁者的角色要优先于合同签约者的角色[①]。

管理与监督是当前各省市普惠性民办园认定管理办法中的内容主体之一。根据政策文本分析结果发现:政府对普惠性民办园的管理包括认定管理(86%)、退出管理(64%)、经费管理(86%)、收费管理(94%)、质量管理(83%)等方面,强调动态监管,要求实行信息公示制度,从而保证社会监督,基本涵盖了普惠性民办园的认定发展全过程(详见表5-4)。

表5-4 普惠性民办幼儿园的管理监督

管理监督	条 目	具 体 内 容	政策文本覆盖率
类 型	收费管理	实行政府定价;严格执行收费政策文件	94%
	认定管理	加强省级组织领导;强化地区政府职责	86%
	经费管理	建立健全财务资产管理制度;实行财务公开;规范使用经费	86%
	质量管理	积极渠道;消极渠道	83%
	退出管理	强制退出;自愿退出	64%
方 式	社会监督	实行信息公示制度	67%
	动态监管	加强过程管理;实行年检制;完善学前教育管理信息系统	56%

同时,当前各省市关于普惠性民办园的管理监督政策也存在一些问题,比如说对幼儿园的监管内容偏重结构性质量,对过程性质量和结果性质量关注不够[②]。美国针对开端计划颁布的《开端计划执行标准》(Head Start Program Performance Standards)不仅涵盖了社会服务、健康服务、营养服务、家长参与服务等多项内容,而且还明确规定区分了联邦政府和地方政府的责任。相比之下,我国普惠性民办园的规范管理工作还需进一步加强和细化。

(五) 普惠性民办幼儿园保障扶持

许多以"大众化"和"普惠性"为特征的民办幼儿园在没有政府扶持的情况下往往处境艰

[①] 简・莱恩.新公共管理[M].赵成根,译.北京:中国青年出版社,2000:184.
[②] 王声平,皮军功,关荆晶.政府发展和管理普惠性民办幼儿园的现状及其改进建议[J].学前教育研究,2018(8):17-27.

难,发展举步维艰,面临诸多困境,包括园所资金投入欠缺、园所发展费用捉襟见肘,保教质量不高、有小学化倾向,师资队伍不稳定、专业素质薄弱、缺乏培训交流机会,薪资待遇得不到保障等,这些问题严重制约了普惠性民办园园所的自身发展①。政府的有效投入和扶持是帮助普惠性民办园走出发展困境的关键。各省市对普惠性民办园发展的保障扶持主要从优惠政策(42%)、财政扶持(61%)、帮扶机制(67%)、支持教师队伍建设(72%)以及统一规划(11%)五个方面进行(如图5-3所示),具体涵盖十二项举措(详见表5-5)。最受关注的要属普惠性民办园的师资问题,具体可以分为以下四个方面:一是和公办园教师享受同等权利;二是优先安排培训;三是建立并完善园本教研制度;四是保障教师薪资福利待遇。

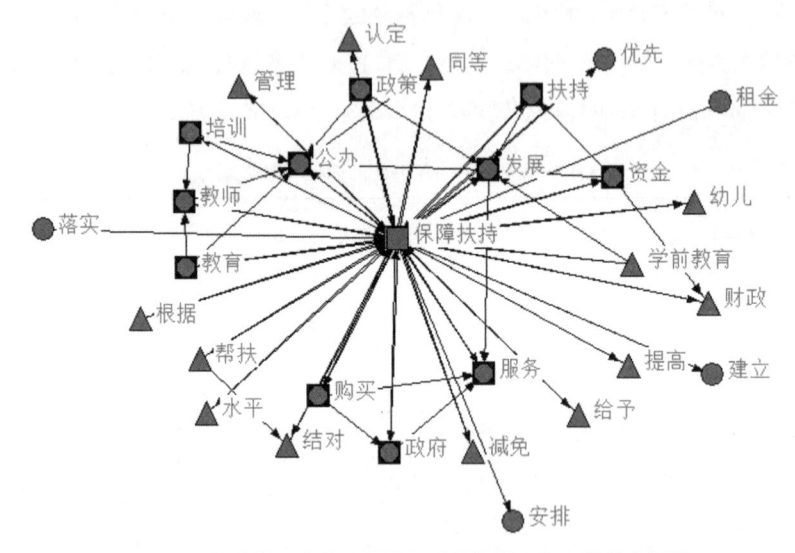

图 5-3 普惠性民办幼儿园的保障扶持社会语义网络分析图

表 5-5 普惠性民办幼儿园的保障扶持

保障扶持	政策文本量	举 措
A. 优惠	14 份	A1 清理纠正歧视政策。 A2 与公办园享受同等待遇。 A3 制定支持普惠性幼儿园发展的具体政策。
B. 财政	20 份	B1 落实财政扶持资金,加大财政扶持力度。 B2 合理分配奖补,参照公办幼儿园生均公用经费标准对普惠性民办园进行补贴。 B3 规范利用资金,扶持资金应当全额用于幼儿园发展。
C. 帮扶	22 份	C1 建立帮扶机制,优质园结对帮扶、公办民办捆绑发展,派驻幼儿园管理人员和骨干教师指导等。

---

① 方建华,邓和平.困境与出路:民办幼儿园发展问题探究[J].中国教育学刊,2014(10):45-49.

续 表

保障扶持	政策文本量	举　　措
D. 师资	24份	D1 保证普惠性民办园教职工与公办幼儿园教职工享有同等权利。 D2 优先安排教职工培训，扩大培训中普惠性民办园比例。 D3 建立并完善园本教研制度。 D4 财政生均奖补资金优先用于保障教师薪资福利待遇。
E. 规划	4份	E1 将普惠性民办园纳入统一规划，统筹安排。 E2 定期研究解决本地民办幼儿园发展中存在的问题和困难。

四、政策建议

（一）实行普惠性民办园扶持双轨制

保障扶持作为普惠性民办园认定管理政策文本中的重要组成内容，体现了政府对学前教育发展责任的主动承担，通过各项扶持保障措施，吸引民办园提供普惠性的服务，帮助民办园提升服务质量，进一步完善政府主导、社会参与、公办民办并举的学前教育发展体制。然而，有学者通过问卷调查和访谈对当前地方政府发展普惠性民办园现状进行研究，发现：政府对普惠性民办园的财政补贴少、方式单一，提供的外部支持与普惠性民办园的实际需要和利益诉求存在一定差距，其中在专业发展方面提供的环境和条件支持明显不足[1]。这恰恰与政策文本分析结果相违背，说明当前普惠性民办园的保障扶持政策尚未落地，建议实行普惠性民办园扶持双轨制，一方面以幼儿为本，将普惠性民办园纳入幼儿园生均公用经费财政拨款范围，落实扶持资金，加大财政扶持力度；另一方面以普惠性民办园为落脚点，研究普惠性民办园评估指标体系，实施综合考评，定向实施扶持措施，合理配置资源，建立科学长效的普惠性民办园保障扶持机制。

1. 建立普惠性幼儿园生均公用经费财政拨款制度

中央出台的《中共中央 国务院关于学前教育深化改革规范发展的若干意见》明确提出："到2020年，全国学前三年毛入园率达到85%，普惠性幼儿园覆盖率（公办园和普惠性民办园在园幼儿占比）达到80%。"普惠性民办园是普惠性幼儿园的重要组成部分。然而，当前各地建立的生均公用经费财政拨款制度主要针对公办幼儿园，如2018年贵州省出台的《关于建立公办幼儿园生均公用经费财政拨款制度的指导意见》。学前教育阶段的生均公用经费财政拨款应定向提供给幼儿，如果仅凭儿童所入园所的民办性质而不予拨款，这显然违背了学前教育的公益性和普惠性。因此，建议各地区建立普惠性幼儿园生均公用经费财政拨款制度，尽快将普惠性民办园纳入拨款适用范围，维护保障每位幼儿的合法权益。针对普惠性幼儿园在园家庭经济困难幼儿、孤儿和残

---

[1] 王声平,皮军功,关荆晶.政府发展和管理普惠性民办幼儿园的现状及其改进建议[J].学前教育研究,2018(8)：17-27.

疾幼儿应当直接补助其需缴纳的管理费、保教费和杂费等。

2. 依照普惠性民办园评估指标体系定向实施扶持

民办学校中举办者投入经费是我国学前教育经费来源结构之一,但是据2006年至2016年《中国教育经费年鉴》数据统计显示,举办者投入占学前教育经费收入比重始终低于4%,甚至呈现逐年缩减的趋势,2016年比重仅为1.8%,这表明当前社会力量在我国普惠性学前教育发展中的作用非常薄弱。根据"以激励为导向"的新公共管理理论,启示我们在制定普惠性民办园的管理办法时,要注意到民办园举办者背后起作用的自我利益,这不仅关系到民办园所有者的利益,而且也关系到民办园教职工队伍的动力和发展问题,通过政府与民办园双方的利益反复博弈,最终达到帕累托最优方案。然而当前的政策执行存在偏差,普惠性民办园的很多扶持政策都没有得到有效落实[1]。只有建立起完善的扶持奖补机制,才能有效推动民办园完成普惠性转型,保证普惠性教育服务质量。

普惠性民办园的奖补应与园所本身的办学质量相挂钩,如果没有普惠性民办园评估指标体系作为重要依据,已有的奖补政策要么沦为空头支票,要么就有可能被投机分子钻了空子。各地出台的普惠性民办园认定管理文件中只有极个别地区配套发布了认定指标体系。评估指标体系不仅是引领普惠性民办园发展的风向标,更是针对普惠性民办园定向实施奖补的重要依据。一方面,通过综合考评,对普惠性民办园进行分级分类奖补、综合考核奖补和达标创优奖励等;另一方面,以评估结果为依据,对普惠性民办园办学实行定向扶持。比如在园所运营支出方面,可以提供划拨土地,减免租金,税收优惠,用水、用电、用气、用热优惠等;在教职工队伍建设方面,可以提供优先安排培训、职称评定、科研立项、继续教育、薪资待遇;在园所保教方面,可以派驻幼儿园管理人员和骨干教师指导,派驻公办教师,支持园本教研,加强对保教过程的指导等。

(二) 建设普惠性民办幼儿园动态追踪信息平台

普惠性民办园发展过程中存在多层面的信息不对称,包括公民与政府之间、上下级政府之间、地方政府与普惠性民办园之间以及家长与普惠性民办园之间[2]。学前教育服务质量的非公开性和质量管控中存在严重的信息不对称等问题,是质量管控体系难以有效构建的深层原因之一[3]。针对普惠性民办园认定管理和扶持的政策文本中,各省市普遍要求执行信息公示制度,接受家长和社会监督,实现动态监管。政策文件中规定要公开通过初审、经认定和退出的普惠性幼儿园名单,具体内容包括园所名称、等级、地址、电话、招生、办学规模、师资、收费项目和标准、经费收支等情况,通过属地官方网站和新闻媒体向社会公示。考察发现,目前各地主要在该地区政府信息官网进行公示,内容一般只有园所名称、地址、类别,民众无法全面清晰地掌握普惠性民办

---

[1] 袁秋红.普惠性学前教育政策的瓶颈与方向[J].教育评论,2018(5):7-10.
[2] 杨大伟.委托代理视阈下普惠性民办园发展的困境及治理对策[J].现代教育管理,2019(2):57-63.
[3] 徐兰,王晶欣.普惠性学前教育服务质量管控多方博弈模型的构建与分析[J].学前教育研究,2017(10):3-14.

园的财务、园务、办学质量等信息。总体来说,当前信息不全、分布零散,几乎都没有达到政策文件的要求和规定。

《国家教育事业发展"十三五"规划》中明确提出要"建立基于大数据分析的质量监测机制"。当前基于大数据的常态监测机制已经在各级各类教育领域中积累了一定的探索和建设经验,国家层面的有高等教育质量监测数据平台、国家义务教育质量监测平台、教育部基础教育监测中心和教育部幼儿园办园行为督导评估系统,地方层面的有苏州市教育质量监测中心、重庆市学前教育质量监测评估研究中心等。建设普惠性民办园动态追踪信息平台,追踪普惠性民办园的认定和发展以及退出,是普惠性民办园相关政策落地的重要一环。平台建设构想具体如下:依照政府要求和普惠性民办园评估指标等,针对普惠性民办幼儿园发展中的不同责任主体,包括各级政府的对口部门,普惠性民办园园长、家长等,开发多端口的数据填报系统,同时链接各层级数据中心,如教育部幼儿园办园行为督导评估系统等,分门别类存储海量数据信息,并通过大数据挖掘算法对普惠性民办园进行绩效评估、财务审计、质量监管等,深入分析数据的内在关系,最终可视化呈现信息。教育大数据与传统教育数据相比,采集具有更强的实时性、连贯性、全面性和自然性,分析处理更加复杂、多样,应用更加多元、深入。该平台服务于多元主体(包括各层级政府、普惠性民办园、社会民众),根据不同主体需求,明确获取信息的范围和内容,有限开放和多种形式开放相结合,面向社会实时公示普惠性民办园的收费情况和发展水平及特色等,面向普惠性民办园定期公开考核评估结果和相应的奖罚措施等,面向不同层级的政府提交具有聚焦性、针对性的普惠性民办园规范发展报告等。普惠性民办园信息平台不仅可以作为信息宣传平台,让民众切实感受到普惠性民办园发展的真实成效和政府的努力作为,还能帮助地方政府实现普惠性民办园的实时监管,甚至打通上下级政府之间的壁垒,实现信息对称。

下 篇

个案研究报告：地方政府普惠性精准施策的经验与探索

第六章　广东省Ｇ市Ｔ区微小型幼儿园的实践探索

随着中国城市化进程发展,人口涌入大城市,符合教育部门规定的幼儿园不论在学位数量还是课程模式上都不能满足城市家庭丰富多元的学前教育需求。微小型幼儿园在人口密集、教育用地稀缺的城市地区应运而生。虽然微小型幼儿园在我国学前教育实践中长期存在,但其中绝大多数不被政府的法律、规则、标准、原则、典范、价值观和逻辑所认同,因而不具备合法性[①]。一些教育质量较高、实践经验较为完善的微小型幼儿园,由于地方政策改革而获得了合法身份,并且突出反映了学前教育生态的多元化,这种办园模式再次引起了幼教工作者的关注。《教育蓝皮书:中国教育发展报告(2019)》认为,学前教育总供求关系的逆转或将提前来临,"小微化、生活化、社区化"是世界学前教育发展的主流取向[②]。

本研究选取广东省Ｇ市Ｔ区为个案研究对象,探究微小型幼儿园政策制定、出台过程及其落实现状,通过政策制定者、园长、教师、家长多方视角了解"微小型幼儿园"政策和实践效果,分析总结微小型幼儿园发展所需破除的障碍以及可推广借鉴的经验,为我国学前教育现实中大量存在的微小型幼儿园的未来发展道路提供些许政策和实践的参考。

一、何谓"微小型幼儿园"

综合学界研究与各地教育政策来看,"微小型幼儿园"尚无明确、统一的定义,但在学前教育办园实践中确已长期存在。回溯此前的微小型幼儿园的实践探索和政策规定如下:《国务院关于当前发展学前教育的若干意见》(国发〔2010〕41号)指出:"要重点建设农村幼儿园,加强乡镇和大村独立建园,小村设分园或联合办园,逐步完善县、乡、村学前教育网络。"其中"小村设分园或联合办园"被认为是农村微小型幼儿园的主体[③]。

(1) 北京市教育委员会等四部门曾于2011年联合发布《北京市举办小规模幼儿园暂行规定》

---

① 符太胜,严仲连.论城镇化背景下小规模幼儿园的合理性——基于小规模幼儿园不合法性的反思[J].广州大学学报(社会科学版),2014,13(10):67-71.
② 杨东平.教育蓝皮书:中国教育发展报告(2019)[M].北京:社会科学文献出版社,2019:44-45.
③ 张丽,刘焱,裘指挥.农村小微型幼儿园发展的价值、困境及路径[J].教育学报,2016,12(05):91-96.

(京教学前〔2011〕4号)[①]，明确规定了"小规模幼儿园是指办园规模较小、相关设施条件（办园规模、场地面积）达不到《北京市幼儿园、托儿所办园、所条件标准》的基本标准、办园规模在4个班及以下、收托幼儿40—100名左右的幼儿园"。

(2) 辽宁省教育厅等八部门于2012年印发《辽宁省小规模幼儿园暂行管理规定（试行）》（辽教发〔2012〕148号)[②]，其中规定"班型较小，收托幼儿总数在30至75人左右，园舍建筑面积在200至900平方米以内，幼儿园有基础设施设备、玩教具以及生活设施，能够基本满足保育教育需要的幼儿园"为小规模幼儿园。

(3) 北京市教育委员会等七部门又于2017年发布《北京市学前教育社区办园点安全管理工作基本要求（试行）》（京教学前〔2017〕4号)[③]，要求各区依托街道和乡镇，盘活辖区内的闲置资源，设立一批接收3—6岁儿童接受保育和教育的社区办园点，同时对现有的无证幼儿园进行排查，对条件较好的无证幼儿园给予支持和帮助，创设条件使其符合社区办园点的要求，并对社区办园点的举办者加强管理和引导，规范其行为。以期通过此种方式丰富办园形式，提供多样化的学前教育服务，同时更好地应对"全面二孩"政策所带来的人口高峰，着力解决当前存在的"入园难"问题。

由此，张丽等认为可以从地域特点、在园幼儿数、教师数、班级数、幼儿园面积和办园特征（如混龄班、家庭作坊）等辅助性指标来判定微小型幼儿园[④]。在上文中提到的相关政策出台之前，研究者主要根据研究需要和当地实际情况，对"小规模"幼儿园进行概念界定[⑤]；之后我国大部分研究者则主要依据北京市、辽宁省文件规定[⑥⑦⑧]，个别研究者结合研究需要与当地实际情况[⑨]，对"小规模"幼儿园进行概念界定。

小规模幼儿园为增加学前教育学位、促进学前教育的生态多样化做出了许多贡献。然而由于种种原因，许多已经长期存在于城市和农村的不同类型小规模幼儿园无法取得合法办园资质，

[①] 北京市四部门印发举办小规模幼儿园暂行规定通知[EB/OL].(2011-04-01).http://www.gov.cn/gzdt/2011-04/11/content_1841378.htm.

[②] 教育部门户网站 MOE.GOV.CN.辽宁规范管理小规模幼儿园[EB/OL].(2012-08-08).http://old.moe.gov.cn/publicfiles/business/htmlfiles/moe/s5147/201208/140345.html.

[③] 关于印发《北京市学前教育社区办园点安全管理工作基本要求（试行）》的通知[EB/OL].(2017-11-14).http://jw.beijing.gov.cn/xxgk/zfxxgkml/zfgkzcwj/zwgkxzgfxwj/202001/t20200107_1562682.html.

[④] 张丽,刘焱,裘指挥.农村小微型幼儿园发展的价值、困境及路径[J].教育学报,2016(5)：93-98.

[⑤] 赵晓尹,王瑞捧.小规模民办幼儿园的现状与发展对策[J].学前教育研究,2008(3)：18-22,47.

[⑥] 符太胜,严仲连.论城镇化背景下小规模幼儿园的合理性——基于小规模幼儿园不合法性的反思[J].广州大学学报（社会科学版),2014(10)：67-71.

[⑦] 曹莉,兰新明,李强,等.小规模民办园结构变量与教育教学质量的关系分析[J].现代中小学教育,2015(12)：71-75.

[⑧] 李江美.小型幼儿园的困境与突围[D].宁波大学,2015.

[⑨] 宋仁娟.甘肃省农村"小规模"幼儿园发展状况调查研究[D].西北师范大学,2017.

要么以企业名义登记注册,要么是没办任何手续的"黑园",这种情况既不利于监管,也不利于保障幼儿权益。在《中共中央 国务院关于学前教育深化改革规范发展的若干意见》规定了"非普惠"与"普惠"学前教育学位"二八分成"的背景下,微小型幼儿园的合法化实践和有效监管为实现我国学前教育公平且有质量地发展提供了可贵的思路和方向。

本研究聚焦广东省 G 市 T 区始于 2018 年 2 月的微小型幼儿园实践探索,在此背景下,依据该区出台的《T 区微小型幼儿园开办工作指引》(以下简称《工作指引》),将"微小型幼儿园"定义为办园规模较小的全日制幼儿园,其办园规模在 5 个班及以下、入园幼儿在 150 名及以下。

二、研究方法

本研究选取混合方法研究,通过实地调查获得定性资料,同时收集定量资料。以广东省 G 市 T 区为调查点,重点考察 D 幼儿园与 H 幼儿园两个较为成熟的实践案例,使用的数据收集方法主要包括观察法、问卷法、访谈法、焦点小组座谈,并收集相关文本资料,尽可能全方位地了解"微小型幼儿园"政策及其实践效果。收集的资料可以分为以下三个方面:

1. 政策的制定、出台、落实、展望

通过与 T 区教育局学前教育指导中心相关工作人员进行焦点小组座谈,从教育行政部门的视角,了解《工作指引》研制与出台的过程、此政策执行和实施情况、对微小型幼儿园的督导工作以及未来相关政策的规划。

2. 微小型幼儿园的办园实践

综合使用多种收集资料的方法,着重考察微小型幼儿园的物质环境、生源、师资队伍、管理工作、家长满意度这五个方面。

(1) 通过半结构观察和园所相关文本资料,考察微小型幼儿园物质环境。半结构观察使用的记录表参照 2017 年教育部《幼儿园办园行为督导评估指标体系》设计,依据研究需要,对其中条目进行简化和重组。

(2) 通过园长访谈、半结构观察和园所相关文本资料,了解微小型幼儿园的生源情况。教师问卷与家长问卷中亦有部分题目能够反映生源情况,例如:服务半径;每班在册幼儿人数,平均出勤率;是否有特殊需要儿童等。

(3) 通过教师问卷、园长访谈和园所相关文本资料,分析微小型幼儿园师资队伍构成以及教师生存状况、工作满意度等。

(4) 通过园长访谈,反映幼儿园管理者视角下的微小型幼儿园除了规模之外,在开办、日常管理、财政和师资等几个方面与其他类型幼儿园的异同之处,了解办园者的经验和诉求。

(5) 通过家长问卷,反映家长视角下的微小型幼儿园管理运营情况,了解家长对"微小型"办园模式的满意度,以期论证微小型幼儿园能否成为"人民满意的教育"的有机组成部分。

3. 个案基本情况

本研究采用方便取样法,由当地教育行政部门协调选定两所微小型幼儿园,其基本情况见表6-1。

表 6-1 微小型幼儿园个案基本情况

	H幼儿园	D幼儿园
在园幼儿人数/核准招生人数	91/150	56/120
专职保教人员数	12(3*4个班)	16(4*4个班)
专职保教人员配备(每班)	两教一保	中文主班教师、专职外文主班教师、专职艺术教师、辅班教师各一名
平均收费标准	3 500元/生/月	14 800元/生/月
占地总面积/核准生均面积	1 640 m²/10.93 m²	非独立园舍,不计算占地面积
建筑总面积/核准生均面积	1 140 m²/7.6 m²	1 694.93 m²/14.12 m²
室外活动场地总面积/核准生均面积	500 m²/3.33 m²	540 m²/4.5 m²

三、"微小型幼儿园"的实践探索

(一) 政策创新有效支持微小型幼儿园合法化发展

广东省教育厅2012年2月11日以粤教基〔2012〕1号发布并施行《广东省教育厅关于规范化城市幼儿园的办园标准(试行)》(以下简称《办园标准》),其中规定城市幼儿园"办园规模以6—12个班为宜,一般不少于6个班,不超过15个班"①。自此之后,G市T区严格执行此项规定,对于新开办幼儿园的规模要求均为6个班及以上。然而近年来,由于城市整体规划,T区经济迅猛发展,为G市主要人口导入区(见图6-1);再加上"全面二孩"政策,学前教育阶段学位压力持续增加。自2006年至2016年,该区适龄幼儿数年均增长5.2%。预计到2022年,该区学前教育学位缺口达1万多个②。T区平均房价居G市各区首位,且教育用地分布零散,难以找到满足要求的土地开办规范化幼儿园,因此小规模的无证园和看护点应运而生。同时,在一些高端商务区,从需求侧而言,部分家长不满足于规范化的学前教育资源,而追求优质、多元、个性化的学前教育,高价把孩子送入以小班化教学为特色的托幼机构,而这些托幼机构受办园场地面积等硬件制约,部分为无证园。

---

① 广东省教育厅关于规范化城市幼儿园的办园标准(试行)[EB/OL].(2012-02-11).http://www.gd.gov.cn/govpub/bmguifan/201204/t20120428_160331.htm.
② 国务院妇女儿童工作委员会.G市T区幼儿园 规模和面积两放宽 师资和监管双提升[EB/OL].(2018-04-03).http://www.nwccw.gov.cn/2018-04/03/content_202619.htm.

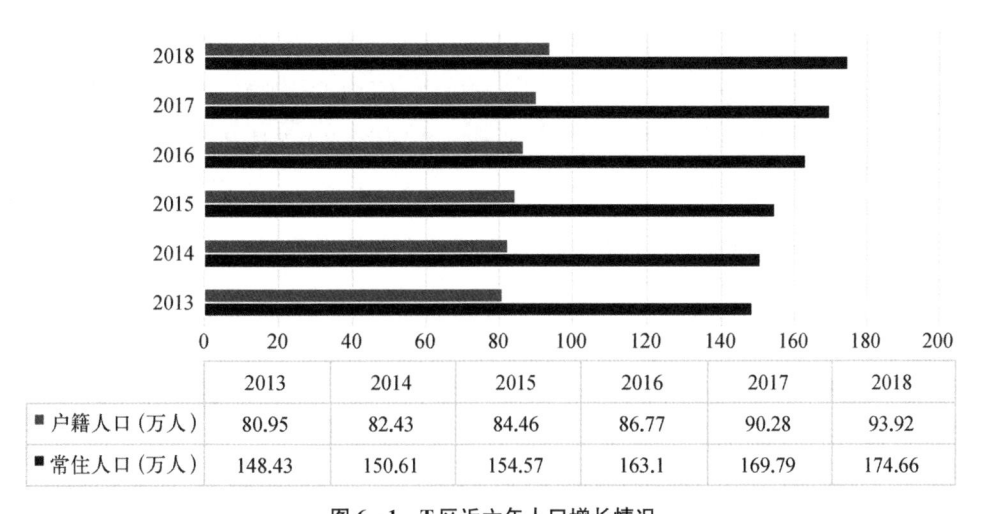

图 6-1 T 区近六年人口增长情况

数据来源为 G 市统计局官方网站 2013—2017 年统计公报。

	2013	2014	2015	2016	2017	2018
户籍人口（万人）	80.95	82.43	84.46	86.77	90.28	93.92
常住人口（万人）	148.43	150.61	154.57	163.1	169.79	174.66

《工作指引》出台的初衷即为依据 T 区实际情况灵活施策，通过"规模和面积两放宽，师资和监管双提升"，引导现存无证园和看护点从"地下"来到"地上"，鼓励社会力量作为多元办学主体兴办微小型幼儿园，提供满足家庭多元化学前教育需求的学位，力图缓解"入园难""入园贵"现象。

1. H 幼儿园——"扶大厦之将倾"

H 幼儿园原为符合 G 市规范化办园标准的民办幼儿园，招生规模为 6 个班，位于 H 小区外围某居民楼一楼，入口独立且朝向小区外，不属于小区配套幼儿园。2017 年 7 月，因业主方要将其中近 500 m² 的场地出租给另一家学前教育机构，H 幼儿园占地面积骤然缩减至 1 100 m² 左右，而《办园标准》中对于规范化幼儿园的占地面积要求为不少于 1 260 m²，H 幼儿园生均用地面积也不再满足规范化幼儿园"不少于 10 m²"的要求，面临关停的窘境。直至园长在报纸上看到了关于《T 区微小型幼儿园开办工作指引》的报道，方才重燃希望，继而积极准备审批材料，并按照《工作指引》中的办园要求，对园所软硬件条件进行了升级改造。经过 5 个月的严格审查，于 2018 年 8 月正式取得办学资格，当年 9 月开园，招生规模为 4 个班，约 90 名幼儿，大部分幼儿此前就在该园就读。

H 幼儿园园长表示："本来是办不下去了，刚刚好有出台这个政策。如果我们办不下去，当时在园的 60 个孩子的家长会很担忧，确实没有什么地方去。因为周边的幼儿园也比较紧张，学位基本上都是爆（满）的。"于办园者而言，有近 8 年运营经验的质量合格的民办幼儿园得以继续生存；于周边家庭而言，能够稳定持续地获得入园便利、价格适宜、幼儿熟悉的学前教育资源。对于 H 幼儿园来说，《工作指引》的政策创新无异于"挽狂澜于既倒，扶大厦之将倾"。

2. D 幼儿园——"小校小班，有的放矢"

D 幼儿园位于 T 区某高端商务区某写字楼 1—4 层，于 2019 年 1 月取得办学资格。D 园办园者与此教育品牌的中国台湾地区创始人办园初衷非常相似，均希望选择一个具备培养"全人"教育理念的幼儿园、找到最适合自己和孩子的学前教育模式，进而使教育能够伴随一家人的共同成长。办园者在考察了多个学前教育品牌机构之后,决定自行出资将此中国台湾地区的教育品牌引入 G 市。D 园品牌定位为"一所向自然学习、向经典学习、向人师学习的现代书院式双语学校""最中国的国际学校",实施与其中国台湾地区合作方相同的"节气"课程。通过访谈园所管理者得知,按照该园面向高收入家庭群体"精致化"办园的定位,本就不打算开办大型园所,在充分了解《工作指引》等相关政策后,认为"微小型幼儿园"政策与该园办园理念、服务对象定位以及所处商务区教育用地条件等因素高度契合,因此向教育行政部门申请审批开办微小型幼儿园。访谈中园所管理者多次提到 D 园所处地段为城市中心,"寸土寸金""不需要太大的地方就能拿到办学许可""能够实践我们的想法""全世界好的教育其实都不大,而且是不可复制的",这些因素都促成了 D 园依照《工作指引》成为已成功开办的微小型幼儿园之一。

由以上两所微小型幼儿园的开办过程来看,《工作指引》的政策创新都收到了良好的成效。通过合理放宽对幼儿园办园规模和面积的要求,同时严格把控教师学历和监督管理,体现出教育行政部门对幼儿园评价中过程性质量的充分重视,从而增加了学前教育学位的多元供给,满足家长的多元需求。

(二) 教育行政部门监督管理一视同仁,兼顾"微小"特点

1. 审批程序规范,适度放宽规模要求,合理提升师资力量

微小型幼儿园申办程序与规范化幼儿园申办程序一致:由申办者提交相关材料,由教育行政部门进行审核;若各项材料均显示符合微小型幼儿园办园标准,教育行政部门继续对其进行现场勘验,勘验过程中尤为重视消防安全、办园规模、场地面积、师资配备情况。具体而言,《工作指引》针对 T 区作为 G 市中央商务区人口导入、教育用地稀缺的特点,对生均占地面积不做硬性要求,相应地要求微小型幼儿园将办园规模控制在 5 个班及以下、入园幼儿不多于 150 人,以保证生均建筑面积和生均户外面积能满足幼儿活动需求。由于教育行政部门对微小型幼儿园"小而精"的办园导向,作为放宽面积要求的补偿,《工作指引》在规范化幼儿园的师资要求(园长学历大专以上、保育员学历初中以上、教师具备幼儿园教师资格证)的基础上,对微小型幼儿园的师资配备提出了更高的标准(园长学历本科以上、保育员学历高中以上、教师具有大专以上学历和幼儿园教师资格证,且每班至少有 1 名本科及以上学历教师)。

为达到审批要求,H 幼儿园历经长达五个月的整改,进行师资队伍的调整;D 幼儿园位于楼内,无法计算占地面积,则在其二楼开辟风雨操场,且在筹备阶段即高薪聘用高学历教师,在正式开园前主动对教师进行了长达三个月的专门培训。已开办的两所微小型幼儿园在规模和师资方面的努力,充分体现了教育行政部门对微小型幼儿园审批程序的严格把控以及对软硬件条件的合理调整创新。

2. 师资培训、质量监管等与规范化幼儿园一视同仁

教育行政部门认为微小型幼儿园与规范化幼儿园相同,其师资培训都服务于学前教育事业

的总体方针与培养目标,因此在师资培训规划中并无将微小型幼儿园单独列出的必要。T区教育局已成立专门的学前教育指导中心,有在编人员5名,主抓T区学前教育教研工作,形成了"园长—中层—教师"成梯队、五大领域成体系的教师培训规划;组织人事科持续组织和监督网络继续教育和其他师资培训;且有专门的教师进修学校供在职教师分批次参与培训。其中公民办幼儿园中在编和非在编教师均需至少完成每年72学时的网络继续教育。

在办园期间的保教质量监管和评估方面,暂无专门适用于微小型幼儿园的制度,《工作指引》中规定对微小型幼儿园未明述的要求均需符合《广东省教育厅关于规范化城市幼儿园的办学标准》。实际工作中,监管评估人员对微小型幼儿园进行标注,对其办学规模、场地面积和师资配备按照《工作指引》规定进行审核,对其他如设施设备、园务管理、卫生保健、教育教学等各方面一视同仁。

(三)微小型幼儿园日常运行管理瑕瑜互见

综合半结构观察以及与园方、教育行政部门的焦点小组访谈数据,与规范化幼儿园相比,我们发现两所微小型幼儿园日常运行管理的如下特点:

1. 园务管理成本偏高,生存压力大,初始阶段亏损运营

微小型幼儿园规模小,招生人数严格控制在150人以下,同时并未放松对安全卫生工作的要求,教职员工的配备要求也高于规范化幼儿园,因此在园务运行和管理方面成本高于规范化幼儿园。且由于所处地理位置、教育理念、课程设置等主客观因素,成本难以下调。再加上前期软硬件投入较高,开办时间不长,生源尚未满额且不够稳定,两所幼儿园均处于亏损状态。好在投资方具有一定的教育情怀,考虑幼儿园长远发展,故而并未急于压缩成本以求盈利。

2. 保教工作注重服务家长、家园共育

H园和D园均为混龄编班,强调儿童在同伴交往互动中的自然发展。其中H园采用蒙氏课程,同时开设围棋、跆拳道、体能、外语等课程,提供延时服务。D园服务对象主要为其周边社会经济地位较高的家庭,设有幼儿园和三代塾两大教育体系,三代塾就是面向"爷爷奶奶—爸爸妈妈—孩子"三代人的教育体系,其内部教育工坊(如造纸工坊、陶艺工坊、植染工坊、茶道书法古琴花道工坊等)的设计与应用即为"三代塾"理念的实践和基础,为服务家长和家园共育提供了充足的时间与空间。

3. 园所发展开放包容,注重与同行互通有无

个案中的两所幼儿园因其不同的办学定位,教育行政部门在其园所专业发展方面也提供了不同的空间与策略,体现出开放包容、互通有无的发展特点。H幼儿园为蒙氏园,收费相对平价,在园所保教质量发展方面仍需教育行政部门予以一定的专业支持;具体体现为H园与其所在片区内其余园所形成"姐妹园",数所姐妹园由片区"片长"定期组织集中学习、相互参观,其中省级示范园与H园形成一对一帮扶关系。D幼儿园收费相对高昂,其园所空间与家具配备由所属教育公司设计师专门设计定制,课程体系特色为融入二十四节气的自然生态教育,其注重自然与传

统文化的办园特色自开办以来吸引了众多参访者。D园自身也乐于扩大园所影响,每月举行一次"课程开放日"活动,向所有前来参观的园长、教师、家长及其他民办教育举办者完全开放,发挥了一定的专业引领作用。

(四) 教师留任意愿强,家长对园所各项工作满意度高

研究使用自编调查问卷,对微小型幼儿园教师生存状况、工作满意度以及家长视角下的微小型幼儿园运行状况进行调查,以期全面聆听利益相关者的声音,通过多元视角丰富对微小型幼儿园办园模式的理解。

研究由教育行政部门和园长协助,通过问卷星向两所微小型幼儿园教师与家长发放电子问卷,遵循研究伦理,由教师和家长完全自愿填写。两所幼儿园共有专职保教人员28名,回收教师问卷28份,删去同一IP重复填答的无效卷后得到有效教师问卷18份,问卷有效率64.29%;回收家长问卷32份,删除与教师问卷相同IP重复填答的无效问卷后得到有效问卷27份,家长问卷有效率84.38%。

1. 微小型幼儿园教师生存状况与工作满意度

参与问卷调查的教师基本信息见表6-2。

表6-2 参与问卷调查的教师基本信息

项目	组别	人数	百分比
性别	男 女	2 16	11.11% 88.89%
年龄	21—25岁 26—30岁 31—35岁 36—40岁 41—45岁	8 4 4 1 1	44.44% 22.22% 22.22% 5.56% 5.56%
教龄	6个月—1年 1—2年 3—5年 6—10年 10年以上	2 6 2 6 2	11.11% 33.33% 11.11% 33.33% 11.11%
最高学历	高中及以下 大专 本科 硕士及以上	1 2 13 2	5.56% 11.11% 72.22% 11.11%
从业证书	保育员职业资格证书 幼儿教师资格证 高中教师资格证 以上均无	1 13 2 2	5.56% 72.22% 11.11% 11.11%

由表6-2可知,微小型幼儿园教师队伍年轻化,普遍学历较高(其中1名高中学历者为H幼儿园专职保育员),且绝大多数持证上岗(尚未取得相关资格证书的教师均为D园专职艺术教师)。调查问卷中关于教师生存状况与工作满意度的其他题目显示:

(1) 薪酬待遇有保障

两所微小型幼儿园教师最高月薪为12 000元,最低为4 000元,平均月薪(包括月基本工资和奖金)为6 838.89元,且均能及时、足额发放,明显高于G市城镇私营单位就业人员2018年平均月工资5 559.92元[1],教师个体之间差异较大。幼儿园为教师均购买了"五险"(即医疗保险、养老保险、失业保险、生育保险、工伤保险),仅有2名教师未享受住房公积金。总体而言,两所微小型幼儿园教师福利待遇保障情况较佳,大多数教师(66.67%)认为薪酬待遇能够满足自己的基本生活需求。

(2) 工作负荷较重,工作内容以教学工作为主,文字工作与环境创设次之

参与调查的教师中有83.33%(15/18)表示需要加班,其中61.11%(11/18)的教师日均工作时间在8—10小时之间,还有22.22%(4/18)的教师选择了"日均工作时长10—12小时"。请教师使用五点计分法(1—非常少,2—比较少,3—一般,4—比较多,5—非常多)对不同工作内容所花费的时间精力进行估量:教学工作(M=4.28),文字工作(M=3.50),环境创设(M=3.50),参加会议、科研工作(M=3.44),制作玩教具(M=3.17)。

(3) 在专业发展方面,职后培训和自主发展的机会充足,职位晋升和展示比赛等机会尚可,但职称评定工作未受重视

请教师使用五点计分法(1—非常少,2—比较少,3—一般,4—比较多,5—非常多)对能够获得的不同形式专业发展的机会进行估量:职后培训(M=4.28),自主发展(M=4.00),职位晋升(M=3.89),展示比赛(M=3.61),环境创设(M=2.89)。仅有一名教龄3—5年且曾在公办幼儿园工作过的年轻教师已定职称,这在一定程度上反映了民办幼儿园教师职称评定的普遍现状,微小型幼儿园亦概莫能外。

(4) 教师留任意愿强,此前有幼儿园工作经验的教师在进入微小型幼儿园后工作体验均得到改善

88.89%(16/18)的教师现无换园的打算,微小型幼儿园吸引教师留任的主要原因(位列前5)有:专业发展空间大(9/16),接触专业人士或优秀教师的次数多(9/16),工作自豪感、成就感强(8/16),培训机会多(7/16),薪酬福利待遇佳(7/16)。参与调查的18名教师中,分别有10人和3人就职于民办规范化幼儿园和公立幼儿园,他们选择"跳槽"的主要原因(位列前5)有:原工作单位薪酬福利待遇不佳(8/13),专业发展空间较小(5/13),工作繁重、压力大(4/13),无法解决编制

---

[1] 数据来源:G市统计局官方网站2018年统计公报《2018年G市城镇非私营和私营单位就业人员年平均工资情况》。

问题(4/13),幼儿园办园条件、环境不良(3/13)等;根据他们的主要工作体验,教师在微小型幼儿园中的工作状况主要发生了如下变化(位列前5):薪酬福利待遇得到改善(8/13),培训机会增多(8/13),专业发展空间增大(7/13),园所环境不断改善(6/13),接触专业人士或优秀教师的次数增多(6/13)。范国睿认为,对教师来说,在小型学校里,他们在工作中所做的努力更容易被人注意到,因而,他们会更加努力地工作。这种人际环境同样直接影响学生的情感、态度,进而影响他们的学习与生活①。与一些微小型幼儿园中的教师的非正式访谈也佐证了以上观点。综上可见,微小型幼儿园所提供的专业发展机会和薪酬待遇是教师决定就职于微小型幼儿园的主要因素。

(5) 教师对微小型幼儿园各项工作满意度均较高,在生源质量、物理环境方面尤甚;较之其他项目,在薪酬待遇、工作时长、父亲参与家园共育方面仍有待提高

请教师使用五点计分法(1—非常不满意,2—比较不满意,3——般,4—比较满意,5—非常满意)对微小型幼儿园园所工作各维度进行满意度评价,所测量的30个项目分布在5个维度,划分如下:幼儿园物理环境(包括9项)、教师工作情况(包括7项)、园所人际关系(包括5项)、儿童行为表现(包括5项)以及家长参与情况(包括4项)。按照各维度、各项目按照满意度平均得分排序如下:

① 儿童行为表现(M = 4.60):学习品质(M = 4.67),社会行为(M = 4.67),同伴关系(M = 4.61),规则意识(M = 4.56),对待物品(M = 4.50)。

② 幼儿园物理环境(M = 4.58):图书(M = 4.89),探索性材料(M = 4.72),室内家具与设备(M = 4.72),课程与教材(M = 4.67),园所建筑(M = 4.56),教师办公、休息场所(M = 4.56),玩教具(M = 4.56),户外场地(M = 4.39),户外设施(M = 4.17)。

③ 园所人际关系(M = 4.49):师幼之间(M = 4.72),教师与家长(M = 4.56),教师之间(M = 4.44),管理者与幼儿(M = 4.39),教师与管理者(M = 4.33)。

④ 家长参与情况(M = 4.32):对教师教育需求的回应(父亲 M = 4.11,母亲 M = 4.61),参与幼儿园活动(父亲 M = 3.94,母亲 M = 4.61)。

⑤ 教师工作情况(M = 4.26):活动经费(M = 4.67),课程实施(M = 4.56),社会声誉(M = 4.44),发展前景(M = 4.22),专业提升(M = 4.17),薪酬待遇(M = 3.94),工作时长(M = 3.83)。

陈佳君、余梦霞考察民办幼儿园教师流动情况时发现,民办幼儿园长期以来都以生存为首要目标,看重招生数量及家长的口碑建设,对教师的职称问题没有足够的重视,大部分民办幼儿园教师很难进行职称评定,无法在专业技术等级方面得到认可和晋升②。通过与其他高端民办幼儿园教师的非正式谈话得知,其薪资水平受学历、工作经历、工作能力等多方面因素影响,且会按照园所自定的管理章程对教师的专业技术能力进行评定,并未将职称纳入考量。本研究中的两所微小型幼儿园在教师职称和待遇方面与其他民办幼儿园基本相同,均未与幼儿园教师职称评审

---

① 范国睿.教育生态学[M].北京:人民教育出版社.2000:228.
② 陈佳君,余梦霞.三明市民办幼儿园教师流动问题[J].三明学院学报,2017,34(05):96 - 100.

制度有效衔接,如此若教师有流动的需求和可能,则不利于其在新的工作单位依照自己的专业技术等级享有应有的权益。

2. 家长视角下的微小型幼儿园运行状况

参与问卷调查的家庭基本信息见表6-3。

表6-3 参与问卷调查的家庭基本信息

项 目	组 别	人数	百 分 比
与儿童关系	父亲 母亲	3 24	11.11% 88.89%
年 龄	25岁及以下 26—30岁 31—35岁 36—40岁 41—45岁 45岁以上	1 6 8 6 5 1	3.70% 22.22% 29.63% 22.22% 18.52% 3.70%
最高学历	高中及以下 大专 本科 硕士及以上	1 8 10 8	3.70% 29.63% 37.04% 29.63%
职 业	个体经营业主 专业技术人员 自由职业 全职妈妈	16 7 3 1	59.26% 25.93% 11.11% 3.70%
园所收费: 家庭收入	10%以下 10%—20% 21%—30% 31%—40% 41%—50% 50%以上	10 5 6 1 3 2	37.04% 18.52% 22.22% 3.70% 11.11% 7.41%
入园途中 单程时限	10分钟以下 10—30分钟 30—45分钟 45分钟以上	12 12 1 2	44.44% 44.44% 3.70% 7.41%

表6-3显示,多数幼儿家长属于体制外从业人员。结合问卷其他题目的结果,近半数(44.44%)家长认为幼儿园收费合理,且家园之间路程所需时间较短,便于家长送幼儿入园[①]。仅

[①] 国家有关政策建议,走读生上学途中单程时限(不论步行还是利用自行车等其他交通工具)分别为:小学低年级学生上学途中最多不超过30分钟;小学高年级学生上学途中最多不超过45分钟;中学生上学途中最多不超过60分钟。转引自范国睿.教育生态学[M].北京:人民教育出版社,2000:194.

有一名园所收费占家庭收入比例处于21%—30%的家长认为幼儿园收费太高而难以接受。可见微小型幼儿园对于大部分参与问卷调查的家庭来讲,收费在其预期可承担的范围之内。

调查问卷中关于家长择园情况及其对微小型幼儿园运行状况满意度的其他题目显示:

(1) 家长择园尤为看重信息真实、入园便利、满足家庭个性化需要,"微小型"本身并不是家长选择H园和D园的主要因素

请家长将选择微小型幼儿园的原因按照重要程度排序,得到各因素平均综合得分由高到低排列如下:招生信息来源可靠性(2.44)、入园便利性(2.37)、满足家庭个性化需求(2.33)、收费合理性(2.07)、园所物质环境(2.04)、园所教学理念与方式(2.04)、小规模(1.96)、师资队伍质量(1.89)、园所社会声誉(1.81)。有18.52%(5/27)的家长将"微小型"视为理想的幼儿园规模,青睐小型、中型幼儿园的家长分别占比66.67%(18/27)和14.81%(4/27)。

(2) 家长与幼儿对微小型幼儿园总体满意度高,主要体现为儿童乐于入园、家长愿意向他人推介儿童所在园所

请家长采用五点计分法对幼儿自陈体验(1—非常不喜欢,2—不太喜欢,3—无所谓喜不喜欢,4—喜欢,5—非常喜欢)、观察到的幼儿入园态度(1—非常拒绝,2—比较拒绝,3—态度一般,4—比较积极,5—非常积极)、是否愿意向他人推介所在园所以及微小型幼儿园这种园所类型(1—非常不愿意,2—不愿意,3—无所谓愿不愿意,4—愿意,5—非常愿意)分别进行评分,得到四个项目平均得分由高到低排序如下:幼儿入园态度(M=4.41),家长推介所在园所的意愿(M=4.41),家长推介微小型幼儿园的意愿(M=4.37),幼儿自陈体验(M=4.19)。

(3) 家长对微小型幼儿园各项工作满意度均较高,在保育教育、师资配备以及图书玩教育的配备方面尤甚;较之其他项目,囿于微小型幼儿园之"小",户外场地和户外设施方面得分较低

请家长使用五点计分法(1—非常不满意,2—比较不满意,3—一般,4—比较满意,5—非常满意)对微小型幼儿园园所工作各维度进行满意度评价,所测量的24个项目分布在5个维度,划分如下:幼儿园环境设施(包括6项)、教师队伍质量(包括6项)、幼儿园保教(包括4项)、幼儿园管理(包括5项)、儿童发展(包括3项)。按照各维度、各项目按照满意度平均得分排序如下:

① 保育教育(M=4.58):饮食营养(M=4.63),办园理念(M=4.59),课程设置(M=4.59),安保工作(M=4.52)。

② 师资配备(M=4.52):师幼关系(M=4.67),外在形象(M=4.56),年龄结构(M=4.52),专业素质(M=4.48),师幼比(M=4.48),稳定性(M=4.44)。

③ 儿童发展(M=4.40):学习探究能力发展(M=4.41),情绪情感表达调节(M=4.41),生活卫生习惯养成(M=4.37)。

④ 管理工作(M=4.39):倾听家长声音(M=4.56),家长参与方式多样(M=4.56),服务时间(M=4.41),收费情况(M=4.33),满足育儿需要(M=4.07)。

⑤ 环境设施(M=4.32):图书(M=4.70),玩教育(M=4.67),室内家具与设备(M=4.56),园

所建筑(M=4.48),户外场地(M=4.00),户外设施(M=3.52)。

由以上分析可知,微小型幼儿园因其"微小",可谓"成也萧何,败也萧何",总体而言瑕不掩瑜,在土地价格高、教育用地少、人口密度大、人均收入较高的城市地区,不失为一种有效的兼具质量保障和发展潜力的学前教育学位供给模式。《工作指引》因地制宜,打破硬件条件限制,保障影响幼儿园保教质量核心要素的软件条件的质量。从学前教育学位供给侧入手进行"小步子"政策创新,一方面使已存在的微小型幼儿园能够在保教质量得到保障的前提下拥有合法身份,持续健康发展;另一方面激发了原囿于场地规模限制无法办园的社会力量的办学热情,或亦可促成部分拥有教育情怀的办园者在政策规制下实现"小而美"的教育理想。从家长对微小型幼儿园各项工作的满意度情况来看,其政策创新的确为特定人群提供了质量合格、收费合理的"人民满意"的多元化教育选择。

四、启示与展望

(一) 落实供给侧改革,办人民满意的教育

对于教育行政部门通过颁布《工作指引》期望微小型幼儿园应发挥的作用,受访者有这样生动的比喻:"规范化幼儿园是主餐,那这就是一个小甜点。教育部门在提供学前教育公共服务的时候,就像是在做套餐,大多数人觉得吃盒饭就OK了,就要有能够满足大多数人的盒饭提供,但是你也不能保证有些人他可能真的要吃鱼翅鲍鱼,你也得提供一点鱼翅鲍鱼给人家去选择。"微小型幼儿园充分利用中心城区有限的空间努力提供学位,若能得以在相似地区进行推广,就能够解决周边一部分家庭的"入园难"问题。另外,即使降低了对办园规模和场地面积的限制,在具有上述特点的城区中合乎要求的教育用地也并不多,因此教育行政部门也并未将微小型幼儿园作为扩大普惠性学前教育学位供给的主要手段,认为仍要通过兴办规范化幼儿园来提高学位的供给量。再者,因微小型幼儿园自办园伊始即不属于普惠性幼儿园,不享受政府的相应补助措施,就需要提高生均收费标准方能维持收支平衡,提升师资与监管的政策更有可能导向"小而精"的办园理念和较为高昂的办园成本。因此,"入园贵"现象目前尚不能通过兴办城市微小型幼儿园来解决。

但是,从T区微小型幼儿园的实践经验来看,"人民满意的教育"不仅仅只是许多政策文本或学术话语中对于"普惠性幼儿园"或"普惠性学前教育"所理解的"收费较低",仍有相当一部分家长择园尤为看重满足家庭个性化需要这一因素,因而办园成本和收费标准与家长收入相匹配,也是"人民满意的教育"。面对人民日益增长的美好生活需要和不平衡不充分的学前教育事业发展的主要矛盾,需明确"普遍惠及"不是发展学前教育资源供给的唯一道路,依据人民群众真实需求从而落实供给侧改革,"人民满意"方为最终追求。

(二) 创新体制打破壁垒，平衡规模效益与质量效益

国家住房城乡建设部于 2016 年颁布的《托儿所、幼儿园建筑设计规范(JGJ39 - 2016)》(以下简称《设计规范》)在总则中指出："据调查，目前托儿所、幼儿园规模有扩大的趋势，有些托儿所、幼儿园班数多达 20~30 班，规模过大，对于托儿所、幼儿园的管理、安全、服务质量不利。因此，建议托儿所、幼儿园的规模不要过大。"虽然在 2019 年 8 月发布的局部修订中删除了本段，但仍显示出国家已注意到托幼机构规模扩大的趋势及其不良影响。《设计规范》(2019 年版)将幼儿园按照规模分为小型、中型、大型三类，班级数量分别为 1—4、5—8、9—12。截至 2019 年 12 月，已有广州、天津、深圳、成都等地在"幼儿园办园条件标准"类文件中对幼儿园规模和场地做出了更加灵活的规定。这些国家标准与地方教育政策提醒各地"办园标准类"政策制定者再次考量现行政策文本对于幼儿园规模的规定是否适宜。如袁秋红等发现，西部某省会城市的幼儿托户点，消防安全证件、食品安全证、员工健康证等都齐全，其环境、安全、师资与正规幼儿园基本没有差异，但因室外活动面积达不到要求而未能成为正规幼儿园[①]。

在普惠性学前教育公共服务体系建设的大背景下，是否需要创新办园体制、打破规模壁垒，精准施策拓展不同教育需求人群的学位供给渠道，如何激励办园主体平衡规模效益与质量效益，成为在"效率优先，兼顾公平"转向"促进社会公平正义"的宏观语境下，教育部门决策者需要权衡的重点问题。

(三) 鼓励微小型幼儿园办园主体多元化，进一步拓宽政策通道

目前 T 区微小型幼儿园的办园实践者不多，仍以社会力量办园为主，访谈发现可能是囿于"小而精"的定位，办园成本较高，短时期内很难做到收支平衡。2019 年 10 月，成都市在公办园学位不足的现实压力下，发布了"关于印发《成都市利用既有建筑举办公办幼儿园附属办园点安全管理工作基本要求》(以下简称《基本要求》)的通知"。该《基本要求》规定可以在利用"既有建筑"举办公办幼儿园"附属办园点"，也就是说符合资质的写字楼里也可以开幼儿园了，同时办园主体为公办幼儿园。对办园主体的不同规定，意味着不同于 G 市 T 区的发展重点，即意在通过公办幼儿园的影响力，推动创新小型幼儿园、微型幼儿园办园模式的落地。

英国有效学前教育项目(The Effective Provision of Pre-School Education Project，简称 EPPE 项目)对英国主要的 6 种学前教育机构进行研究发现：高质量的学前教育可能存在于所有类型的学前教育机构，学前教育机构的个别差异比其机构的类型差异更为重要；有效学前教育机构的过程特征主要强调成人与儿童的互动关系，包括保教人员与儿童的温情互动、教师与幼儿的持续性

---

① 袁秋红，王红蕾，贺红芳，庞丽娟. 符合我国国情的无证园分层分类治理的政策思考与建议[J]. 教育科学，2018，34(05)：59 - 64.

分享思维、教师拓展由儿童发起的互动[①]。教育是人的事业,因此,严守过程性质量底线,保障师资水平,重视师幼互动,而在规模、场地面积等结构性质量方面灵活施策,激发多元化的办园主体积极性,进一步拓宽兴办微小型幼儿园的政策通道,可能是未来城市微小型幼儿园的发展方向。

(四) 针对不同需求的微小型幼儿园应有不同的制度支持方式

与城市人口导入、教育用地资源稀缺地区微小型幼儿园重在提供多元化的教育选择不同,在我国农村人口流出、生源不稳定地区应探索保证质量底线的低成本微小型普惠性幼儿园建设。此类幼儿园发展并不受制于占地面积,而"微"在招生规模,因此发展时重在通过开发操作性强的适宜性课程,迅速提升保教质量;将稳定的政策导向作为办园者的"定心丸",方能保障经费投入,稳定生源和师资队伍。在义务教育领域大力加强乡村小规模学校(教学点)之际,学前教育作为基础教育的起始环节,应与义务教育紧密衔接,让"不能流动"和"不愿流动"的儿童享有可持续、有质量的教育资源。这在提升农村留守儿童学前教育质量、激活乡村振兴力量、促进美丽乡村建设方面将发挥长远作用。

---

① 秦金亮,李轩,方莹.有效学前教育机构的特征——英国EPPE项目对我国学前教育质量政策制定的意义[J].外国教育研究,2017(1):15-26.

第七章　江西省 S 市推动区县普惠性学前教育发展的地方经验与启示

——以 4 个区县为例(2016—2018 年)

江西省 S 市在打造教育强省的过程中,紧紧围绕"奋力打造教育强市、推进教育跨越式发展"的目标,注重改革创新,注重质量提升,注重公平普及,注重结构优化,从学前教育、义务教育、高中教育、职业教育到高等教育,从公办教育到民办教育,均以"办人民满意的教育"为价值导向,开创 S 市教育新局面。学前教育作为基础教育的基础,在 S 市教育发展中备受关注,市委、市政府出台《关于 S 市学前教育发展的意见》,强调要"打好学前教育普及普惠攻坚战",实施学前教育第三期行动计划,完成每乡镇一所公办中心幼儿园建设目标、扶持普惠性民办幼儿园发展、执行学前教育生均公用经费省定标准、按要求配足配齐公办园保教人员、落实小区配套园建设暂行管理办法等,同时强调幼儿园要以游戏为基本活动,加强乡镇中心园的辐射作用等。

通过对江西省 S 市 4 个区县的调研发现,在近三年的时间里,S 市学前教育有着长足的进步,与之前相比,提供的学位数能够满足幼儿需求、公民办园的结构愈加合理、乡镇中心园建设稳步推进、小区配套园"转普"工作启动开展、教职工配备工作持续跟进等,但依旧存在一些顽固性难题,如城区公办园学位供不应求、土地供应成为园所发展的"紧箍咒"、普惠性民办园相关配套制度还未完善、学前教育工作班子较为薄弱、县级财政压力过大、财政支出结构不合理、教师编制问题得不到有效解决等,仍处于爬坡过坎的关键期。根据江西省公布的 2019 年上半年各市 GDP 数据,S 市位列第四[1],处于较为靠前的位置,具有一定的代表性,同时江西省作为典型的中部地区,也在一定程度上反映了中部学前教育发展的情况。综上,江西省 S 市在面对学前教育发展困境时的一些应对策略对于处于相似境遇中的地区具有重要借鉴意义与价值。基于此,通过对 4 个区县调研材料的整理以及相关文献的查阅,主要介绍其在以下几方面的先进经验。

一、灵活机动,因地制宜,推动小区配套园"转普"工作有序进行——W 县推动小区配套园工作开展的探索与启示

2010 年国务院印发的《国务院关于当前发展学前教育的若干意见》规定,城镇小区根据居住

---

[1] 搜狐.江西 S 的 2019 上半年 GDP 出炉,省内可排名多少?[EB/OL].(2019-09-18).http://www.sohu.com/a/341745657_587329.

区规划和人口规模配套建设幼儿园,新建小区配套幼儿园作为公共教育资源由政府统筹安排,办成公办园或委托办成普惠性民办园。在层层落实中央文件精神的过程中,江西省于2014年出台《江西省城市住宅小区配套幼儿园建设管理办法》,S市人民政府办公厅于2017年印发《S市城镇住宅小区配套中小学校(幼儿园)建设管理暂行办法的通知》,W县则参照S市2017年文件具体实施对小区配套幼儿园的管理工作。

2018年11月,党中央、国务院印发《中共中央 国务院关于学前教育深化改革规范发展的若干意见》再次提出,规范小区配套幼儿园建设使用,并对小区配套幼儿园的规划、建设、移交、办园等情况进行治理做出部署。为了落实相关要求,根据2019年《国务院办公厅关于开展城镇小区配套幼儿园治理工作的通知》,按照"一事一议""一园一案"的要求逐一进行整改。对于已经建成、需要办理移交手续的,原则上于2019年6月底前完成;对于需要回收、置换、购置的,原则上于2019年9月底前完成;对于需要补建、改建、新建的,原则上于2019年12月底前完成相关建设规划,2020年12月底前完成项目竣工验收。

W县作为S市下辖区县之一,需依照S市2017年印发《S市城镇住宅小区配套中小学校(幼儿园)建设管理暂行办法的通知》的文件要求,落实小区配套园的治理工作,因此,此项工作在2017年方得以正式启动。到2018年《中共中央 国务院关于学前教育深化改革规范发展的若干意见》和2019年配套政策出台后,尤其是在2019年《教育部办公厅、住房和城乡建设部办公厅关于做好城镇小区配套幼儿园治理工作的通知》和《江西省城镇小区配套幼儿园专项治理工作方案》的支持下,W县的小区配套幼儿园治理工作开展较为顺利,主要有以下两点经验:

(一)上级教育主管部门重视,各相关部门配合整改工作开展

W县教育行政部门学前教育主管人员反映,上级教育主管部门会定期督查小区配套幼儿园治理工作的进展情况。2019年10月下旬江西省教育厅还开展了明察暗访工作,按照"每两周开展一次,每次为期一周"的工作思路,分三阶段进行,每个阶段对30个左右的县(市、区)进行明察暗访,以推动小区配套园整改工作的扎实推进。县学前教育主管领导表示,W县作为有着优秀文化底蕴的地区,历来十分重视教育工作,在小区配套园整改工作布置下来后,无论是县政府部门主管领导,还是教育局主管学前教育工作的领导都十分重视。各级主管部门及相关领导的重视,使得小区配套幼儿园建设与治理工作成为了该县年度教育工作的重中之重,自然各项相关工作都得到了稳步推进和实施。

此外,W县教育还有学前教育主要领导也会根据需要与其他部门领导就小区配套园开展工作进行协商。2019年6月发布《江西省教育厅 住房和城乡建设厅 自然资源厅关于做好城镇小区配套幼儿园治理工作的通知》要求,各区市教育局、住房和城乡建设行政主管部门、自然资源局协同推进小区配套园治理工作,强调健全工作机制,加强部门协同,要根据国家和地方政策规定,结合实际,按"一事一议""一园一案"的要求,因地制宜,充分沟通协商,精准施策,对每个小区、每所配套幼儿园拿出具体处理意见和整改措施,逐一进行整改,避免简单化处理和一刀切。S市在《S市城镇住宅小区配套中小学校(幼儿园)建设管理暂行办法》中对非成片开发地块的零星住宅(含翻扩建住宅)建设也提出了特别规定,要求规划部门根据"千人指标"和规划居住人口测算的生源数量,结合实际,尽可能划出扩建教育用地,专门用于邻近原有幼儿园的扩建。对于规划部门无法按"千人指标"规划增加邻近原有幼儿园扩建用地的和附近学区内幼儿园按照有关规定又无法解决新增生源的情况,规划部门应结合实际,预留基础教育设施用地,由地方政府从土地出让收益计提教育资金(10%)中统筹解决,并予以实施。可见,除了上级教育主管部门的重视外,各相关部门配合、协同推进也是该县小区配套园整改工作顺利进行的重要原因。

(二)规模较小且集聚分布的相邻小区合建,配建幼儿园者享受地价优惠

W县教育行政部门在进行前期摸排后,发现现阶段真正符合规范、正常运营的小区配套幼儿园只有一所非普惠性民办园。按照"一园一案"的规定,教育部门与该幼儿园投资者和举办者协商后计划由政府回购之后建成普惠性民办幼儿园。

为了进一步推进小区配套园建设,W县对新建小区严格执行1 200户以上配建规模不小于6个班的幼儿园的规定进行规划审批,要求同步规划、同步推进和同步建设,建好之后同步移交至教育行政部门。W县按照"1 200户以下的小区或居民区采取统筹合建的方式配套建设"的政策意见,发挥集体智慧,提出了小区联合办园的措施,通过地价优惠对利用小区土地配建幼儿园的开发商进行补贴,激发其建园热情。例如,三个相邻的规模较小的小区合计规模为1 200户及以上,则要求位置居中的小区配建一所规模在6个班以上的幼儿园,以辐射相邻小区。W县政府则会以低于周围两个小区地价的价格向需要配建幼儿园的小区开发商出售土地,通过降低土地价格吸引房地产开发商积极承担小区配套幼儿园建设工作,在一定程度上减少了政策阻力。针对之前没有建设配套幼儿园的小区,则寻找闲置土地重新规划,参照以上方式进行补建。

此外,W县J镇是一个人口聚集的较大集镇,原有3所民办幼儿园。在建设乡镇公办园过程中,当地教育行政人员就考虑到该镇学前教育后续布局和发展的问题,预料到在乡镇中心幼儿园开园招生之后,民办幼儿园生源将急剧减少,生存空间紧缩,难以为继。为了帮助民办园举办者能够在关停阶段平稳过渡,也为了解决公办园师资紧缺的问题,采用政府购买服务的方式,将民办园园长、教师聘用至公办园培养,使其成为经验丰富、熟悉当地家长、便于开展工作的骨干教师。如此既保障了被自然淘汰的民办园平稳关停,又解决了新建公办园师资短缺问题,有助于提升保教质量,一举多得。

二、坚持问题导向,提前储备园长,完善考评制度,按需分层聘用——Q县解决园长短缺问题的经验与启示

2018年7月,江西省教育厅于出台《关于开展乡镇公办中心幼儿园全覆盖攻坚行动的通知》,文

件提出"至2018年底,全省每个乡镇至少建有1所公办中心幼儿园"。S市乡镇公办中心幼儿园(以下简称乡镇公办园)建设任务数为188所,截至2018年6月已建成111所,需建77所[①]。调研组了解到,S市Q县乡镇公办园建设要求为18所,截止2018年已建成9所,需建9所。S市各区县的乡镇公办园整体面临园舍建成后园长和师资短缺的问题,甚至在偏远地区存在园舍空置现象。Q县则充分发挥前瞻性思维,在当地乡镇公办园建设目标达成之前,通过选拔、培训和考评等一系列举措提前储备了一批园长干部,突破了乡镇公办园建成后因园长短缺无法正常开园的瓶颈。

(一)缘起:领导班子预见问题,充分发挥前瞻性思维

园长和教师是制约乡镇公办园建设和发展的两大瓶颈。Q县教体局的领导班子预见到乡镇公办中心幼儿园建成后将存在管理人员缺失的问题,于是充分发挥前瞻性思维,通过笔试和面试相结合的方式,面向本县在编在岗公办小学和幼儿园教师提前公开选拔一批储备园长,通过培训和考评之后分层聘用,确保新建乡镇公办园能够顺利开园。

(二)实施:招募、选拔、培训、考核、任命、督导

教体局决定开展储备园长项目之后便谋划了一套完备的储备制度,开始进行储备园长的招募、选拔、培训、考核和督导等工作(具体见图7-1),各阶段工作的具体实施过程如下:

1. 公开招募

2018年4月教体局发布《关于公开选拔公办幼儿园园长后备干部的公告》,对乡镇公办园储备园长的选拔职数(20名)、报名对象(3年以上工作经历的在编在岗公办小学中层以上干部或具有幼儿教师资格证的专任教师)、选拔职位基本条件和资格、选拔程序、任用任命和后续跟踪管理等几个方面作出了规定。实际招募

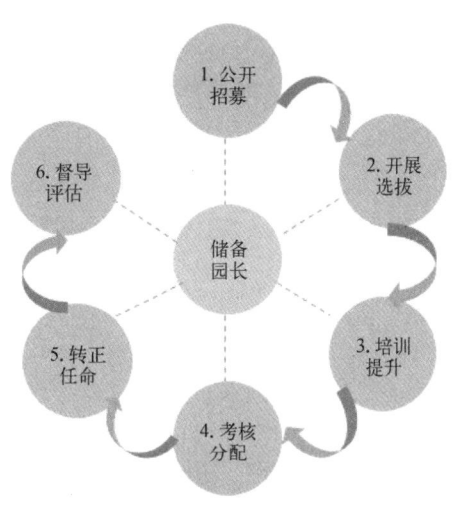

图7-1 Q县储备园长项目制度体系

时具有3年以上工作经历的学前专业背景的教师很少,因此教体局酌情扩大了选拔对象,从非学前专业教师中招募男园长。

2. 开展选拔

2018年5月起,教体局开始实施储备园长的选拔工作。选拔环节包括笔试、群众公推和局班子及评委测试。笔试成绩占总成绩的50%,群众公推占总成绩的20%,局班子及评委测试占总成

---

① 江西教育网.关于开展乡镇公办中心幼儿园全覆盖攻坚行动的通知(赣教基字〔2018〕38号)[EB/OL].(2018-07-19).https://jyt.jiangxi.gov.cn/art/2018/7/19/art_25878_1517161.html.

绩的 30%，将总成绩排名前 20 名的教师纳入储备园长人才库，并实行两年期的动态管理。

3. 培训提升

(1) 资质培训：由于很多选拔出的储备园长没有园长证，录取后幼教股负责人要求其参加本县教师进修学校的园长培训，并考取园长证。截止目前储备园长均已持证上岗。

(2) 专业培训：主要采取全员跟岗学习的形式，分为两期（每期两周左右，总时长将近一个月），第一期在上海幼儿园跟岗，第二期在县级公办园跟岗。培训的内容主要以园所运营和管理、保教质量、安全卫生和制度建设等方面为主，培训之后储备园长集中交流讨论。储备园长普遍反映，县级的跟岗培训更贴近储备园长需求。培训费源自中心小学公用经费中的 5% 教师培训费。

4. 考核分配

推荐与自荐相结合，首先由教体局制定相应评分细则，请当地不同类型园所的园长根据幼儿园的实际需要和储备园长跟岗期间的表现打分（如遵守制度、参与积极性、业务反思、体会等），确定园长后备干部等级（优秀—良好—合格），由他们推荐园长和副园长的人选。此外，还请储备园长自荐，填写目标园所意向书。幼教股综合储备园长的跟岗学习情况和就业意向之后，在全县统筹分配储备园长。

5. 转正任命

自选拔半年之后（2018 年 12 月），幼教股根据储备园长的等级划分结果，将不同资质的园长进行分层，资质较好的园长任命为在建乡镇公办园的正园长，参与幼儿园建设工作；将资质一般的园长任命为副园长，安排进入已建成的乡镇公办园继续跟岗学习，并下文公示结果。同时规定转正后的储备园长都必须在小学兼任副校长，保证乡镇中心园在建设和发展过程中拥有一定的话语权。

6. 督导评估

自选拔一年之后（2019 年 8 月），采取以下形式对储备园长进行督导评估：

(1) 园长述职报告。即园长汇报园所建设工作，教育主管部门评审打分；

(2) 民主测评。幼教股考评人员到储备园长所在中心小学召集校领导班子、幼儿园教师和小学教师，对储备园长的德、能、勤、绩等各方面进行民主测评打分；

(3) 民意调查。幼教股考评人员任意抽取储备园长所在园（大、中、小班）家长 4—5 名，电话咨询家长满意度。

最后，三项分数相加，进行排序，全县公示储备园长督导评估成绩。

(三) 成效：弥补师资缺口，保障园长基本素质，确保新建园所顺利开园

教体局实行储备园长项目之后，初见成效：

1. 统筹现有资源，缓和幼儿园教师编制矛盾

在该县学前教育阶段师资紧缺，在近几年幼儿园教师编制一个未增的现实桎梏下，储备园长

项目仅面向在编在岗的小学中层以上干部和幼儿园专任教师选拔乡镇中心幼儿园储备园长，以统筹现有优质资源，缓和编制矛盾。

为了提高参与积极性，在储备园长项目动员会上，教育局领导强调说"一定要把最优秀的人才吸纳到储备园长中"。同时，由于在学前教育专业背景、一定工作年限的招募条件下，统计发现符合原定要求的人才数量不足，因此扩大了选拔对象范围，从而吸纳更多的小学中层管理干部和幼儿园教师，通过多次遴选，保证筛选出能力最强的一批成为储备园长。在这次的储备园长项目中，吸纳了在编在岗的公办小学中层以上干部进入幼儿园教师队伍。另外，也有在县城的优秀幼儿园教师主动离开原单位，走进了乡镇中心园。由于历史遗留问题，Q县中小学教师队伍中存在部分占用幼儿园教师编制的情况，储备园长分配到新建园所后，可以要求对应小学中的学前教育专业教师回流到幼儿园教师队伍中，进一步弥补了师资缺口。

2. 岗前培训与考核评定双重把关，保障园长基本素质

在储备干部项目中，在岗前培训和上岗考核的双重把关下，保证了乡镇中心幼儿园新上任园长的专业水平和基本素质。

一方面，在培训学习上：遴选的20位储备干部不仅包括在岗有经验的幼儿园教师，还包括小学中层管理干部（主要是副校长），总体上存在经验不足、年轻化等方面的问题。在正式上任前，为储备园长预留出了近半年至一年的时间参加岗前培训和学习，具体包括跟岗学习，在外地幼儿园以及本地不同类型幼儿园分别跟岗学习至少一周的时间。在岗前培训学习中，储备园长们（尤其是小学管理干部）能够了解到自身的能力水平（个别选择了主动退出），感受到幼儿园的工作内容和强度，提前转换角色身份，去学习如何做一名园长。

"我跟岗时就开始觉得心情复杂了。刚开始觉得带小朋友挺好的，因为可能角色你一下没转换过来，就觉得如果教幼儿园也蛮舒服的。一跟岗学习，看他们一日生活，发现这个比小学还累，比小学的任务还重。而且我是园长，想什么事情，都得站在园长的角度考虑问题，这个压力就大了。"——某乡镇中心园新上任园长（原为某小学副校长）

另一方面，在考核评定等级上：教体局制定了评分细则，由各类园长进行打分，评定等级，综合等级和任职经验等多方面因素分批安排转正。成熟的园长（幼教专业背景、县城园做过中层干部、工龄在20年左右以及管理经验5年以上的储备干部）大约需要半年，而经验不足的储备园长（学前一线教师、教龄较为短的、小学任教的后备干部）先担任副园长或在幼儿园其他岗位锻炼学习。

三、开展片区教研，发挥公办作用，辐射带动引领，区域合作共赢——G区学前教育质量提升的探索

G区学前教育近几年发展迅速，公办园数量在2018年达141所，与2016年的4所（未核算乡

镇、村级附属幼儿园数量）相比，翻了35倍，与2017年的102所，也增长了38.24%，但公办幼儿园在园幼儿数截止2018年仅占25.29%，与地区要求的40%仍有差距。同时，民办园总体增幅较少，2016年至2018年三年内共计增加了2所，但其中普惠性幼儿园增加了125.93%。此外，据该区学前教育负责人员反映"在不考虑园所性质的情况下，该区幼儿入园率能达到90%以上"，仅在一些山区依旧存在"入园难"问题，乡镇中心幼儿园和下一步村级幼儿园的建设能够有效解决这一问题。在保障绝大多数幼儿能够入园的同时，该区十分重视学前教育质量的提升，片区教研在S市学前教育发展中具有典型性、代表性和推广性，由公办园发挥主导作用，引领片区公、民办幼儿园协同发展，促进学前教育城乡均衡发展，使孩子在家门口就能享受有质量的学前教育。

（一）以教体局领导牵头组建领导班子，统筹规划教研工作

2018年，G区以教体局党委副书记牵头组建领导班子，社管股为轴心，幼教股为主体，建立G区学前教育专业委员会，形成了G区学前教育发展行政体系："城乡一体化办园"管理领导小组→下设办公室→G区学前教育专业委员会（教体局分管学前的科室领导、优秀园长、教研员和督导干部），以期更专业、更有力、更有效地推动片区教研工作的开展，发挥城区优质公办园引领带动作用，促进公民办幼儿园、乡镇中心幼儿园教育质量提升和教师专业发展，从而形成学前教育城乡一体化发展新格局。

这与由幼儿园或幼儿园教师自发组织的教研共同体有着很大的区别，是在行政指令下安排的。从一定意义上来说，一个地区学前教育教学质量的发展，在很大程度上取决于教研领导部门的工作。G区确立了"统筹规划、专题研究、分级推进"的教研工作模式，围绕教育部出台的《3—6岁儿童学习与发展指南》《幼儿园教师专业标准》等，《中共中央 国务院关于学前教育深化改革规范发展的若干意见》，以及《江西省第三期学前教育行动计划》，S市发布的学前教育三年行动计划等文件精神，统筹地区学前教育发展工作，并定期进行督导评估，以明晰地区学前教育工作开展的重点、难点、要点，抓住关键点开展教研专题性研究工作，紧紧扎根于地区幼儿园教研工作开展的"土壤"，从而推动实际问题的解决，提高教研的质量。

（二）以四个城区公办幼儿园牵头，建立四大教研责任区

G区在学前教育"城乡一体化办园"管理领导小组的带领下，由学前教育专业委员会主导，根据G区城区公办幼儿园所在位置和发展情况，选择县城4所公办幼儿园（2所为省级示范园，2所为市级示范园）作为龙头园，分别是区幼儿园教研责任区、区实验幼儿园教研责任区、L街道中心幼儿园教研责任区和城南幼儿园教研责任区，每个龙头园负责5—6个街道乡镇幼儿园发展，覆盖23个乡镇，对全区214所公民办幼儿园（以乡镇中心园和民办园为主）做到全覆盖，每个幼儿园依据就近原则，承担50—60所幼儿园，其中由于区实验幼儿园所在地区幼儿园较为密集，所以承担了64所幼儿园。每个责任区由龙头园牵头组建教研责任区工作小组，以幼儿园园长、骨干教师为

核心开展工作,在教研部分也积极开展各种教育活动展示、交流、研讨等。此外,各责任片区还由本区专业委员会委员牵头选定课题研究内容、制定研究计划,进行课题研究,收集课题研究中的各种资料,统一报备专业委员会进行总结评定并上报有关平台。根据 Z 园长提供的信息可知,片区教研的手段主要包括线上、线下两种,线上主要以微信沟通为主,线下形式较为多元,包括实地观摩、专题讲座、活动观摩、以赛促教等,集中教研主要在寒暑假进行;教研内容则以规范办园、教育教学活动为主,以提升幼儿园教育教学质量为核心。

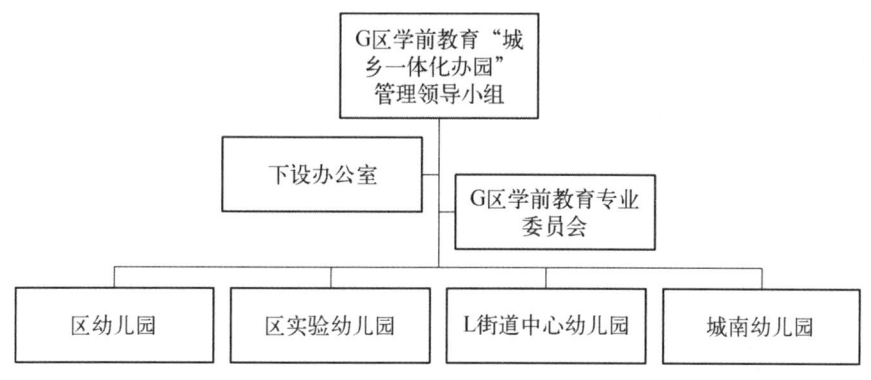

图 7-2 G 区片区教研行政管理图

(三) 以地区实践为基础,出台并完善相关制度,保障片区教研顺利进行

为了贯彻落实 G 区学前教育"三年行动计划"精神,推动学前教育城乡一体化发展,加强对学前教育机构管理,规范办学行为,提高办学质量,结合实际,G 区 2018 年印发《关于进一步加强学前教育管理的意见》,强调大力发展公办幼儿园、加强学前教育师资队伍建设、加强幼儿园准入管理、加强幼儿园安全管理等方面的内容,并出台与之相匹配的《关于推进学前教育城乡一体化管理的实施方案》(以下简称《方案》),使得相关内容有章可循、有据可依,《方案》明确要成立领导小组和专业委员会,实行城乡法人、资金管理、人员调动和保教管理"四位一体"的管理模式,并突出强调要"建立教研责任区,提升保教理念和质量",强调以城区公办幼儿园为龙头建立教研责任区,开展教研工作,明确划分了四个教研责任区。在片区教研推行的过程中,均根据《方案》要求进行总结,以阶段性总结大会为例,相关领导均列席会议,且对于 4 个牵头园工作的开展进行了总结,对取得的成绩与遇到的问题进行总结,并提到要保持各园所的特色,不拘泥于形式,积极发挥园所主动性,以推动整个区域学前教育质量的提升。

(四) 以龙头园为核心,加强自检自查力度,促进园所等级提升

在 2018 年发布的《方案》中强调,4 个龙头园还需定期对辖区内幼儿园的园务工作、保教工作进行指导和点评,强调以城区公办幼儿园为龙头建立教研责任区在开展教研工作的同时,还需协助教育管理部门开展相关督导评估工作。G 区根据之前颁布的《关于进一步加强学前教育管理的意见》和《关于推进学前教育城乡一体化管理的实施方案》，制定了《G 区 2018—2019 年度幼儿园督导评估(年检)方案》，坚持以评促建、客观公正、注重实效的原则，对园所办园条件、安全卫生保健、保育教育、教职工队伍、内部管理等五个方面进行评估，并附有实施细则，每项有具体指标和分值，且标有对应的座谈、查阅资料、实地考察等评估方法，并按照最终得分和评估情况，对于不达标的园所责其整改，然后接受复检，值得关注的是，其中指标较为细致。此外，为了推动地区学前教育质量提升，县教体局又出台新规，以分级定档的形式，根据园所得分，分为 A、B、C 三级，能够使龙头园分阶段且更具针对性地予以指导，同时根据园所实际情况设置检查的时间，这在一定程度上增加了园所压力，同时也是其发展的动力。公民办幼儿园、乡镇中心幼儿园等在城区优质公办园的带领下，以片区教研为抓手，共同构建城乡幼儿园一体化格局，推动地区学前教育生态良好发展。

四、加大财政投入，优化支出结构，投入核心要素，提升使用效率——Y 县对学前教育财政支持情况的经验

调查的 4 个区县中，Y 县以与华东师范大学合作为契机，积极发展当地教育事业，趁着这股"东风"，Y 县也十分重视学前教育发展，主要表现在财政支持方面。该县学前教育财政投入是 4 个区县中最多的，其中国家公共教育财政拨款的比例逐步提升，财政支出部分也注重对质量要素的倾斜，还因地制宜，创新资金筹措支付方式，且注重新兴技术在财政管理中的运用，这些既贴合实际需要，又具有创新性的做法值得借鉴。

(一) 加大财政教育经费投入，国家公共教育财政拨款占比逐渐提高

4 个区县的财政教育经费投入总额基本处于逐步提升阶段，整体呈现出由主要依靠学费收入转向依靠政府教育经费投入的趋势，其中公共财政拨款增幅较大，其中 Y 县翻了近 1.31 倍，额度上在 4 个区县中位于前列。可见，Y 县对学前教育十分重视，财政投入力度非常大，从 2016—2018 年 Y 县投入明细中(见表 7-1)可以看出：其一，学前教育总体财政投入三年增长约 12.59%，整体增幅不大，但呈现出持续增幅的趋势。其二，学前教育财政投入项目，主要以公共财政拨款、事业收入和其他收入为主，三年间各项目之间的比例变化显著(见图 7-3)，从 2016 年主要依靠事业收入(73.25%，主要是学费收入)，到 2018 年主要依靠国家公共财政投入(54.95%)倾斜，事业收入的占比减少近 30%，相应的公共财政投入占比提高了近 30%。其三，相关数据还表明，该区 2016—2019 年(2019 年为预拨款)学前教育公共财政投入占教育财政投入总额的比例逐年提升，分别为 1.86%、3.29%、3.33%、3.63%，2016—2017 年涨幅较大，主要是由于乡镇中心幼儿园建设的政策需要；2017—2019 年整体增长平缓。其四，在公共财政拨款中，部分资金来自于国家(扩大学前教育综合奖补类项目资金和中央财政支持学前教育发展资金)和省级(农村学前

教育专项资金)专项经费,其占比由2016年的90.04%(935.11万元)降到了2018年的28.32%(680万元),呈现出下降的趋势,从侧面也反映了一般性学前教育经费投入的增加,体现了农村等专项学前教育工作的有序推进,同时也有助于提升地方对经费使用的灵活性。

表7-1　Y县学前教育财政投入明细表　　　　　　　　　　　(单位:万元)

	2016	2017	2018
总　　　计	3 881.83	4 132.60	4 370.39
公共财政拨款	1 038.57	2 101.46	2 401.40
事业收入	2 843.26	1 941.11	1 937.39
其　　　他	/	90.03	31.60

图7-3　Y县学前教育财政投入项目比例图

(二) 优化学前教育经费支出结构,注重核心要素支出

Y县在学前教育财政支出结构以人员经费、公用经费和基础建设支出三部分为主,人员经费主要用于幼儿教师工资福利、工作补助、对家庭条件不利教师的补助等;公用经费主要包括经常性公用经费与资本性公用经费,具体支出范围包括教学业务与管理、教师培训、水电、取暖、设备图书购置、日常维修维护等;基础建设支出则用于新建幼儿园或大型修缮工作[①]。从Y县学前教育财政支出明细中(见表7-2)可以看出:其一,支出总额与投入总额基本处于收支平衡的状态。其二,三种支出项目之间的比例在2016—2018年有所变化(见图7-4),其中人员经费占比有明显下滑,下降约13%,同时在经费拨付额度上呈下降趋势,减少了238.74万元,但2018年与2017年相比又有所回升,而公用经费逐年提升,且幅度较大,从2016—2018年翻了3倍多,占比也从原先的6.96%提高至28.64%,基础建设支出在三年内起伏明显,这主要与乡镇中心幼儿园建设发展的需要有关,新建乡镇中心幼儿园,需要加大基础建设支出,2017年占比达29.27%,随着建设工作的实施,到2018年又大比例下降。其三,学前教育财政支出项目比例的变化与乡镇中心幼儿

---

① 刘晓凤.中国财政教育支出研究——三个误区及经验证据[J].内蒙古财经学院学报,2011(5):53-62.

园建设项目的开展紧密相连,结合访谈内容,发现在比例变化的背后,Y县一直没有放松对幼儿园教师专业发展的提升,公用经费的一部分用于师资培训,还有专门针对师资培训的资金奖补,据相关人员反映,"教体局在年底对教师培训花费最多的园给予资金奖补"。

表7-2　Y县学前教育财政支出明细表　　　　　　　　（单位:万元）

	2016	2017	2018
总　　计	3 881.96	4 133.74	4 369.53
人员经费	2 676.85	2 236.57	2 438.11
公用经费	270.00	687.12	1 251.42
基础建设支出	935.11	1 210.05	680.00

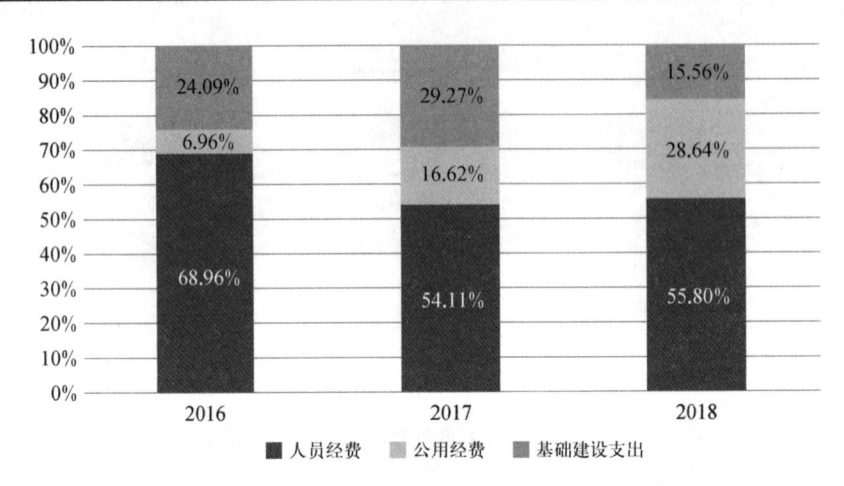

图7-4　Y县学前教育财政支出项目比例图

(三) 具体问题具体分析,创新资金筹措支付方式

面对学前教育发展的诸多问题,Y县多次召开学前教育工作会议,以具体问题为立足点,坚持办人民满意的学前教育,到群众中去,发挥集体智慧,加强政府主导,推动该县学前教育的发展。如Y县为了解决乡镇中心园建设土地问题,召开数次会议,对这一问题进行了深刻探讨,并结合地区实际情况,创新了资金筹措和给付方式,即"5-3-1-1"支付模式,在建项目工程打包承包,幼儿园建成的第一年支付建设费用的50%、第二年支付30%、第三年支付10%、第四年支付最后的10%。这种付款方式能够解决当下乡村幼儿园建设的燃眉之急。此外,幼儿园在经费有限的情况下,也进行了积极探索,优化了园所支出结构,利用能够获得的且具有地方特色的资源以减少部分开支。如某乡镇中心幼儿园园长反映在园所经费支出部分,幼儿园环境创设部分的支出占比较大,为了使钱花在"刀刃"上,以及为了使环创更贴近幼儿生活,对于每学期需要数次更换的环创部分,园长和幼儿园教师积极开发家长资源,其大部分环境创设的材料均来自于家长,这些材料具有明显的地方特色且展现了"活的"生活,体现地方风土人情。同时,节省下来的

资金主要用于与园所发展相关的硬件、软件投入,既提高了经费的利用效率,又加强了家园互动、合作,更利于幼儿成长。

(四)运用新兴技术,提高财政运行效率

教育系统财政经费的下拨、核算等主要由教育系统会计集中核算中心进行,幼儿园也在其中,其实行的是"统一开户、集中管理、分户核算"的管理办法,对于经费的管理使用统一科目、统一记账、统一核算、统一核算软件和报表管理系统[①]。但在实践的过程中,幼儿园报账程序较为繁杂,尤其部分乡镇中心幼儿园附属于小学,其财务管理系统并不是独立的,因而更加剧了程序的繁琐性,校长或园长签字后,需要审核,审核后报教育核算中心,核算中心可以直接下拨小额数目的支出,大额数目的支出还需上报县级财政核算中心[②]。这一现象在Y县也一直存在,据相关人员反映还存在财政上报、审批等相关材料的提交和反馈时间较长、效率不高等问题。针对这些问题,教育核算中心的主管人员积极向教育主管部门和财务部门反映,经过协商讨论以及试点,目前主要通过APP软件,使整个财务审核过程在手机上操作完成,整个过程中的相关申报和批复人员都可以看到整个的进度,这样既利于相关人员了解进度情况,也能够看到每个环节的负责人员,在一定程度上既提高了工作效率,若出现问题,也可以追责到人。

五、江西省S市4个区县普惠性学前教育发展的启示

从前文江西省S市4个区县推进普惠性学前教育发展的实践中可以得出以下经验及启示:

(一)因地制宜,发挥集体智慧推动普惠性学前教育发展

江西省S市4个区县在推进学前教育发展的过程中,依据自身实际,根据学前教育短板,因地制宜,发挥集体智慧,提出个性化的地方方案,进行实地探索。如W县在小区配套园回收过程中,并没有一味地采用强制手段,正如W县教育局局长提到的,"要理解他们(指的是小区配套园的原有所有者),都不容易,不是说收回就收回的,要想其所想,懂得站在他们的角度看问题"。再如G区的片区教研就是立足地区实践进行的有效探索,其片区教研不像部分地区实行的是公办园之间、城乡公办园之间的片区教研[③],或是某一区域公、民办园之间的教研[④],而是立足地区实际,打通公、民办幼儿园之间的壁垒,贯通城乡之间的地域限制,形成集团式的教研共同体,充分发挥优

---

① 孙茜.会计集中核算实施程序及问题思考[J].商场现代化,2017(4):207-208.
② 李宏翔.改革创新促发展 建章立制保均衡——武山县教育改革促进均衡发展纪实[J].甘肃教育,2016(16):8-9.
③ 李敏.学前教育片区教研共同体构建现状研究[D].贵州师范大学,2018.
④ 夏佳.乡镇园"公带民"联片教研实效性研究[D].福建师范大学,2017.

质公办幼儿园的示范引领力量。

(二) 领导班子"一把手"的重视是推动政策制度落实最有力的保障

通过对江西省S市4个区县学前教育发展经验的总结发现,依据我国基层政府工作模式为"主要领导推动工作",地区领导中"一把手"的重视十分重要,无论是W县小区配套园工作落实、Q县储备园长工作开展、G区片区教研共同体建构,还是Y县财政收支工作的有效实施都离不开地方教育部门或是政府部门"一把手"的推动。正如Q县幼教股股长所言,"教体局局长考虑到一个乡镇一所幼儿园建好后管理人员缺失的问题,希望提前储备一批园长干部,幼儿园建好后可以随时上岗任用",W县教育局局长提到过基层"一把手"的重视有时候会起到关键的作用,G区Z园长也提到过"片区教研是我们区教育局领导提出的,而且教育局长亲自带队,副书记亲自过问"。可见,在推动学前教育发展的过程中,从领导层面而言,其不仅仅是学前教育或是教育部门的事情,而是整个政府部门的事情,因为学前教育的发展是关乎百姓满意的重大民生工程。而现阶段我国学前教育的发展"以县为主"推动,需上移责任主体,发挥市级政府的作用,在给予区县政府操作空间的基础上增强落实学前教育政策制度的执行力,从而为学前教育发展提供有力保障。

(三) 幼儿园教师配足配齐及专业素养的提升是推动学前教育发展的核心

通过调研发现,无论是4个区县的教育行政人员,还是幼儿园园长都提到了幼儿园教师配备问题,反映了地方幼儿园师资紧缺、师资队伍质量有待提升等问题。百年大计,教育为本;教育大计,教师为本。无论是W县小区配套园"转普"中灵活机动聘用原民办园师资队伍,还是Q县储备园长计划,或是G区片区教研工作的开展,还是Y县财政支出结构,幼儿园教师都是其中的重要方面。可见,幼儿园教师配足配齐和专业素养提升是推动地方学前教育发展的核心。以幼儿园教师培养、培训为主要线索,一是与相关高校进行对口培养,以定向师范生或签署相关协议为主要手段,确保幼儿园教师储备,如G区与S师专就有着良好的合作,而据Q县幼教股股长提供的信息可知,S市师专有定向师范生招生,以乡镇名义报名,录取之后需要签协议,在学成后至少在该乡镇任教5年;二是后期培养方面,教师均有参与培训的机会,培训类型多样,与幼儿园教师所处阶段息息相关,培训内容方面应更贴近地区教师的实际需要,同时Q县储备园长计划的实行也体现了地方学前教育发展管理人员的缺乏,且需要思考如何将其变为长期政策促进地区园长队伍可持续发展,而不仅仅是应对园长短缺问题的短期策略。

(四) 充足的经费支持是办好人民满意的学前教育,推动学前教育可持续发展的关键

无论是小区配套园建设、园长储备计划、片区教研的实施,还是财政收支的优化,涉及到幼儿园发展的人力、物力资源都离不开财力的支持,这也是江西省S市4个区县教育部门行政人员提

到的最多的困境所在。正如《国家中长期教育改革和发展规划纲要(2010—2020年)》中指出的"教育投入是支撑国家长远发展的基础性、战略性投资,是教育事业的物质基础"[1],在学前教育领域,是办好人民满意的学前教育的重要物质基础。从Y县经费投入与支出结构及其主要经验中可以看出,政府在学前教育经费投入中占比最大,且以县级财政为主,只要县级政府想要在学前教育中投入资金的,一般不用考虑经费来源,再一次说明了,学前教育发展不仅仅是学前教育部门或教育部门的事情,而是需要多部门联合推行的关乎百姓切身利益的民生大事,充足的经费支持是推动学前教育发展的关键,正如一位行政人员提及的"县级财政经费就这么多,还是要看要往哪里投"。可见,地方基础政府的重视是学前教育经费来源的重要保障,如何使地方政府提高对学前教育的重视,是值得思考的问题。

---

[1] 全国教育工作会议文件选编[M].北京:人民教育出版社,2010:102.

第八章　新疆南北疆三地推进学前教育普及普惠发展的若干经验

新疆维吾尔自治区教育厅公布的《新疆维吾尔自治区2018年度幼儿园办园行为督导评估报告》显示，截至2017年9月，全区（含兵团）普惠性幼儿园覆盖率达到90%，在园幼儿143.98万人（其中城市21.89万人、农村122.09万人；公办园125.87万人、民办园18.11万人），全区农村4—6岁适龄儿童"应入尽入"，农村学前三年毛入园率达100%，全区全口径学前三年毛入园率达95.95%。2017年以来，自治区（不含兵团）投入163亿元，新建、改扩建农村公办双语幼儿园4408所，自治区幼儿园总数达到7497所，其中农村幼儿园总数达6560所，形成了乡乡有园、大村独立办园、小村联合办园的办园格局，并且提高了农村学前三年免费教育保障经费，标准由生均年1810元提高到2800元。2018年落实学前教育发展资金2.25亿元，园舍维修资金1.1亿元，用于改善城乡幼儿园办园条件。《2018年新疆维吾尔自治区教育事业发展统计公报》显示，截至2018年底，新疆维吾尔自治区全区学前三年毛入园率达到96.86%，比上年提高0.91个百分点。

截至2019年9月，我们调研组展开调研的新疆南北疆三地（K市、M县、W市S区）普惠性幼儿园覆盖率分别达到66.36%、100%和82.46%，且总体来看幼儿园学位供给充足，能够百分之百地满足地区幼儿的入园需求。尤其是在广大农村地区，逐步推广了学前三年免费教育，保障了农村幼儿百分之百享有普惠性学前教育资源。新疆作为我国西北边陲的多民族聚居地区，因其在国家地缘政治中的独特地位，学前教育的发展也受到了高度重视，普惠性学前教育资源供给量近年来增长非常迅速。其独特的发展经验或许较难推广至其他省份，但其中凸显的发展理念仍有较大的借鉴价值。

一、调结构，办园体制一主多元、相得益彰

（一）挖潜学位，灵活施策缓解城市"结构性入园难"

本次调研的南北疆三地由于城市规模、经济发展水平、城乡行政区划、人口结构都存在很大差异，因而其各类型园所的举办情况与学位供给情况也存在较大差异。根据得到的数据，可绘制调研三地不同性质园所数量及在园幼儿人数（如图8-1所示）。结合访谈结果，三个地区幼儿园学位供给总量充足，均能够满足地区幼儿的入园需求，尤其是农村学前教育公共服务基本由教育

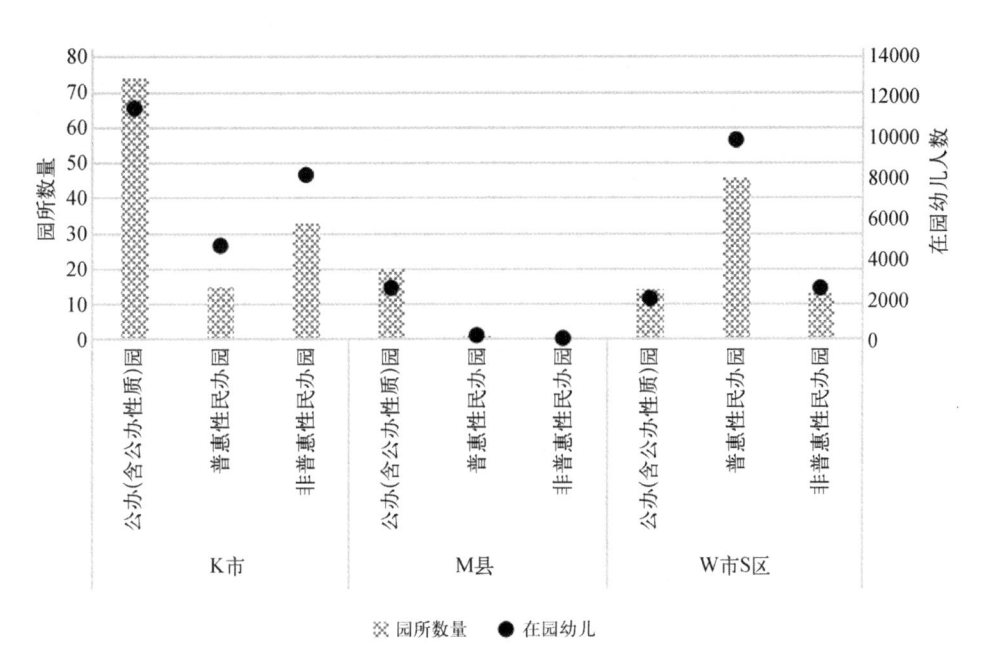

图 8-1 三地各类型园所数量与在园幼儿人数

部门提供，但仍存在不同程度的"结构性入园难"问题，具体而言，普遍表现为城市地区公办园学位供不应求、普惠性民办园班额较大，农村地区公办园学位富余。

W市S区和K市在城市公办园"结构性入园难"的情况下灵活调整、积极争取上级政策，在挖潜学位方面采取了如下三种方式：

1. 适度提高生师比，增大公办园所班级容量

根据测算，W市S区作为人口密集的中心城区，全区幼儿园学位数量能够满足本区幼儿入园需求，但现阶段仍然存在"结构性入园难"的问题，具体表现为公办及公办性质幼儿园在园幼儿人数占比较低、普惠性民办园超班额、非普惠性民办园学位空置。在公办园学位供给占比低、土地使用规划没有达到新建公办园的条件时，鉴于教育部门办园在园所设施设备、师资队伍等各方面条件均较为优越（尤其是师资充足，可做到"三教轮保"），因此采取了提高生师比、增大幼儿园班额的措施，即各年龄班班额均为35人，将生师比提升至11.7，扩充了公办园所班级的容量，增加了公办幼儿园学位供给量。同时还加大了新建公办园的教师招聘力度，为其配齐配足教师，确保各幼儿园足额招生。

根据我国教育部2013年颁布的《幼儿园教职工配备标准（暂行）》，生师比应在10—17.5之间。根据OECD提供的数据，2016年世界很多国家的幼儿园的生师比在10—19之间，通常19以内是达标的要求。W市S区在保障保教质量的前提下，通过适度扩充公办幼儿园班额来增加学位供给的行动是合乎形势要求且有效的。

2. 农村资源"反哺"城市，不同收费标准实现"适度普惠"

K市在中心城区公办园所数量少、提供学位少，普惠性民办园学位供不应求的双重压力下，

积极争取、创新施策,鼓励城市近郊的农村幼儿园在满足周边农村幼儿"应入尽入"的前提下,利用富余学位招收周边城市户籍幼儿。截至 2019 年 9 月,K 市中心城区仅有 7 所城市公办园(计入分园数量),而民办园数量高达 48 所。公办园学位供给紧张,"入公办园难",导致大量家庭只能选择民办园,由"结构性入园难"滋生了该市中心城区的"入园贵"问题。

为增加城区公办园学位供给量,K 市"借 2017 年'应建尽建'的东风"灵活施策,在城市近郊建立了 13 所农村幼儿园,并向自治区教育厅积极争取创新政策,制定了农村公办园接收城市幼儿就读的收费标准和管理办法。在这 13 所农村幼儿园能够满足农村幼儿全部入园的前提下,使用空余学位招收城市幼儿入园,缓解了城区公办园学位供给不足的部分压力。现阶段这 13 所农村幼儿园共接收 3 069 名农村幼儿,实行免费入园制度;接收 2 491 名城市幼儿,执行城市公办园收费标准,约为普惠性民办园平均收费标准的一半;仍有 1 995 个富余学位。这一举措为相当数量的城市幼儿和家庭扩大了普惠性学前教育资源的供给。

同时为确保中央财政投入专门针对南疆农村幼儿学前教育的"治薄扶弱"功能,城市户籍幼儿虽可进入农村公办园,但不能享受免费政策,需按照城市公办园收费标准,由家庭承担部分教育成本。这种通过农村资源反哺城市的创新做法,既缓解了城区公办园学位供给不足的部分压力,又为相当数量的城市幼儿和家庭增加了享受普惠性学前教育资源供给的机会。

3. 号召国有企业以其社会责任和政治担当,为普惠性学前教育发展做出贡献

"单丝难成线,孤木难成林。"扩大普惠性学前教育资源如果仅依靠教育部门办园,一则政府财政压力大,二则地区学前教育生态单一,从长期来看不利于地区学前教育公共服务系统的可持续发展。因此需要结合本地经济发展情况,由政府部门予以相关政策制度的支持与保障,充分发挥企事业和其他社会力量的作用,扩大普惠性学前教育资源供给。

当谈到企业在学前教育事业发展中的作用时,人们往往想到的是企业办园。企业幼儿园可以解决企业职工子女入托问题,使企业员工安心一线工作,增强归属感和凝聚力,在本次调研中了解到的 K 市的某石油勘探开发指挥部幼儿园即是如此。在理想状态下,企业办园还可以充分利用富裕资源,向社会提供公益性、普惠性服务,既可以保证办园资金投入,扩大学前教育资源,解决公办园比例低、入园贵、入园难问题,提高入园率,又可以缓解政府对学前教育投入的压力。但是本次调研中 W 市 S 区的经验表明,企业在学前教育发展中能够做出的贡献不仅仅是"企业办园",尤其是国有企业,可以发挥其更大的社会责任和政治担当。W 市教育行政人员表示,2010 年国家出台小区配套幼儿园相关文件之后,其整顿、移交等工作在全国范围内都未受到充分重视。迄今为止九年的时间当中,很多小区配套幼儿园的性质、产权等都发生了变化,情况复杂,导致政府只能采取回购、置换等形式才能完成治理工作,财政负担巨大。该区实行"一园一案"的治理模式,治理工作已进入攻坚阶段,主要体现在一些房地产开发商在小区配套幼儿园落成后,提出的出租或出售的价码过高。在这种情况下,若由个体租赁场地举办普惠性民办园,按照现有政府补贴力度,在很长一段时间内都难以看到收支平衡的可能;若由政府回购后举办成公办园,则需要

在这几所小区配套园上付出过于巨大的财力,势必影响对于其他性质幼儿园的投入与扶持。如此两难之下,W市S区教育部门将目光转向了国有企业,经由教育部门、房地产开发商、国有企业三方多次洽谈,由国企控股的某教育科技有限公司购买一所落成后已空置3年的小区配套幼儿园,并将其办成普惠性民办园,解决小区家庭幼儿的入园需求,使其享有便利、有质量的普惠性学前教育资源。另有3家小区配套园开发商表示希望政府以成本价回购并举办为公办园或普惠性民办园,但目前就成本价核算方式上开发商与教育局仍未达成共识,开发商给出的成本价过高(几百万甚至上千万),超出了政府的支付能力,教育局正在积极寻找具有一定教育情怀、愿意接手举办幼儿园的企业单位进行购买。

(二) 政府主导,依靠财力吸引民办园转普

财力代表着一定的人力和物力,是保障普惠性学前教育可持续发展的重要方面。新疆免费学前教育是其重要特色,其背后是财力的重要支持。在中央支持下,新疆自2017年基本实现从幼儿园到初中的免费教育,南疆四地州已普及15年免费教育。早在2013—2014年,部分民办园已转为了普惠性民办园。通过调研发现,在免费政策出台之后,新疆各地区教育行政部门都根据自身现实情况开展相关工作,不仅使之前在普惠性民办园中的园所发展动力更大,还吸引了之前收费较一般民办园略高的民办园积极参与到免费学前教育政策中来,使得免费学前教育普遍惠及更多幼儿及其家庭。

1. 分级定档拨付幼儿园生均补助,吸引更多民办幼儿园加入学前免费教育行列

从2017年9月W市开始实行免费学前教育政策、将普惠性民办园均纳入免费幼儿园的范围之后,自治区未再出台相关认定政策。普惠性民办园可自愿选择加入免费幼儿园的行列,但基本上是要求将所有普惠性幼儿园纳入免费范围的,每年签订一次协议,接受政府按照办园等级限价。凡参与评定且符合要求的幼儿园,按照要求,2019年城市幼儿园享受或部分享受中班、大班两年免费教育,农村幼儿园享受或部分享受小班、中班、大班三年免费教育,具体标准为:每位幼儿每年生均补助为5 650元,其中保教费和伙食费为600元/生/月,按9个月发放,读本费为130元/生/年,取暖费为120元/生/年。在2017年时,城镇小班幼儿是不享受相关政策的,自2018年开始,城镇、农村幼儿均享受补助政策。按照不同性质幼儿园进行划分,公办幼儿园一级到三级保教费一个月分别为450元、380元和300元;企事业单位幼儿园一级到三级保教费一个月分别为600元、450元和400元,还补助大部分伙食费;民办园进行评级,一级到三级保教费一个月分别为1 000元、800元和600元,这样,就读于三级民办园的幼儿相当于保教费全免。未参与等级评定的幼儿园及收费超过1 000元/生/月的幼儿园不予补助。K市免费学前教育民办园奖补同样参照W市做法。

2. 政府相关部门积极发挥自身力量,缓解加入免费学前教育幼儿园的房租问题

根据W市S区和K市教育行政部门人员和园长反馈的信息发现,在普惠性学前教育推进过程中,尤其是民办园在进行普惠性转型决策时,园舍房租的大幅度上涨成为了大部分民办园园长

的转型顾虑。有园长反映其园所房租每年以10%的速度上涨,园所获得的政府奖补资金与办园成本的增加额度相比显得杯水车薪,甚至有园所因此退出了普惠性民办园的行列。K市教育行政部门面对这一问题,联合发改委、自然资源部等相关部门,与房地产开发商进行协商,采用适当减免开发商税收、给予一定的经济补偿等方式帮助民办园缓解房租压力,并取得了阶段性成果,即转为普惠性民办园的15所小区配套园均免租3年,对于与开发商签订5年或更长时间的园所,政府出面将园所多交的资金追回或是帮助其将损失降到最低。

(三)"应建尽建",保障农村幼儿接受学前三年免费教育

在新疆三地访谈中,"应建尽建""应入尽入"被受访者多次提及,被认为是促成新疆普惠性学前教育尤其是农村公办幼儿园迅速发展的关键因素。以上两项在学前教育方面的重大举措提出背景如下:2016年9月,新疆维吾尔自治区党委书记陈全国针对"教育惠民"做出了"四个优先"的重要批示,提出要优先发展学前教育、双语教育,优先扶持南疆地区和贫困群体。自治区党委随后做出了率先在南疆四地州实现农村学前三年免费双语教育的战略决策。这一政策,实质上体现了对南疆四地州"学前双语教育精准扶贫"的战略思路,即以人力资源扶贫的高度从根本上帮助南疆四地州人口脱贫、教育与经济发展、社会稳定、长治久安与可持续发展。2016年11月27日召开的新疆农村学前三年免费双语教育工作推进会要求全疆各地:2016年底,确保4至6岁农村适龄儿童入园"应入尽入";2017年,要做到幼儿园"应建尽建",确保全面普及农村学前三年免费双语教育目标的实现。

1. 学前教育财政投入倾斜,村村有园,保障农村地区幼儿园建设

在学前教育经费投入方面,新疆各地注重因地制宜,注重向农村贫困地区倾斜。例如2017年响应自治区"应建尽建"的要求,K市在农村建立大量免费的公办幼儿园,基本做到了"村村有园";相应地,所有的农村幼儿全部免费入园,即"应入尽入",为农村的学前教育发展打下了坚实的基础。在农村地区已不存在"入园难""入园贵"现象,完全实现了政府在学前教育公共服务体系建设当中的"兜底"功能。又如M县在2011年之前,尚未实行免费学前教育政策,县城仅有一所公办幼儿园,教师工资为财政全额拨款;其余幼儿园分布在乡镇,仅有园长在编,园所自筹办园经费、自负盈亏。2011年之后,实行学前两年免费教育,4—6岁幼儿享受生均经费财政拨款;2016年10月起实现"应入尽入",开始实行学前三年免费教育。目前所有幼儿园均为普惠性幼儿园(其中仅存1所民办园,为普惠性民办园)。M县作为曾经的国贫县,虽已"摘帽",但整体经济发展还处于较低水平,其三年免费学前教育的财政全部由国家、省、州级财政支持,与部分地区学前教育财政压力在县一级[①]的现状有着较大差异。仅存的一所普惠性民办园的发展值得关注,因该地居

---

① 李琳,张霞.农村学前教育普及中管理体制及其管理模式的地区适宜性决策——以四地农村个案调查为例[J].教育学报,2016,12(05):97-105.

民多为哈萨克族,且以游牧为主要工作,所以仅存的普惠性民办园提供寄宿服务,寄宿生每月收取 300 元管理费,县财政予以 300 元/月/生的补助(包括保教费和伙食费两部分),2014 年成为普惠园之后获得了州财政 10 万元拨款,2018 年获得了幼儿保险补助。作为当地唯一一所提供寄宿服务的幼儿园,对从事游牧工作的家长而言具有重要意义。

2. 园所、社区合力吸引农牧区家庭幼儿"应入尽入"

在以畜牧业为支柱产业的 M 县,乡镇、村级幼儿园中有相当一部分属于牧区幼儿园,在园幼儿百分之百为少数民族幼儿。2011 年左右,牧民家长不理解学前教育的重要性,牧区幼儿园园长开展了多年的家长学校培训工作,通过对《3—6 岁儿童学习的发展指南》的解读、观看内地幼儿园活动视频等易于家长接受的方式,向家长宣传幼儿接受学前教育和学习国家通用语言的重要性,努力转变家长观念。2017 年前,愿意让幼儿接受学前教育的牧民家长需在 6—10 月(夏牧场放牧期)让幼儿寄宿在亲戚家中;2017 年后,M 县将牧民定居工作与响应"应入尽入"的学前教育政策要求结合在一起,要求牧民在每年 6 月左右向夏牧场转场时,需保证至少有一名家长和幼儿留在幼儿园附近的冬牧场正常入园直至放暑假,并且需在 9 月秋季学期开学前按时返回幼儿园,保障幼儿接受学前教育。也有牧民根据家庭需求,选择进入该县唯一一所提供寄宿服务的民办幼儿园。目前牧区幼儿园入园率也达到了 100%。

W 市 S 区虽为主城区之一,但其辖区仍包含了 W 市东郊部分山区,下辖一个行政村,于 2017 年 1 月响应"应建尽建"政策,开始筹建 S 区唯一一所农村公办幼儿园。幼儿园可容纳 9 个班级,目前实际开设 5 个班,在园幼儿共计 113 名,其中少数民族幼儿 100 人,占比 88.5%。家长群体主要为周边三个村中的村民和牧民,因居住地较为分散,幼儿来园路途较远,教育局为幼儿园配备校车,入园离园时各接送两班。实行农村学前三年免费教育,幼儿伙食(两餐一点)、管理、交通等均为国家财政全额拨款。2017 年 1 月至 2 月,经 S 区幼教专干和社区干部初步摸底,得知周边有 70 余名适龄儿童。2017 年春季学期园长在当地自聘 2 名保育员、在 W 市城区招聘 2 名具备幼儿教师资格证的合格教师,开园时仅有 20 余名幼儿入园,校舍条件也不佳,暂时租用村民自建房。针对这一情况,园长与保教主任对周边 70 余名适龄幼儿的家庭逐一进行了家访工作,向家长宣传学前教育的重要性,社区干部也从中予以协助。一段时间之后,20 余名在园幼儿在生活习惯、国家通用语言能力等方面都有了明显的改变,也使尚未入园的幼儿家长对幼儿园工作有了更多的认可,陆续送幼儿入园。至 2017 年 9 月,当时的 70 余名适龄幼儿入园率达到 100%,幼儿园师资配备质量也有了一定的提升。

二、增投入,生均学前经费指数持续增长,财政政策有效落实

(一)各级政府财政均大力支持普惠性学前教育发展,经费总投入实现大幅度增长

通过分析《中国教育经费统计年鉴》(2016—2018)中的新疆学前教育经费数据发现,学前教

育经费总投入从2015年(约51.25亿)到2017年(约147.47亿)增长了近187.76%,翻了近2倍,其中国家财政性教育经费从41.66亿增长到了132.89亿,其占学前教育经费总投入的比例从81.29%提升至90.11%,且其占教育经费总投入的比例也从6.39%上升到了15.71%。可见,国家财政是支撑新疆学前教育发展的中坚力量,不论是相对值还是绝对值,近些年都有着大幅度的持续增长,这也反映了2016年底"应入进入"、2017年"应建尽建"政策的实行得到了国家财政的大力支持。学前教育经费总投入的增长还能从国家转移支付的"财政补助支出"中窥视一二,国家对新疆在学前教育财政补助支出部分从2015年的4.23亿到2017年的13.11亿,翻了2倍多,反映了中央对地方学前教育发展的大力支持。此外,根据三地调研情况发现,市区级政府也按照相关要求配足配齐学前教育发展经费,如W市S区在普惠性学前教育开展伊始,制定了《S区开展普惠性民办幼儿园认定及扶持发展奖补资金分配办法》及《S区支持城市学前教育发展项目资金分配方案》,及时将2012、2013年中央财政及自治区财政下拨的189万元学前教育奖补资金进行了分配,同时区里对首次认定的普惠性民办幼儿园,下拨经费365万元予以奖补[①]。2017年9月实行免费学前教育政策至今,已进行了5次专项拨款,涉及到的免费幼儿园数量每学期稳步保持在48所左右,累积惠及幼儿数达2.26万人次,区财政共计下拨6 265.96万元。总体上看,不论是中央政府,还是新疆地方政府,均在财政经费上给予了学前教育发展大力支持,为普惠性学前教育可持续发展提供财力保障,财力的背后是资源,即对普惠性学前教育人力资源和物力资源的保障。

(二) 生均学前教育经费指数的持续增长,彰显各级政府对学前教育发展的大力支持

生均教育经费指数在《管理学大辞典》中的解释为"生均教育经费与人均国民生产总值之比。生均教育经费表示每个学生平均拥有的教育经费,但由于不同国家和地区的经济状况、消费水平、物价指数的差异,相等的生均教育经费并不代表相同的教育条件,因此需将其换算成生均教育经费指数以具可比性"。在学前教育领域,生均学前教育经费指数指的是生均学前教育经费与人均国民生产总值之比,这能够有效避免因地区经济发展、物价水平差异等造成的局限性。根据《中国教育经费统计年鉴》(2016—2018)数据和教育部规划司、国家统计局官网数据,获取了2015—2017年新疆相关数据:2015—2017年其生均学前教育经费投入分别为5 950.92元、8 314.60元和8 205.21元;人均国民生产总值分别为4.00万元、4.06万元和4.49万元,二者之比三年分别为14.88%、20.48%和18.27%。根据OECD国家幼儿园生均财政投入占人均GDP的20%[②],新疆地区生均学前教育经费指数基本能够达到OECD国家的水平。与全国其他省市相比,以2017年数据为例,江苏(8.22%)、广州(9.00%)、福建(7.78%)、山东(8.31%)、重庆

---

① 杨睿.普惠性民办幼儿园扶持与管理的实践探索——以W市S区为例[J].新疆教育学院学报,2014,30(02):19-23.
② 袁媛,杨卫安.我国学前教育生均经费标准和生均财政拨款标准研究——基于OECD 2012年度教育统计报告的数据分析[J].教育与经济,2013(03):15-19.

(9.32%)、四川(13.14%)、湖南(10.70%)、湖北(9.58%)等省市均低于新疆的比例,即新疆生均学前教育经费指数高于我国部分东中部省市。这些均显示了各级政府对于新疆地区学前教育发展的重视,以及对其财政投入的力度。

(三) 配套较为完备的财政制度,有力地保障了财政政策的落实落地

根据三地调研的基本情况发现,各地学前教育部门的主管领导都十分重视学前教育,这为普惠性学前教育的发展提供了人员支持,尤其是领导小组人员配备对学前教育工作开展具有决定性影响,正如 K 市相关行政人员提到的领导会因为幼儿园土地等问题直接找相关部门同级领导,直接在领导层进行对接,从而使一些问题能够最大限度地得到解决。在财政部门亦是如此。同时,各地方会根据相关情况制定符合地区实际的制度,促使财政政策落地,如 W 市 S 区自免费学前教育政策出台伊始,就根据《中共 W 市委办公厅 W 市人民政府办公厅关于印发〈W 市实施 15 年免费学前教育的意见〉的通知》(W 党办发〔2017〕95 号)及《W 市免费学前教育管理办法(暂行)》(W 教发〔2017〕66 号),制定了《S 区免费学前教育管理实施细则》(S 教发〔2017〕85 号),从而在制度层面为免费学前教育工作的开展提供了保障,同时也有利于明晰财务部门和教育部门的权责,提高工作效率。S 区还加强了对资金拨付的监管,制定了严格的审核程序,且要求材料做到有档可查。但是,据相关人员反映,即使如此,学前教育在基层仍旧处于弱势一方,各部门之间的合作达成主要靠学前教育部门人员的大力争取,如有的人员为了争取到自然资源部门的配合,自学土地规划等知识及相关政策文件。在财政方面,有时也会出现下拨经费不到位的情况。如何实现以教育部门为龙头,财务部门、自然资源部门、编办等多部门有效联动机制,是当务之急。

三、保师资,提升教师待遇,改革职称制度,创新培训方式

(一) 职称评审单列,降低幼儿园教师专业技术职务评审难度,弱化科研能力要求

教师专业技术职务是用人单位对教师的岗位任职条件、工作业绩和资历等多方面的综合评定,与薪资待遇、社会福利和发展机遇等多方面紧密挂钩。我国于 2015 年开始在全国范围内实施中小学教师职称制度改革,随后全国各地区按照新的政策要求开展职称评审工作。截止当前,我国幼儿园教师的专业技术职务评审一直沿用中小学教师的专业技术职务评审条件,尚未出台专门针对学前教育阶段的教师专业技术职务评审制度。众所周知,幼儿园教师的工作性质和工作特点很大程度上不同于中小学教师,其专业技术职务的评审条件自然也不能完全等同于中小学教师。新疆维吾尔自治区政府先行先试,于 2019 年 7 月出台专门针对幼儿园教师专业技术职务评审的新政策,开辟了一条更加符合幼儿园教师工作性质的职业晋升通道。

1. 政府出台幼儿园教师职称评审新政策,降低评审条件,开启职业晋升新通道

在 2019 年 7 月《新疆维吾尔自治区幼儿园教师专业技术职务任职资格评审条件(试行)》出台

之前,新疆地区的幼儿园教师专业技术职务评审条件等同于《新疆维吾尔自治区中小学教师专业技术职务评审条件(试行)》文件中小学教师的评审要求,具有过分强调论文写作和科研能力的倾向,不符合幼儿园教师的职业特点。而新政策的出台,不论从文件的表述方式还是具体的评审要求来讲,都充分考虑了幼儿园教师的工作性质,其中主要表现为大大降低了教师的科研成果条件和乡村教师参评条件,这一改变为当地一线幼儿园教师的职业晋升道路带来了新希望。我们以两份文件中幼儿园一级教师的评审条件为例来感受这一变化。

《新疆维吾尔自治区中小学教师专业技术职务评审条件(试行)》中对幼儿园一级教师的科研成果要求:

第四条 学术(科研)成果条件

一级教师:

任现职期间,需具备以下九项条件中的两项,其中任教15年以上的农村教师只需具备以下九项条件中的一项:

一、积极参加各级教研部门组织的教研活动,教研文章在县(市、区)级以上教研部门组织的教研活动中进行书面交流1次并获得好评;乡镇及以下学校教师在乡镇教育行政部门组织的教研活动中进行书面交流2次并获得好评。

二、参加乡镇及以上教研部门组织的示范、观摩教学课1次以上获得好评;或在乡镇及以上教育行政部门组织的教学大奖赛中获一等奖。

三、在县(市、区)级及以上刊物上发表教育教学论文1篇。

四、参加县(市、区)级以上教育行政部门组织的教材编写工作,并在本县(市、区)级范围内正式使用。

五、参与教育教学研究和教改实验,或结合教学实际,参加本地相关社会调查,写出有一定价值的调查报告。

六、获县(市、区)级及以上优秀教学成果奖。

七、从事音、体、美等学科教学工作的教师,在教育、文化、体育部门主办的县级汇演、作品展或比赛中获奖;

八、能结合教学特点,熟练制作多媒体课件,加强直观教学,取得明显教学效果,受县(市、区)级及以上教研部门的肯定。

九、指导学生参加研究性学习和社会综合实践活动,获县(市、区)级以上奖励。

2019年7月新出台的《新疆维吾尔自治区幼儿园教师专业技术职务任职资格评审条件(试行)》中对一级教师的科研能力要求:

一级教师任职资格评审条件

(三)业绩和教研科研能力

任现职期间,需具备下列条件中的2项,其中任教15年以上的农村教师需具备下列

条件中的 1 项:

1. 被评为县级以上优秀教师或骨干教师。

2. 积极参加各级教研部门组织的教研活动,教研文章在县(市、区)级以上教研部门组织的教研活动中进行书面交流 1 次并获得好评;乡镇及以下幼儿园教师参加乡镇及以上教研部门组织的示范、观摩教学课 1 次以上。

3. 在县(市、区)级以上学术刊物发表教育教学论文,乡村教师不作公开发表论文要求,须提供从事教育教学或关爱留守儿童、班级管理等方面的心得体会或经验总结 1 篇。

4. 在教育部门组织的优质课、论文、技能大赛、游戏活动、环境创设、玩教具制作等评比中获地(州、市)级三等奖以上或县(市、区)级二等奖以上。

5. 参加县(市、区)级以上教育教学研究课题 1 项。

从上述文件内容来看,新政策不仅减少了科研评审条件的条目,由原来的九条删减为五条,同时删除了参加教材编写工作的要求;在教研和科研的评审条目上尤其关照乡村教师,珍视他们长期扎根乡村的孜孜奉献,降低对论文发表的参评要求,有利于乡村教师职称稳步晋升、稳定乡村幼儿园师资队伍。

2. 利益相关者高度肯定职称评审新政策,一线教师职业获得感得到大幅提升

调研组了解到新疆多个地市已经开始执行新出台的幼儿园教师专业技术职务评审新政策,受访的利益相关者们对该政策持肯定态度,认为一定程度上降低了幼儿园教师专业技术职务评审的难度,不再像以往一样苛求教师的科研能力,对提高一线教师的工作积极性起到很大的激励作用。

M 县教育局教研员、教学督导(仍同时担任某牧区幼儿园园长)"现身说法":"我是用自治区今年 8 月份发的幼儿教师职称评审条件参评正高的,目前我们县就我一个。初级职称不限名额,只要年限、毕业证等各方面条件达到了就升;一级是七选四的比例,还是挺大的,副高是九选一,正高还得推选到自治区其他地州比,我们州就我一个评上了。与以前的评审条件不冲突,老人老办法,新人新办法。"W 市 S 区教育行政人员也反映:"过去我们参照小学很吃亏的,今年我们专门有专家机构给幼儿园又重新制定了评审条件,标准降低了,不在编的老师也可以去申报职称了。今年老师报的积极性就更高了,大家都觉得我只要努力一下,我就可以。过去记得我评职称的时候,都把两篇论文背了整整一个月,害怕到时候过不了。今年的评审条件更注重实践操作了,不是说论文发表多少篇,过去那个是根据中小学评,现在整个要求都变了。"

(二) 地方财政支持,多渠道补足配齐幼儿园师资,提高编外教师和乡村教师待遇

地方财政支持力度直接关乎幼儿园师资队伍建设的规模和质量,调研组了解到新疆三个地区的地方财政都在积极地支持当地学前教育事业的发展,突出表现为政府出资通过多种渠道补足配齐幼儿园师资,甚至保安和保育员的工资也全部由地方政府支付,对个别业绩优良、保教质

量较高的园所还给予财政政策倾斜。同时对乡村教师和支教教师都给予了大幅的财政补助。

1. 通过特岗招聘、同工同酬、定向培养和师范生实习等多渠道补足配齐师资

特岗教师招聘是我国近年来为解决偏远地区师资力量不足的问题采取的一项政策举措,新疆很好地实施并利用好了这一政策,缓解了新疆各地区尤其是南疆地区的师资配备压力。调研组了解到新疆特岗教师合同期一般为三年,录用后首先到南疆支教1—2年,支教结束后回到考入的园所工作,三年合同期满后可转为在编教师,这项政策很大程度上增强了幼儿园教师的职业吸引力,为学前教育师资队伍吸引了一大批新生力量(调研园所中一般都有4—5名特岗教师)。

编制短缺是当前提升幼儿园教师职业吸引力的一大制约因素,在幼儿园教师编制有限甚至常年未增的现实情况之下,调研组发现接受调研的三个地区均选择打破教师编制不足的限制,采用当地政府财政出资聘任同工同酬和特岗教师的方式大量招聘幼儿园教师。如K市在市委市政府的大力支持下,教育局着手分别于2018年12月和2019年8月从全国各地招聘300多位来自各行各业的同工同酬教师。同工同酬教师的工资由当地财政全额拨款,无需园所自付,各方面待遇均与编内教师相同,唯一的差异在于没有编制。

幼儿园园长普遍反映定向培养的教师专业素养很高,能够较好地适应园所工作,也成为园所的重点培养对象,因而定向培养是补充高质量的师资的有效措施。K市某公办园园长提到:"我觉得定向培养的教师专业素养可以的。有一位H校毕业的定向学生在我们这儿工作,现在正在读在职研究生,虽然实践经验稍逊色,但理论上可以。所以我们就会有针对性地用上她,比如一些培训和教学任务,我们都把这个担子压给她,因为她的(学历)层次比较高,有些机会也会倾向于她,让她再提升。"

除了以上师资补充力量,W市S区还充分利用了师范生实习的需求,与高校建立紧密联系,为园所提前储备师资。该区教育行政人员谈到,让师范生提前熟悉工作岗位,乃至确定就业意向,有利于师范生的长期留任和幼儿园师资队伍的稳定。

2. 地方财政包办编外教师工资,提高乡村教师待遇,幼儿园教师长期留任效果显著

招聘同工同酬教师和特岗教师是当地编外教师的主要补充形式,地方财政部门有力保障了当地幼儿园教职工的薪资待遇。如W市S区2017年面向社会招了41名特岗教师,虽然暂时没有编制,但与在编教师享受同等待遇。除了教师工资外,区政府财政还承担公办园所有自聘人员(保育员、保安等)的费用。据调研组了解,K市和W市S区的同工同酬教师的应发月薪约为4 000元/人,很大程度上减轻了园所的经费压力。

新疆各地教育行政部门十分关注乡村教师的待遇,虽然南疆条件相对较为艰苦,但是受访者纷纷表示,政府对于边远地区的乡村教师和支教老师都给予了很大力度的财政补助,乡村教师的待遇普遍略高于城镇幼儿园教师。提高乡村教师的待遇有效地稳定了乡村幼儿园师资队伍,三个地区均表示公办园的教师流失率很小。如K市教育行政人员特别指出:"城市老师没有农村老师待遇好,农村有一个专门的补助以及班主任津贴、交通费、艰苦地区津贴,按照工龄走,每个月

200—400元不等,城市就没有,大概每个月城乡教师的工资差几百元。"

(三) 落实保教结合,因地制宜开展教师培训,依托第三部门构建结构化培训体系

教师培训是幼儿园师资队伍质量提升的重要途径,我国各地学前教育发展程度的不同使得幼儿园教师对师资培训的需求各异。调研过程中K市一位公办园园长反映到:"培训力度很大,但是参加培训的教师因为基础不太好,所以对于一些培训内容吸收不了。我们只要参加内地的培训,就好像一个在天上,一个在地上。其实他们的培训挺好的,针对中国的大环境来说,外面那些培训算是接地气了,但是可能就是不了解我们新疆边远地区的实际情况。"教师培训的内容是否能够结合教师需求,是否落地,是否能够本土化,对于教师培训效果至关重要。针对上述情况,新疆多地都开始探索适合当地学前教育发展状况的幼儿园师资培训模式。

1. 坚持问题导向和实践导向,选择保教结合的本土化教师培训模式

《幼儿园工作规程》〔中华人民共和国教育部令第39号〕明确提出:"幼儿园工作实行保育与教育相结合的原则。"调研组了解到,K市和M县都面临保育员短缺的情况,K市基本上以专任老师为专职保育员,实行"三教轮保"制度。面对园所教职工短缺的现实问题,为了让教师和保育员相互了解对方的工作,M县开始尝试探索教师和保育员共同培训的模式。据M县教研员介绍:"2019年我开始把保育员和教师放到一起培训,以前是分开的,后来我发现保育员和教师放在一块培训,好互相了解工作,可能搭配起来好一些。"可见,K市和M县教育局都切实根据当地实际情况开辟了保教结合的本土化工作和培训模式。

2. 依托第三部门构建结构化师资培训体系,有效保障区域学期教育质量

第三部门是我国学前教育事业发展中的重要补充力量,国际救助儿童会(以下简称救助儿童会)新疆项目于2015年4月开始,与K市教育局合作,为全市14所幼儿园(包括3所市区园和11所农村园)园长和教师提供了大量培训、现场指导和其他学习机会,同时还根据园所和教师的需求提供了部分设备。K市教育局充分借助救助儿童会项目的力量,首先对全市42名园长进行为期三年的一期培训(2015年起),一期培训的园长根据自己的专业发展方向以及救助儿童会提供的专题材料包,再对各园所(含民办园)选拔的三名骨干教师进行专题培训(每月),之后二期骨干教师再进行园本培训,将培训内容渗透到每一位在园教师的工作中。整个培训过程对教师全部免费,K市教育局还借助救助儿童会的项目经费,根据园长和骨干教师的职称给予了相应的培训经费补助。据此,K市依托救助儿童会项目建立起了结构化的三级师资培训体系(见图8-2),全面提升了区域学前教育质量。

图8-2 K市学前教育结构化师资培训体系

四、提质量,城乡公民办一体、南北疆学前教育协同发展

(一)"龙头"带动,第三部门助力城乡、公民办学前教育一体化发展

为了促进学前教育的公平、均衡,K市于2017年开始采用集团化管理模式,充分发挥公办园在规范管理、科学保教、平抑收费等方面的"龙头"作用,力图实现公民办"捆绑"式发展,"以公带民""以城带乡",促进学前教育城乡一体化均衡发展。与此同时,K市还与第三部门(救助儿童会)建立了伙伴关系,并将学前教育事业发展与救助儿童会落地在该市的相关项目密切结合起来。

1. 集团化管理,公民办"捆绑"式发展

K市集团化办园始于2017年。2018年10月1日,K市四幼集团启动仪式的举行标志着K市二幼、三幼、四幼教育集团的正式成立,拉开了幼儿园集团化管理模式的序幕。其工作宗旨为"学习、互助、共享、提升",以强带弱、以城市带农村①,这其实也是M县和W市S区帮扶式发展的宗旨。

集团化办学具体运作方式为:以K市二、三、四幼为"龙头"(K市无第一幼儿园),初始共74所公办幼儿园成立三大幼教集团,同时将乡镇、村级幼儿园与教学点全部纳入,以龙头园带动农村幼儿园。后续又成立了11个园长工作室,以指导教育教学的形式将全市48所民办幼儿园也纳入集团管理中,目前形成了"3个集团园→11个园长工作室→全市其他公民办园、乡镇村级幼儿园及教学点"的三级管理模式。配套成立三个学前教育指导组,集团化办园能够顺利运行的核心即在于此,主要开展培训、督导等工作,定期举行骨干教师论坛、园长工作室例会等(见图8-3)。督导工作每三个月循环一次,除要求城乡幼儿园步调一致、指导工作重点更倾向于农村之外,还

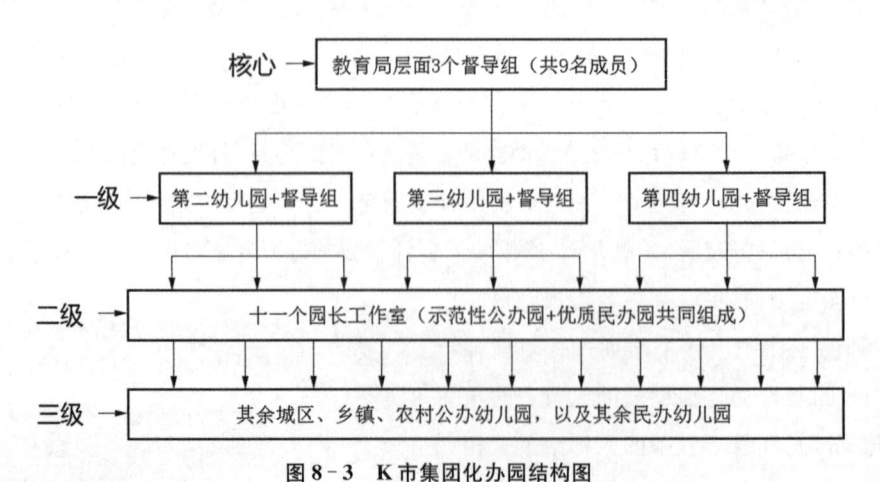

图8-3 K市集团化办园结构图

---

① 巴音郭楞蒙古自治州人民政府.学前教育集团的成立拉开幼儿园集团化管理模式序幕[EB/OL].(2019-11-02).http://www.xjbz.gov.cn/Item/139172.aspx.

倡导公民办幼儿园相互学习、共同发展。当地教育行政人员认为,在成立三大教育集团之前,乡镇、村级幼儿园均直属于当地中心学校管理,在环境创设、教育教学活动内容和方式等方面"小学化"倾向严重;经龙头园约一年时间的带动,在扭转"小学化"倾向上成效显著。

2. 第三部门项目助力集团化办园深入发展

K市集团化办园体系的形成和发展与一个非政府组织密切相关,它就是救助儿童会。2015年,救助儿童会"3—6岁儿童早期发展的项目"落地K市,经项目牵头人基线调研后选出14所幼儿园作为项目园,开展了为期两年的项目工作,成效显著。在此基础上,2017年4月扩大项目范围,覆盖到全市64所公、民办幼儿园。为了缩小城乡幼儿园、公民办幼儿园间差距,救助儿童会不断扩大项目园范围。至2018年5月,项目园由原来的64所增至112所,覆盖了K市所有城市园、农村园及大部分民办园,促进了K市学前教育事业的整体提升。项目工作分为四部分,分别是捆绑发展以提升工作室水平、培训教研以推动教师能力建设、家园共育以树立科学育儿观念、督导支持以提升办园质量。项目工作主要涉及教师专业化发展与园长工作室建设。在教师能力建设方面主要采用三级培训模式,前文已有具体阐释(见图8-2)。

在救助儿童会的支持下,K市成立了园长工作室,牵头发展园负责为被捆绑园所提供园所管理、保教工作、教研活动、教师培训、家园共育等多方面的支持,并每学期至少进行一次入园指导。其下被牵头园则积极进行管理模式的转变和保教质量的提升,二级培训及家园共育活动的开展,为园所骨干教师开展培训和活动提供了支持和协助。后期工作室数量有所增长,但是模式开展基本一致。

(二) 区域联盟,跨区支教促进南北疆基层学前教育协同发展

虽然M县和W市S区帮扶式发展的模式未能和K市一样形成较为完整的管理体系和制度,但也在此发展理念下形成了各自的发展特色。M县在C州统一规划下建立了联盟发展的模式,但囿于本地幼儿园与其联盟幼儿园在园所发展和保教质量方面,与城市幼儿园相比均较为薄弱,联盟发展效果尚不明显;而W市S区园所之间的帮扶模式更具非正式性,偶有片区教研,尚未形成制度。

1. 区域联盟,"级属辐射",帮扶式协同并进

针对目前学前教育人员紧缺、管理经验不足、管理机制不够完善、城乡学前教育发展不均衡的现状,M县所在的C州借鉴外省市先进经验并结合州域内发展实际,探索出了结对共建、以点带面全覆盖的学前教育联盟园管理模式。该管理模式通过组建学前教育发展联盟,形成"城区园引领乡镇园、中心园带动村级园、优质园扶持新建园和民办园"城乡一体化、公民办并进的发展机制,实现联盟内教育资源共享。C州公民办幼儿园将在一个核心联盟园、四个一级联盟园、七个二级联盟园以及二十一个三级联盟园的带领下共同发展。即一级园辐射二级联盟中心园,二级联盟中心园辐射三级联盟中心园,再由三级联盟中心园辐射下设的公、民办幼儿园。据报道,该"级

属辐射"的联盟发展模式将覆盖全州 252 所幼儿园①。

2. 轮岗互换,跨区支教,"北师南调"带动发展

针对农村幼儿园师资力量薄弱的问题,新疆采用的是轮岗互换的方式,一般程序为城市或者乡镇幼儿园每年派出本园的 1—2 名骨干教师去农村幼儿园支教 1—2 年,同时农村幼儿园派出相应数量的教师到对接园所跟岗学习 1—2 年。接收园所普遍反映农村跟岗教师刚到园所时专业素养较低,甚至有些派来的园长都不清楚幼儿园活动如何开展。针对该问题,M 县和 W 市 S 区园长的方法值得借鉴,其共同特点是安排轮岗教师进班,在保育员、配班教师、主班教师等岗位上逐一进行跟岗学习,跟岗结束后教师取得非常大的进步,部分教师还在当地教育局组织的比赛中取得很好的成绩。W 市 S 区公办园对接的是园长项目,考虑到园长工作的全面性,往往要求跟岗园长第一学期全部进班,从卫生习惯、教育等方面全面学习,第二学期在各个岗位均待一个月,首先是保健室,其次是后勤部门,再次是教研室,最后跟随园长,这样全面的跟岗学习对于园长领导力和专业能力的提升具有很大效用。

除了轮岗互换的方式,新疆还普遍存在派出北疆教师到南疆支教的情况,如北疆教育部门的公办园所都会和南疆农村地区幼儿园对接,这一"北师南调"的方式也很好地提升了农村幼儿园的师资质量和教学水平。在此次调研区域中,可以从 W 市 S 区派出骨干教师到南疆的农村幼儿园支教及担任园长的情况中窥视一二。目前 W 市 S 区对接的两个地区为南疆 H 地区的两个县,此前还曾与南疆 K 地区对接。W 市 S 区将本区幼儿园的骨干教师派出到南疆地区农村幼儿园支教,这些支教教师分为 12 个组,实行联动机制,组长(均为优秀园所的园长)会定期组织活动进行交流研讨,共建结对帮扶。北疆的优质师资派遣到南疆进行师资及园长力量的辐射,从而推动南疆地区学前教育的改革发展,这一"北师南调"的派出支教方式对于南疆片区相对落后的学前教育质量迎头赶上具有重要意义。

五、普及普惠坚守政治立场,学前教育促进社会稳定

新疆是当前我国反恐维稳、反分裂斗争的主战场,自治区政府一贯强调"发展经济、改善民生、改革开放、民族宗教、党的建设等一切工作,都要紧紧围绕社会稳定和长治久安来谋划来推进……把教育摆在重要位置"②。多年来各民族由于语言、风俗、饮食习惯不同,民族界限清晰,民族意识强烈,这种民族意识往往是从小形成的。在这样的大环境下,新疆的学前教育发展提升到了国家地缘政治的战略高度。教育现代化的历史研究和现实观察均显示,一般而言,教育问题本

---

① Q 县人民政府.C 州七县市联动全方位助力学前教育联盟落地生根[EB/OL].(2019-11-02).http://www.xjqt.gov.cn/news/gzyw/znyw/843868.htm.
② 央广网.新疆维吾尔自治区党委南疆工作会议今天举行[EB/OL].(2015-11-03).http://m.cnr.cn/news/20151103/t20151103_520382089.html.

身较难真正成为一个国家议事日程上的中心议题而获得优先解决[①]。只有当教育问题被表达为"政治问题"之后,或紧随政治问题之后,或被认为具有较大的政治效用之后,才能进入主政者的决策视野而获得解决。尤其在现代社会,公共教育资源需要大规模投入,只有政府才有能力为之。而政府对公共教育资源大规模的投入,或者将作出何种教育投入行为,决非仅由社会大众甚至政府关于"教育重要性"的抽象理念认识来决定,而是更加受制于这项投入行为的预期政治效用之大小[②]。

新疆普惠性学前教育公共服务体系建设不仅是扶贫维稳工作的红利,也是其重要组成部分,肩负着培养未来公民的历史责任。在实施农村适龄儿童入园"应入尽入"、幼儿园"应建尽建"的农村免费三年学前教育政策的同时,发行幼儿园统编教材和教师指导用书,"树立'五个认同'意识"和培养幼儿国家通用语言听说能力是其核心内容。扩大普惠性学前教育资源供给与体现政治立场的课程建设同步推进,覆盖率接近100%,使"少、边、穷"地区6岁以下幼儿均能初步掌握国家通用语言,了解当前国家主流文化的基本形态,逐渐适应和融入国家主流文化氛围中,进而形成正确的国家主流文化认知和强烈的中华民族文化自豪感,表现出积极的爱国主义行为,从小形成"五个认同"的政治意识。当地普惠性幼儿园普遍有意识地以幼儿的国家通用语言能力和"五个认同"意识影响其家长、辐射至家庭。例如,前文中提到的几个牧区幼儿园,园所尤其注重将国家通用语言、现代化生活习惯等教育内容由幼儿辐射至家庭,通过给幼儿布置家庭作业"教爸爸一句古诗""教妈妈一个习惯"等方式,使得家长在时间观念、教育理念、国家通用语言能力等方面都有了明显的改观。"后喻文化"在学前阶段即产生了明显效果,对新疆各民族向心力和凝聚力的不断增强具有重要的助推作用。

[①] 褚宏启.教育现代化的路径[M].北京:教育科学出版社,2000:11.
[②] 白亮,张竞文.农村学校布局变化三十年的制度原因分析——基于农村基础教育投入管理体制的观察[J].教育发展研究,2014(10):51-55.

第九章 四川省推动公办学前教育发展的地方经验与启示
——以 G 市和 C 市为例

2018 年 11 月《中共中央 国务院关于学前教育深化改革规范发展的若干意见》中提出:"到 2020 年,全国学前三年毛入园率达到 85%,普惠性幼儿园覆盖率(公办园和普惠性民办园在园幼儿占比)达到 80%,公办园在园幼儿占比偏低的省份,逐步提高公办园在园幼儿占比,到 2020 年全国原则上达到 50%,各地可从实际出发确定具体发展目标。"[①]如何提升公办园在园幼儿占比,达到 50%的目标,成为各省市学前教育发展的重心与关键。通过查阅相关资料以及实地调研,发现四川省在公办学前教育发展中有良好的经验,尤以 G 市整体性经验和 C 市顶层设计及已形成的较为成熟的体制机制为主要代表,值得探究与借鉴。

一、G 市补齐公办学前教育短板的地区经验

G 市(地级市)公办学前教育的发展从 2017 年底开始,截至 2019 年底实现了跨越式发展。2017 年底,G 市独立成建制的公办幼儿园有 78 所,仅占幼儿园总数的 10.94%,低于全省 8.96%,公办园在园幼儿人数仅占全市在园幼儿人数的 26.07%,其中主城区仅占 10.40%,低于全省 16.42%。截至 2019 年 11 月,G 市新(扩)建公办幼儿园 112 所,已投入使用 60 所,2019 年底前主体完工 20 所,开工建设 26 所。截至 2019 年 11 月,与 2017 年底的数据相比,G 市公办幼儿园学位数从 3.04 万到 5.14 万,增长了 2.1 万,公办幼儿园学位数占比由 26.04%提升至 45.04%,提高了 19 个百分点。G 市是如何在短短两年的时间实现了公办学前教育飞跃式发展的,有哪些值得借鉴的经验等值得深入探讨与分析。

通过对 G 市幼教专干和园长的访谈,以及对 G 市公办学前教育发展相关资料的整理发现,G 市公办学前教育发展的背后有着一套较为完备的机制。从图 9-1 中可以看出,G 市学前教育发展的核心在于领导班子重视,尤其是在 2017 年新市长上任后,将医疗、教育和养老作为三个着力

---

① 中华人民共和国中央政府.中共中央 国务院关于学前教育深化改革规范发展的若干意见[EB/OL].(2018-11-15).http://www.gov.cn/zhengce/2018-11/15/content_5340776.htm.

点,而学前教育底子薄、欠账多、学位紧、教师缺、保教质量不高,入公办园难,入民办园贵等问题突出,又是关乎老百姓幸福生活的重要民生工程,受到高度重视。

(一) 政府领导重视,强化责任落实,推动政策落实

根据前文所述,G市市长高度重视学前教育发展,尤其在推动公办学前教育发展方面,亲自组织研究、带队实地踏勘,科学规划布局,与此同时,市委书记、市人大与市政协也多次进行实地

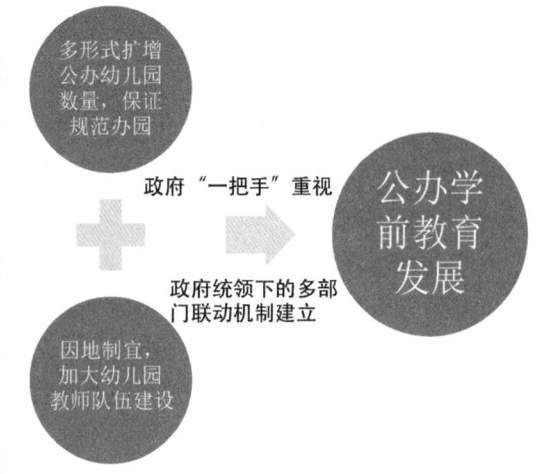

图9-1 G市公办学前教育发展机制图

调研,敦促学前教育相关政策的落实。以市委书记、市长、市人大与市政协"一把手"为主要成员组成的领导班子,推动和保障G市学前教育规划方案落到实处。根据中共G市委、G市人民政府印发的《G市全城实施公办学前教育示范园三年行动计划(2018—2020年)的通知》,全市三年规划新(扩)建公办幼儿园160所,新增学位数61 950个,确保到2020年底,全市80%的幼儿能入公办园。为了实现这一目标,市委、市政府将公办园项目建设作为重大民生工程纳入目标考核,制定各区县的责任清单,层层压紧、压实责任,保障建设任务落实,同时市政府召开多次推进会,专题研究公办幼儿园建设工作。此外,"一把手"的重视还推动了G市与省级部门的合作,2019年2月,四川省教育厅与G市人民政府签署合作协议,共建公办学前教育改革发展实验区,鼓励G市积极探索经济欠发达地区公办学前教育改革发展经验。

(二) 政府部门牵头,促进多部门联动,加强跟踪督导

学前教育发展作为重大民生工程,不仅仅涉及教育部门,还涉及发改委、自然资源、编办、财政、人事等多部门,各地学前教育也在积极建立以教育部门为主,多部门联动的学前教育公共服务体系[1]。G市公办学前教育的大力发展离不开市委、市政府的重视,正如G市幼教专干所言,"教育部门的力量太弱小了,学前教育的力量更弱小,主要是政府的重视,市委和市长的重视,我们要趁着这个'东风',促进公办学前教育的发展"。具体看,主要是在市政府牵头下,建立了跟踪督导、每月通报进度的制度,市财政局、自然资源规划局等职能部门对于涉及公办学前教育发展的相关程序实行省化并联审批,以缩短前期耗时。与此同时,还多次下发文件促进多部门联动机制的形成,如《中共G市委办公室、市人民政府办公室下达2019年省市民生实事目标任务的通

---

[1] 杨秋月.20世纪90年代以来北欧学前教育政策特点、趋势及启示[J].四川职业技术学院学报,2018,28(5):100-105.

知》《G市教育体育局关于印发〈G市区市县、园区教育体育工作年度考核办法〉的通知》等。此外，利用专刊积极报道学前教育发展情况，一方面能够激励相关区市县领导开展学前教育工作，另一方面市委、市政府、市人大、市政协和市财政等工作报道也对各部门联动有着敦促作用。同时，能够让老百姓看到政府想其所想、急其所急，真正践行以人民满意为宗旨的政府公共服务。

(三) 注重观念引领，落实三个优先，有效缓解难题

G市坚持教育优先发展战略，并提出"三个优先"，即坚持规划优先安排、坚持用地优先满足、坚持资金优先保障，作为解决用地、资金等难题的有效策略。

1. 坚持规划优先安排

把公办园建在人口密集地区以及公园、绿地周边，同时确保科学合理。如建在公园旁边的Z区YT幼儿园，建在人口密集区的Y县XF幼儿园，位于中心场镇的Q区HC镇幼儿园，由政府出资2100多万回购的小区配套园等。同时市教育部门新建的直属幼儿园适度扩大班额，开设15个班以满足学位需求。此外，在小区新建配套园方面，政府也给予了开发商极大优惠，幼儿园用地定价为15万/亩（一般建筑用地为200万/亩—300万/亩），开发商将幼儿园建好后无偿移交给政府，并提出成为名园分园的诉求，以促进其楼盘的销售。

2. 坚持用地优先满足

通过调整用地规划、闲置国有资产土地优先安排等方式满足幼儿园建设用地。据G市幼教专干介绍，"为了使第三幼儿园能够靠近主路，政府将武警训练场进行了迁移，并由财政出钱租赁了两个门面房，对其进行改造，使其变成阶梯式的楼梯，能够与主路相连，更方便入园，武警训练场则搬迁至近郊"。同时，根据G市国土资源局、规划局、教育体育局、住房和城乡建设局出台的《关于新出让土地配套建设公办幼儿园的通知》，已无偿划拨建设用地1200多亩。

3. 坚持资金优先保障

G市财政足额保障本市9所公办幼儿园的建设资金，每年安排3000万元设立了公办学前教育奖补资金，调动了各区市县（园区）的积极性，各区市县（园区）调整支出结构保障公办幼儿园建设，已持续投入资金5亿多元，同时市县两级秉承抓项目、抓政策、抓资金的"三抓"思路，主动争取，多方增援，保障项目建设。

(四) 园所独立建制，探索机制创新，加强队伍建设

针对部分幼儿园没有独立建制的情况，为了焕发公办幼儿园的发展活力，对于新建成投入使用的幼儿园，均独立建制，对于老园，积极促进其独立建制。面临幼儿园保教人员紧缺且没有单列编制的实际，积极探索用人机制，教育部门与编办、财政局、人力和社会保障局出台《G市公办幼儿园合同制教师招聘管理办法》《G市公办幼儿园合同制保育员招聘管理办法》，两年公开招聘合同制教师573名，由财政足额保障工资待遇，工资待遇（不包括五险）因学历不同而有所差异，专科 4.8 万/人/年,本科 5.2 万/人/年。对于工作满 3 年以上的优秀的合同制教师,根据幼儿园空编情况,每年安排一定数量的幼儿园教师岗位公开考核招聘,破解幼儿园教师补充难题。针对保教队伍专业素养不高的问题,实施质量提升工程,聘请省内外专家团队广泛开展岗前集中培训,组织"教学服务技能大比武"等活动。

同时,为了促进合同制教师的可持续发展,政府部门计划未来从以下两方面着力:一是争取更多的幼儿园教师编制,与编办等部门进行协调,在补足补齐退休教师编制空缺的基础上,争取获得更多编制。值得注意的是,幼儿园教师缺编在全国各地都较为普遍,所以幼儿园教师编制问题在受到关注的基础上如何得到有效解决,是重点、难点,也是核心点;二是注重教师职后培训,市财政拨付经费,对合同制教师进行岗前集中培训,且尽力实现在编教师与合同教师培训的平等性与安排的合理性。

(五)强调规范办园,特色化办园,保障质量提升

G 市坚持建成一所、投用一所、用好一所。在管理精细化、保育人性化、办园特色化三方面上着力,落实《幼儿园工作规程》,明确岗位职责,完善工作制度,确保幼儿园规范运行,坚持"以园带园、以城带乡"。C 市、M 市等 10 所优质园与 G 市 20 所幼儿园结对帮扶,通过市内优质园与乡镇园一对一结对,植入优质教育资源,共享先进管理经验。同时,引导民办幼儿园规模发展、特色发展、优质发展,提升保教质量,推动园所提档升级,在 9 所省级示范园和 20 多所市级示范园的基础上,促进地区整体学前教育质量的发展。此外,还在教师培训和课程建设上下功夫。教师培训方面,2019 年财政局拨付 65—70 万左右的资金支持园长和幼儿园教师培训,积极安排园长参加国培、省培、专业团队等提供的培训,区市县分批分类型对教师进行培训;课程建设方面,结合地域特点进行创新,如有的幼儿园以地方曲艺课程为特色,有的以阅读和足球为特色,有的以美育为特色。

二、C 市市级层面进行顶层设计,促进学前教育发展

C 市 2016 年到 2018 年在园幼儿数从 51.45 万人提升至 56.52 万人,入园率由 98.89% 提升至 99.42%。在这个过程中,制度层面的顶层设计,以及各部门之间的协调合作,是推动普惠性学前教育发展的重要保障,其中以公益性幼儿园的发展和幼儿园教师队伍的稳定机制为主要经验。

C 市学前教育的办园性质大致分三类(见图 9-2):公办幼儿园、公益性幼儿园和民办幼儿园。公办园有两种形式,其一是政府部门办园,二是集体办园,且由于学位供给数量有限,这两种幼儿园之前的招生对象较为固定。公益性幼儿园是自 2011 年开始的一种新兴模式,它指政府部门给予一定资金投入

图 9-2 C 市普惠性幼儿园的构成类型图

补偿,并根据实际情况定价的普惠性幼儿园,是指经区(市)县教育行政主管部门认定,执行政府定价,享受财政补助的幼儿园。民办园即私立幼儿园,收费各异,但普遍不低。从图9-3我们可以看出,2016年到2018年,一般性民办园数量无论在相对值还是绝对值上都有显著性下降,而普惠性民办园则有显著提高,增加382所,提高11.55个百分点,公办幼儿园也有所提高,增加194所,提高5.7个百分点。与之相对应地,普惠性幼儿园的在园幼儿数也由2016年的31.03万提升至2018年的39.45万,增加8.42万个学位数,占比也由原来的60.32%提高至69.8%。

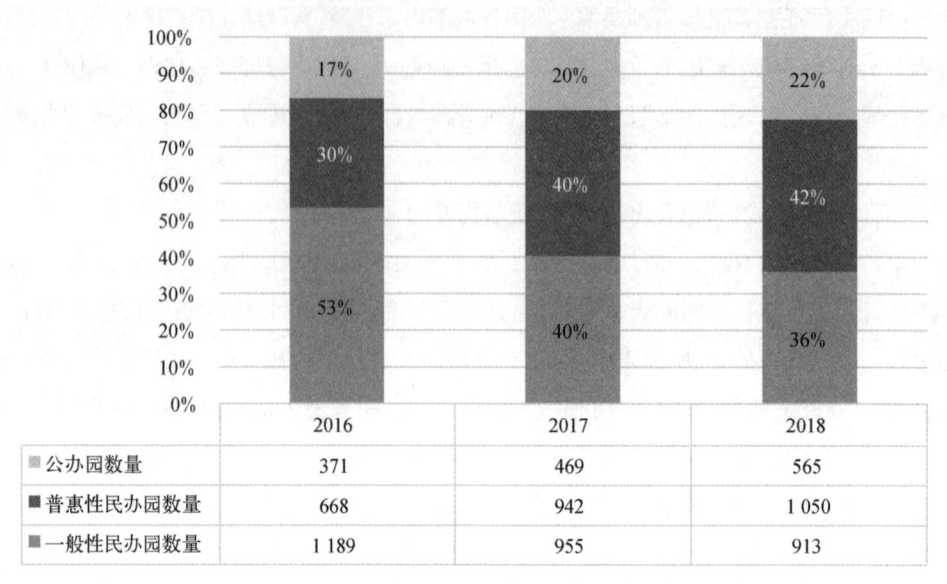

	2016	2017	2018
公办园数量	371	469	565
普惠性民办园数量	668	942	1 050
一般性民办园数量	1 189	955	913

图9-3 2016—2018年C市各类型幼儿园数量及占比

(一) 公益性幼儿园:在一定程度上缓解入园难、入园贵问题的新兴模式

在《国务院关于当前发展学前教育的若干意见》的引导下,C市出台《C市公益性幼儿园管理暂行办法》,将其作为幼儿园学位补位的重要工作部署。同时,根据教育部和省教育厅要求,出台了三期C市学前教育三年行动计划,紧紧围绕"幼有所育"这一目标,强化顶层设计、着力改革创新。在C市"以公共财政投入为主、以公办和公益性幼儿园为主的学前教育发展格局"的战略指引下,其公益性幼儿园建设焕发出鲜活生命力。

1. 市级层面做好顶层设计,为公益性幼儿园发展保驾护航

C市对于公益性幼儿园的顶层设计,主要集中在专项规划、财政支持与长期管理三方面。首先,专项规划方面,按照实际需求,进行科学布局、合理规划,把幼儿园学位比例由28‰提升到31‰—33‰,把幼儿园生均占地面积增加1 m²[①]。积极引导符合标准的民办园办成公益性幼儿园。其次,财政支持方面,以公共财政补贴作为主要投入方式,扩大公益性幼儿园补助范围,出台

---

① 白兰.成都市学前教育发展状况调查研究[D].电子科技大学,2019.

《关于实施C市公办幼儿园生均公用经费拨款标准和提高公益性幼儿园财政补助标准的通知》。从2015年起,C市中心城区、近郊、远郊公益性幼儿园财政补助标准分别为2 400元、1 000元和800元,较第一期学前教育三年行动计划标准上调200—400元不等,前两个地区由市县财政三七分承担,后一个为七三分。同时坚持市政府财政补助与定价,对主城区的公益性幼儿园,按400元/生/月收取保育教养费;对幼儿教师的养老保险、教职工的基本养老保险都适当进行财政补贴。最后,长效管理方面,对申请加入公益性幼儿园的民办幼儿园的认定程序、考核办法细化落实,对各区市县学前教育投入、普惠性学前教育资源的扩大、幼儿园教师待遇保障等进行专项督导,并及时向当地政府通报督导情况。

2. 加强宣传报道,提高公益性幼儿园吸引力,保障生源

C市对每年6月公益性幼儿园招生予以规范,建立中心城区公益性幼儿园网上招生报名平台,通过社区宣传、报刊、电视等加强对全民的普及,规范网上报名流程。同时,进入公益性幼儿园建设中的园所均会获得政府挂牌,百姓对政府认可的幼儿园较为放心,一定程度上提升了公益性幼儿园吸引力,保障其生源的稳定性。据C市学前教育处处长反映,"中心城区公益性幼儿园报名数大于招生计划数的,均采取微机派位的方式录取"。

3. 专注公益性幼儿园教师专业发展,提升教育质量

C市主要通过结对帮扶、职后培训等方式提升教师专业素养,从而提升公益性幼儿园教育质量,促进其可持续发展。对于幼儿教师的职后培训主要是市区两级,以区级为主,对于公益性幼儿园教师,会通过园所结对帮扶的形式加强日常工作、教育教学等方面的培训,也会让其参加集体性培训,在外出培训等方面也会给予相应名额。

此外,据相关人员反映,随着国家对普惠性幼儿园尤其是普惠性民办园建设要求的提出,C市公益性幼儿园将逐步转为普惠性民办园,成为普惠性民办园的主要来源,相关认定和管理办法正在制定中。

(二) 加强师资管理,创新稳定教师队伍新机制

十九大报告提出我国已进入社会主义建设新时代,民生方面提出优先发展教育,培养高素质教师队伍,优秀的教师是高质量的教育的重要基础。在学前教育领域亦是如此,为了推动地区普惠性学前教育发展,C市创新稳定教师队伍机制。从图9-4中可以看出,其主要由补充机制、专业成长机制和队伍保障机制三部分构成。

1. 健全学前教育教师队伍补充机制

(1) 落实教师准入制度

严格实行幼儿园园长、专任教师、保育员和卫生保健人员

图9-4 C市创新稳定教师队伍机制图

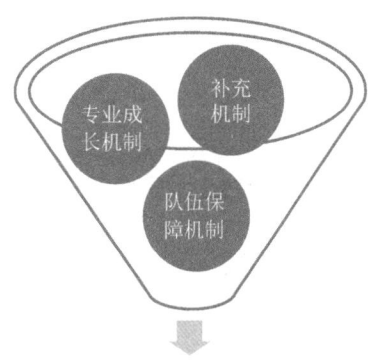

等持证上岗制度,对未取得资格证书的现任教职工限期取得相应资格。2016年,C市各类幼儿园教职工为6.1万人,幼儿园园长、专任教师和保育员的持证上岗率分别为91.8%、93.1%、94.5%。

(2) 探索多元培养机制

开展学前教育免费师范生地方试点工作,每年招收学前教育专业本科、专科毕业生70人,推动地方院校举办学前教育自考大专班,主动对接师范院校,校地协同促进学前教育专业加快发展,实现幼儿教师职前培养与用人需求有机结合。

(3) 拓宽教师补充渠道

督促公办幼儿园按照《幼儿园教职工配备标准(试行)》补足配齐幼儿园教职工,建立幼儿园教师长效补充机制。在公办幼儿园采取政府购买服务方式补充编外教师,指导幼儿园依法与教师签订劳动合同,着力突破了编制难题。近3年来,教育部门举办的幼儿园共补充教师1 164名。

2. 健全学前教育教师专业成长机制

(1) 强化师德师风建设

引导幼儿园教师践行"有理想信念、有道德情操、有扎实学识、有仁爱之心"的"四有"好老师要求。将幼儿园教师的师德表现作为教师资格定期注册、年度(聘期)考核、职称评聘、评优评先和发放绩效工资的重要依据,对师德失范教师实行"一票否决"。

(2) 构建分层培训机制

由人事与教师工作处负责,坚持"学、研、训、导"一体化培训机制,建立教研联组工作机制,强化专业指导,构建覆盖城乡的教研工作网络。创新园长培训机制,开设领航园长班和名园长工作室,有效提升园长专业素质和实践能力。通过师徒"一对一"、一师多徒和名师工作室等多种方式,切实提升农村教师专业化水平。编印并正式出版《幼儿园一日活动保教常规操作手册》,强化保教人员入职培训。

(3) 加强领军人才建设

高度重视学前教育领军人才队伍建设,在C市"未来教育家"、"优秀教育人才培养计划"中单列学前教育指标,按照每人每年不少于10万的培养经费开展高端培训。在评优评先中,明确要求要关注学前教育名优教师,加大推荐工作力度。2016年,3名学前教育教师被评为首批中小学正高级教师(占总数的10%);2017年,3名学前教育优秀教师被评为特级教师(占总数的6%),8名教师被评为市学科带头人(占总数的7%)。

3. 健全学前教育教师队伍保障机制

(1) 构建编外教师工资财政保障机制

工资待遇方面,2015年,C市教育、财政和人社部门联合下发《关于公办幼儿园非在编教师待遇的指导意见》,实行"以县为主"的管理体制,将非在编教师工资列入财政预算,在公办幼儿园实现了同一区域非在编教师的同工同酬。目前,大部分区县的编外教师工资标准已提高到5—7万元/人/年。

(2) 切实提高公办幼儿园职称结构比例

将幼儿园教师纳入统一的中小学教师职称制度体系,民办幼儿园教师与公办幼儿园教师均可申报相应职称。从2016年开始,大幅度提高公办幼儿园教师岗位结构比例,由不超过5%提高至15%,全市公办幼儿园共新增中小学高级教师岗位数316个,切实优化教师职称结构,激励教师专业发展。自2016年开始,学前教育阶段每年正高级职称基本保持在2个左右。

(3) 统筹构建公办和公益性幼儿园教师关爱机制

强化财政支持政策,对公益性幼儿园教职工参加城镇职工基本养老保险的单位缴纳部分给予40%的补贴。将幼儿园教师纳入《C市乡村教师支持计划实施细则》实施范围,对通过在职学习提高学历至本科、研究生的公办幼儿园教师分别给予1 800、6 000元的补助。部分区市县探索实施学前教育教师关爱工程,如W区按4 760元/人/年的标准设立专项经费,从全员阅读、全员健身、体质监测、健康体检、心理关怀、营养餐等方面促进教师身心健康发展。

三、C市各区县因地制宜,创新体制机制,推动公办学前教育发展

C市各区县灵活机动,因地制宜,根据调实地调研以及资料整理,选取了两个较为成熟的机制为例,一个是W区"两自一包"办学管理体制,一个是G区采用"公建民营"方式兴办S幼儿园。

(一) W区"两自一包"办学管理体制

W区为突破当地幼儿园教师编制短缺的瓶颈,尽早实现2020年我国普惠性幼儿园建设目标,充分发挥党组织的核心作用,以教体局为主体,联合多个政府相关部门,在当地的学前教育治理过程中探索出了一套极具创新性的新型办园管理体制。

1. "两自一包"的发展脉络

从图9-5可知,W区"两自一包"办园管理体制的发展共经历了"经费打包拨付到园的试点阶段"、"新建园全面适用的过渡阶段"和"全区域广泛实施的推广阶段",主要用于突破编制短缺对该区学前教育事业发展的制约,办好人民满意的学前教育。

图9-5 C市W区"两自一包"办学管理体制发展脉络

(1) 第一个阶段(2015—2016年),区教育局联合财政部门以经费为主要突破口,将办园经费划拨为项目经费、人员经费(以6∶1的生师比为规范核算园所非在编教师人数,按照人均5万/年的教师基本待遇保障标准统一拨付给幼儿园)和生均公用经费(按照在园幼儿人数给予园所2 000元/年的生均公用经费补助)三部分,打包拨付给幼儿园,由幼儿园自主决定经费的使用。

(2) 第二个阶段(2016—2017年),区政府部门领导通过总结前一阶段经费打包拨付入园的经验,进一步提炼出了"教师自聘、管理自主、经费包干"的"两自一包"核心办园理念,同时将该理念运用于该区所有的新建幼儿园,实现了"两自一包"办园的里程碑式发展。自此,新建幼儿园全部以"两自一包"办园理念进行运营。

(3) 第三个阶段(2018至今),W区政府部门对办园经费实施动态管理,将人员经费和生均公用经费纳入生均教育成本进行核算(2018年约为17 000元/年),"两自一包"也突破了仅运用于幼儿园内部管理模式的形势,进一步上升为全区幼儿园的办园管理体制,之前已建成的老园也可通过申请,自愿加入"两自一包"的办园新征程。

2. "两自一包"的具体做法[①]

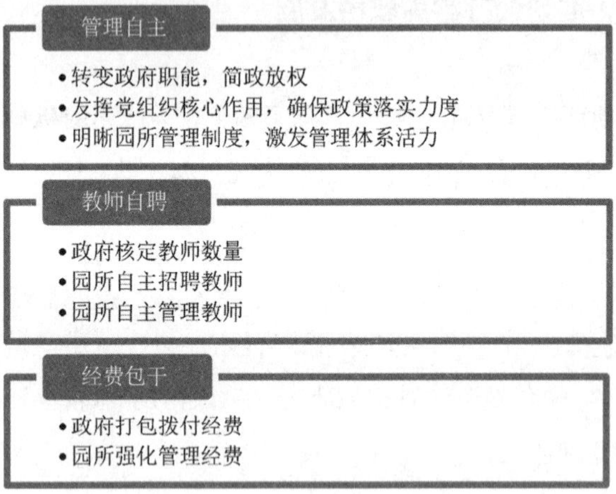

所谓"两自一包"指的是管理自主、教师自聘和经费包干,主要以经费管理为突破口(见图9-6):

(1) "管理自主",强调落实办园自主权

① 转变政府职能,简政放权。明确教育行政部门和幼儿园之间的权责划分,据区学前教育科科长提供的材料可知,政府部门主要进行统筹规划、政策引导、依法监管和办学质量评估,将幼儿园发展规划、教育教学管理、课程设置开发、教职员工聘任、中层干部选聘、幼儿园经费支配等权力交给幼儿园,以增强幼儿园的发展活力。

管理自主
- 转变政府职能,简政放权
- 发挥党组织核心作用,确保政策落实力度
- 明晰园所管理制度,激发管理体系活力

教师自聘
- 政府核定教师数量
- 园所自主招聘教师
- 园所自主管理教师

经费包干
- 政府打包拨付经费
- 园所强化管理经费

图9-6 C市W区"两自一包"具体做法

② 发挥党组织核心作用,建立完善的园所管理制度。W区教育局党工委依照校长管理办法聘任"两自一包"校(园)长,指导和监督校(园)长组建由3—5名党员干部教师组成的核心团队,发挥政治核心作用,落实党的教育方针政策,确保社会主义办学方向。W区教育局党组为决策主力,部分决策以区委区政府牵头,教育局下设科室由党建牵头,涉及教育、编办、人社、财政等多个部门。同时,还明确了校(园)长负责制下的共同治理结构,健全党支部委员把握整体方向、行政会执行、教代会审议和监督、家长委员会参与的内部管理机制,以法制、民主、科学的管理

[①] 该部分主要根据访谈资料和相关文献梳理而成,文献为:C市W区教育局.破解管理难题,释放办园活力——W区公办幼儿园"两自一包"体制机制改革[J].教育科学论坛,2019(17):3-6.

制度凝聚合力,激发各方充分发挥积极性和创造性(见图9-7)。

(2)"教师自聘",建设高素质教师队伍

① 政府核定教师数量。W区教育、编办、人社、财政主要根据幼儿园规模、教师结构、幼儿班额、课程设置等情况,共同制定幼儿园教师规模控制数核算标准,实行"一年一核"动态管理、适度调整。

② 园所自主招聘教师。按照"按需设岗、按岗定标、按标聘人"的原则,幼儿园拟定相关方案向教育部门报批,接受纪检部门监督,确保自主招聘教师"优中选优",所聘教师均实行劳动合同管理,政府兜底,保障所聘教师的工资、五险一金和特殊津补贴,确保非在编教师与在编教师同工同酬。

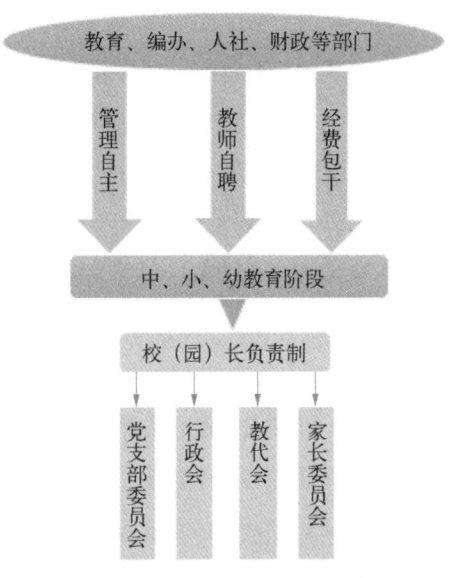

图9-7 C市W区"两自一包"办学管理体制

③ 园所自主管理教师。根据教师上岗时间、工作态度、工作能力和发展潜力等,建立"长短合同制",并建立退出否决机制,对不合格的教师实行"约谈提醒—帮扶整改—依法退出"三步退出机制,对出现师德师风问题的教师实行"一票否决"制。

(3)"经费包干",提高资金使用效益

① 政府打包拨付经费。包干经费参照公办同类幼儿园公用经费和人头经费的平均数,分年度打包划拨给幼儿园,区教育局以全区公办同类学校上一年上述费用的实际支出数作为基数,遵照教育经费的"三个增长"(全区公共财政预算内教育经费增长高于财政经常性收入增长、生均公共财政预算教育事业费支出逐年增长、生均公共财政预算内公用经费支出逐年增长)为原则,按幼儿园需求,在测算幼儿人数后,在年初预算中划拨给幼儿园。

② 园所强化管理经费。在园内实行全员预算和项目管理制度。个人或团队经费按照年度工作项目提出预算申请,预算方案报专家组审核,经教代会通过后支配使用,使用过程中按照项目制进行管理,并公开征集执行团队,同时建立经费公开、审计制度,实现"一月一公示、一季度一汇报"制度。为保证资金安全、合理使用,区教育局还委托第三方审计机构每年对幼儿园经费的使用情况进行独立审计,保证资金依法合规使用。

3. "两自一包"的初步成效

在实施"两自一包"后,W区学前教育发展初见成效,主要表现在:

(1)公办园在园幼儿学位数显著增加

2018年,W区公办幼儿园学位数达12 780个,与2016年相比增长了约50%。

(2)教师专业能力增强,流失率下降

据W区A园园长所言,A园教师的流失率由2017年的17%下降为2018年的4%。此外,相关数据显示,自 2017 年以来,W 区幼儿园新增中小学高级教师职称 33 人,增比达 45%,新增区级以上荣誉称号教师 21 人,增长约 22%。实施"两自一包"管理体制的幼儿园获国家、省、市、区各级各类奖项 30 个,参加国家、省、市、区各级经验交流 40 次。

(3) 区域学前教育发展辐射带动作用明显,影响力提升

"两自一包"管理体制得到了省级、市级政府和教育局领导的高度关注和肯定。入选 2017 年度四川省全面深化改革三周年典型案例;入选 2018 年第五届全国教育改革创新典型案例;入选教育部"十八大以来教育综合改革典型案例"成果集、"四川省教育改革创新发展典型"案例。

(二) G 区采用"公建民营"方式兴办 S 幼儿园,获得广泛好评[①]

C 市 G 区作为一个技术产业园区,近年吸引了大批高新技术人才进入,是典型的人口导入区,大规模的人口流入,带来的是其对相关公共服务的需求增大,学前教育作为公共服务中的重要组成部分,倍受关注。为解决 G 区优质学前教育供不应求的情况,改变"入公办园难"的现状,G 区政府结合地区实际,积极探索办园新模式,在 S 园建设的过程中,采用了"公建民营"的模式,并在短短 2 年期间获得广泛好评,值得探究。

G 区 S 园为"公建民营"办园模式,是政府实行招标引进的方式,将其投资建设的幼儿园委托给 L 教育集团经营。S 园在"公建民营"模式下经营期间,没有改变国有资产的性质,但所有权和经营权是分离的,经营权由 L 教育集团负责,这种办园模式不仅极大降低了幼儿园办园成本,而且激发了园所活力,正如 S 园园长提到的,"公建民营"最大的优点就是在保障公办性质情况下激发园所活力,这是民办教育机构的特点也是生存之本。

1. S 园为公办性质园所,且属于小区配套园,低价优质,有效扩增了公办学位数量

(1) 政府全程把关竞标到办园的过程,承办者质量得以保证

S 园为小区配套园,在建设的时候由开发商进行建造,交付政府后,政府采用"公建民营"的方式,委托给 L 教育集团进行运营(见图 9-8)。可见,政府全程参与竞标过程,通过公开、公平、公正的方式面向社会发布"公建民营"招标公告,经过竞标者的申请答辩、综合考评等程序,确定 L 教育集团为举办者。这主要是因为 L 教育集团有着近二十年的办园经验,截至目前已创办了十几所幼儿园,其对于园所运营有着较为完备的体系,教育质量较高,在家长中也有着良好的口碑。

政府部门发布招标公告 → 承办者申请竞标,进行评审答辩、综合考评 → 开标 → 政府发布中标公告 → 确定绿舟教育集团为举办者 → 签订办园协议

图 9-8 C 市 G 区 S 园招标程序图

[①] 由于 G 区尚未发布"公建民营"办园模式的相关材料,此部分主要根据 L 教育集团 S 园园长的访谈资料及 L 教育集团官网资料整理而成。

政府与L教育集团的首期经营年限签订为6年。目前,S园共开设9个班,在园幼儿为280名,有效地增加了公办幼儿园学位数量。

(2) S园接受政府限价与保教质量监督,确保低价优质学前教育供给

据S园园长介绍,G区对S园的管理模式类似于公办幼儿园,具体监管内容主要包括收费、财务和保教质量方面:

① 收费方面,按照公办园收费标准实行,目前S园为二级园,收费标准为600元/生/月,据S园园长介绍,这样的收费标准对于周围小区业主而言,不算什么负担,与周围私立幼儿园相比,已经特别低了。

② 财务方面,区教育、财政部门对幼儿园的财务进行监管,保证各项经费专款专用。S园每月的保教费由家长自行打入区财政非税账户,若需要使用经费,则需向区教育局进行申请,详细说明用途获批后,区财政局拨付相关经费。

③ 保教质量方面,与公办园相同,政府部门通过各种手段,如日常安全卫生等专项督导、年检等对园所保教质量、"小学化"等方面进行评估,正如S园园长所言S园"与民办园最大的不同就是,日常的督导评估与公办园一样多"。

2. S园依托民办教育机构运营,发展特色课程,彰显办园活力

为了满足家长对优质学前教育的需要,L教育集团发挥民办教育机构的特色,依托G区特点,在"活"中求特色,由于C市G区拥有大量国内外优秀企业和高精尖人才,且S园的家长群体中有一大部分属于创新科技人才,在地区背景和家长群体背景的双重作用下,园所开发"创客教育"活动,以"创客教育"活动打造特色幼儿园。这一特色在2年的办园过程中逐渐形成,并在不断完善中,在园所环创、课程领域建设中均有所体现。此外,园所还会邀请家长作为"教师",开展幼儿园教学活动,以充分利用家长资源,实现家园共育。

3. 互利共赢"公建民营"办园模式合作机制的形成

由图9-9可知,"公建民营"办园模式的背后是政府与L教育集团互利共赢的合作机制。

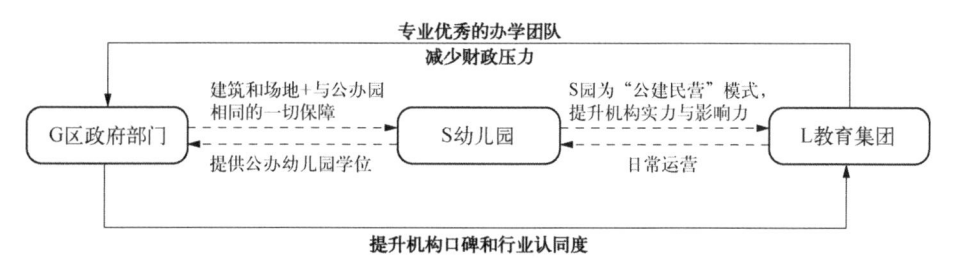

图9-9 "公建民营"办园模式合作机制图

(1) 与政府负责运营一所幼儿园相比,其可以花费较低价格,办好S园,满足百姓需求

"公建民营"的幼儿园只需要政府建好,给予适当补贴,就可以获得一所质优价优的幼儿园,在一定程度上减少政府财政压力,有助于提高财政支出效率。

(2) 参与"公建民营"为 L 教育集团提供了良好的发展机会

S 园是公办性质幼儿园,由 L 教育集团运营,这为 L 教育集团在百姓中间形成好口碑、树立好形象提供重要支撑,有助于扩大品牌影响力,并为与政府的进一步合作打下重要基础。

S 园代表的"公建民营"幼儿园作为一种新兴的公私合办的办园模式,改变了传统的公、私单一学前教育资源供给模式,将政府和社会结合起来,在扩大学前教育资源的同时,有效地弥补局部地区学前教育资源短缺的情况;同时在政府的有效监管下,幼儿园的保教质量也得到提升。

4. L 集团脱颖而出的关键:具备较为完善的"师资储备培训"一体化管理机制

L 教育集团是一个体制完备、经验丰富的社会教育机构,有着较为完备的师资储备和职后管理体系,这也是其能够在众多竞标者中脱颖而出的关键,据 S 园园长所言:"S 园师资队伍由 L 教育集团自行配备,因为 S 园为公办园,除去两位园长的工资待遇在政府支付给 L 教育集团的管理费当中,其余教师除了没有编制以外,在教师资格认定、评定职称、奖励福利等方面和公办幼儿园教师享受国家同等待遇。"

由图 9-10 可知,L 教育集团师资队伍管理从前期储备开始,一直持续到教师职后职业规划与发展,整个程序较为完备。

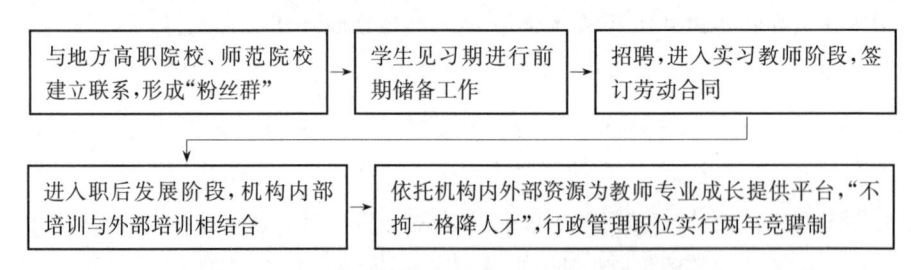

```
与地方高职院校、师范院校        学生见习期进行前        招聘,进入实习教师阶段,签
建立联系,形成"粉丝群"    →    期储备工作         →    订劳动合同

进入职后发展阶段,机构内部        依托机构内外部资源为教师专业成长提供平台,"不
培训与外部培训相结合         ←   拘一格降人才",行政管理职位实行两年竞聘制
```

图 9-10 L 教育集团师资队伍一体化管理程序图

(1) 教师队伍职前储备与培养

L 教育集团的师资主要来源于四川省的一些高职和老牌师范院校,机构中一些成员会定期去相关高校开办讲座或承担一些课程,形成"粉丝群"。机构每年会招收一定数量的实习生进行职前培训,培训内容包括理论知识和师德师风的学习,具体学习内容为与家长的沟通交流、教学活动环境的创设。据 S 园园长介绍,对于实习教师或新手教师的培训,机构会考虑到90后教师的特征以及其真正面临的实际问题,对于这些教师,教育教学活动很重要,但是如何与家长沟通,做好家长工作可能是她们面对的第一个难题。在培训期间,实习教师不会进行顶岗实习,待培训结束后,实习教师进入 L 教育集团旗下的各个园所,机构结合下属园自身的课程体系,帮助实习教师建立职业连接点,进而提升实习教师的职业认同感。

(2) 教师职后培训与发展

园所内部的教师职后培训方面,主要提供教育基本理论、教学方法等学科专门知识的培训,且该机构十分重视教师的师德师风建设。据 S 园园长介绍,机构会定期邀请法律顾问进行案例讲解,且在机构各分园园长培训过程中,强调园长对教师师德师风的监督,营造良好园所的文化氛围,并且联合行业内外专家精心打造园长实践类课程。园所外部在园教师会根据省市区要求参与区级培训,如G区培训中心举办的各种培训以及委托第三方机构展开培训,同时也会参加省市教育部门主办的国培、省培计划。

四、四川省推动公办学前教育发展经验的启示

从四川省G市和C市推动公办学前教育发展的经验中得到以下启示:

(一) 地方"一把手"的重视是推动公办学前教育发展的核心

从G市和C市公办学前教育发展的过程中,尤其是G市在2年内实现了跨越式发展,发现地方公办学前教育发展深刻体现了我国基层政府的工作模式——"主要领导推动工作"。由于市长的重视,将学前教育作为民生工程的重要方面,与市委、市人大、市政协"一把手"组建领导班子,统领财政、编办、人事等政府部门,形成多部门联动,大家"劲往一处使",急民所急,想民所想,以人民为中心,以办人民满意的学前教育为目标,注重问题导向,形成了G市补齐公办学前教育短板措施联动机制(见图9-11):强化责任落实,政策有序推进;落实"三个优先",有效解决难题;探索机制创新,加强队伍建设;狠抓管理规范,保障质量提升。此外,C市W区"两自一包"办学管理体系(见图9-7)也体现了这一点,党组织作为牵头方,发挥政治核心作用,保障党的教育方针政策的有效落实,统领各个部门。随着社会的发展,学前教育愈加受到人们的关注,成为关系民生工程的一个重要方面,我国施行"以县为主"的教育管理体制[①],公办学前教育的发展离不开地方政府领导的大力支持,这样才能有序地解决"入园难""入园贵"问题,营造学前教育良好发展的生态环境。

图9-11 G市补齐公办学前教育短板措施联动图

(二) 学前教育领导部门的顶层设计是促进公办学前教育发展的重要制度基础

通过对G市和C市公办学前教育发展经验的整理可知,学前教育领导部门顶层设计为公办

---

① 张旭.以县为主管理体制下教育治理现代化的困境与突破[J].现代教育论丛,2015(2):14-19.

学前教育可持续发展提供重要制度保障，G市在推动全市公办学前教育发展过程中，由市长牵头，多部门联合驱动，其中市学前教育相关部门发挥着重要作用，在统筹安排中积极参与，通过教育局领导发挥自身专业价值，以保障新增公办园规划布局的科学性与合理性，同时对于G市学前教育可持续发展也有着规划。C市则在《国务院关于当前发展学前教育的若干意见》的引导下，根据地区实际，创造性地提出了公益性幼儿园建设计划，并在专项计划、财政和长期管理方面对其进行顶层设计，出台相关准入标准、财政补助生均标准等，同时专门对公益性幼儿园进行报道，为其提供与公办幼儿园相同的招生平台，确保其生源的稳定。此外，还关注其高质量的教师队伍建设的情况，并在市级层面提出各区县要通过有效的职后培训方式提高教师专业水平，提升教育质量。

（三）立足地区实际，因地因园制宜，焕发公办学前教育发展新活力

C市W区的"两自一包"办学管理体制和G区的"公建民营"的新建幼儿园模式均体现了区县政府在推动公办学前教育发展过程中，在学习其他地方经验的基础上，立足地区实践，因地因园制宜，为学前教育发展注入新鲜活力。"两自一包"办学管理体制核心在于提供资金的基础上，充分给予幼儿园自主管理权，尤其在用人方面，正如W园长提到的自己对"两自一包"的认识是："（这样的形式）给予我们自主办学的权利，特别是在教师的自主招聘、自主使用和自主管理上。同时这项政策也从侧面提醒我们'两自一包'的幼儿园应该有一些创新性，自主就要有创新，如课程管理、文化建设等，要体现这种自主管理的特色，有助于促进我们思考。"G区采用"公建民营"模式保障新建公办幼儿园良好运营，主要是在保障园所公办性质的前提下，利用民营机构的灵活性，为园所发展注入新鲜血液，正如S园园长提到的，其在机构内部是"可以做一些调整的，使得教育教学工作更贴近工作要求与家长需求的联结点，如去年在幼小衔接部分，园所有意地将幼小衔接需要养成的学习习惯和生活自理能力融入到日常教学当中"。如何结合地方实际解决"入园难""入园贵"问题，焕发学前教育内涵式发展的新活力，各地会集合自身特点形成千千万万种方案，在这个过程中值得关注的是，其价值立场是不变的，即以人民为中心，办好人民满意的学前教育。

第十章 贵州省 T 市普惠性学前教育公共服务体系建设的经验与启示

截至2018年底,贵州省学前三年毛入园率已达到87%,公办幼儿园在园人数占比51.8%,普惠率77.8%,在毛入园率和普惠率两项指标上均已提前达成《中共中央 国务院关于学前教育深化改革规范发展的若干意见》中提出的2020年目标。贵州省还与多个公益组织开展不同类型的合作项目,如"一村一园:山村幼儿园"项目,并通过彩票公益金、压缩党政机关行政经费、结合扶贫工作开展等多措并举,支持贫困地区幼儿园建设。在推进普惠性学前教育公共服务体系建设的过程中,T市"在贫困地区探索了一条可以普及学前教育的路,有很多和常规方法不一样的(举措)",在2015年前就开展了多项工作促进学前教育普及普惠、提质升级,尤其重视扶助山村。

调研组在当地教育行政部门的支持下,选择T市发展路径具备典型性的W区、S县、Y县三地,以焦点小组座谈、问卷调查、实地参访的方式展开调研工作,总结T市普惠性学前教育公共服务体系建设过程中的突出经验。通过与三区县教育行政部门工作人员进行焦点小组座谈发现,脱贫攻坚是学前教育发展的重要契机。例如:易地扶贫搬迁安置需做好各项配套建设,满足安置点适龄儿童受教育需求是安置小区规划建设当中的重要部分,由此,易地扶贫搬迁既是普惠性学前教育公共服务体系建设的重大挑战,也成为该体系迅速发展的契机。

在S县某幼儿园建筑外墙上题写着醒目的"贵州教育精神":开放自信,乐于奉献;攻坚克难,勇于争先。人一之、我十之,咬定青山不放松,不达目的不罢休。正如T市教育局工作人员所说,"现在各个地方的财政都很困难,老百姓富了,但是政府很穷",S县教育局工作人员则说,"我们想办法把钱都挤出来,这几年的效能(工资)都没发了,咱们公职人员福利都砍掉了,工资降低了,每个人一年差不多降了两万"。这种"尽政府之力办学前教育,穷个人利益富儿童发展"的精神在各区县教育行政人员和园长、教师、山村幼儿园志愿者身上都有不同方面、不同程度的体现。

一、学位供给

从学位供给的总体情况来看,截至2019年11月,S县、W区、Y县入园率分别高达94.50%、98.00%、98.98%,普惠性幼儿园覆盖率分别为90.10%、85.67%、85.21%。三地教育行政人员在座谈中均表现出对公办园学位供给量的重视,认为虽然近几年大力发展学前教育,但是主城区在城镇化发展、易地扶贫搬迁人口流入,幼儿园建设用地紧缺和家长择园偏好的大背景下,公办园学位供不应求,而乡镇、村级公办园学位则比较充裕,能够满足周边幼儿的入园需求。

以T市S县为例(见图10-1),截至目前全县35所公办幼儿园和49所民办幼儿园中,若以小、中、大班分别25、30、35人为判断标准,则分别有9所公办幼儿园和21所民办幼儿园超班额运营,绝大多数分布在县城,仅有两个人口集聚、经济发展较好的乡镇出现超班额情况。其近年来各类型幼儿园在园幼儿人数分布如下图所示,可见在乡村地区教育部门承担起了全部办园责任,城区、镇区普惠性民办园比例不断提升,且镇区提升程度更为显著;乡村幼儿园在园人数自2017年逐年下降,而镇区幼儿园接收幼儿人数则有明显增长,反映出当前城镇化发展、县域人口变化趋势以及外出务工家长关于"留守"还是"随迁"的观念变革。

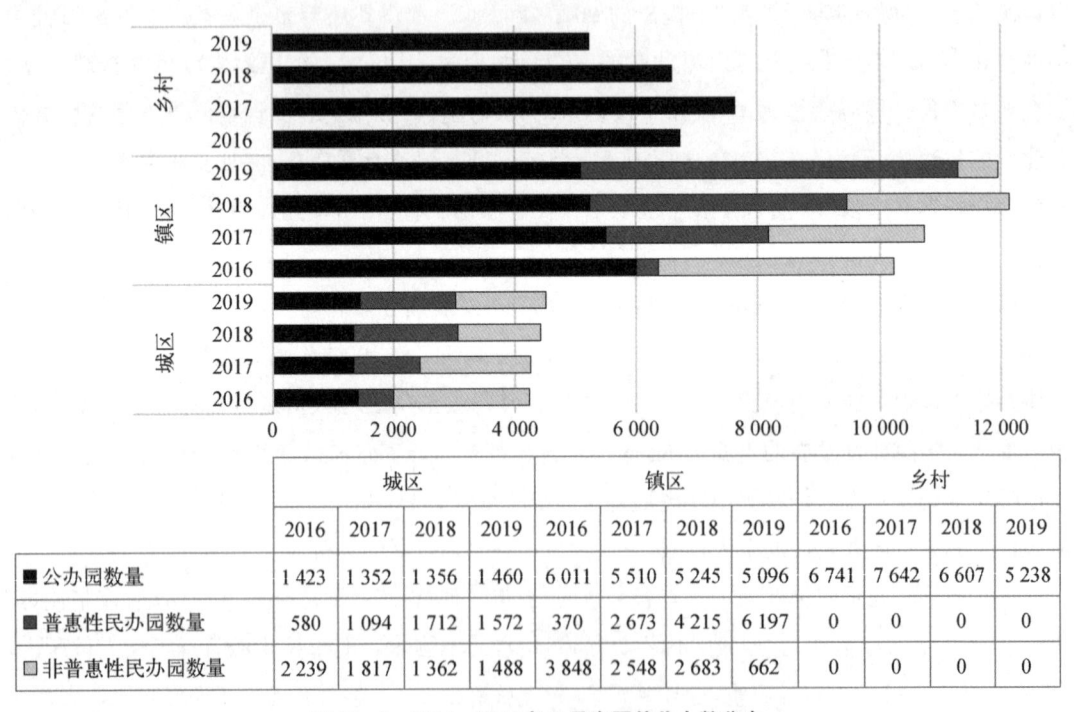

	城区				镇区				乡村			
	2016	2017	2018	2019	2016	2017	2018	2019	2016	2017	2018	2019
■公办园数量	1 423	1 352	1 356	1 460	6 011	5 510	5 245	5 096	6 741	7 642	6 607	5 238
■普惠性民办园数量	580	1 094	1 712	1 572	370	2 673	4 215	6 197	0	0	0	0
□非普惠性民办园数量	2 239	1 817	1 362	1 488	3 848	2 548	2 683	662	0	0	0	0

图10-1 2016—2019年S县在园幼儿人数分布

(一) 绿色通道,特惠先行

在城区公办幼儿园被普遍认为是优质学前教育资源提供方及学位供不应求的情况下,T市Y县、S县为实现对于特殊人群的"普遍惠及"以及对于为当地发展作出重要贡献的人群的制度化激励,在公办园摇号招生过程中对于特定人群开辟"绿色通道"。如:Y县城区公办幼儿园摇号招生过程中六类"绿卡"家庭子女可免摇号入学,包括军烈属、援藏工作人员、退役军人、高层次引进人才、招商引资企业家以及本园教职工。S县公办幼儿园则按照"就近入学"原则优先无条件满足两类人群的学前教育需求:一是易地扶贫搬迁家庭,二是附近企业厂矿中进城务工家庭(两者有所重合),例如地处S县经济技术开发区的某公办园,为满足周边家庭需求,通过幼儿园自行聘请合同制教师,使班级师资配备达到"三教一保",增大班额,生师比为12.61,使得学位供给量由建设时的350个增至目前的492个,其中约400个学位用于以上两类人群的"绿色通道"招生。

T市各区县对于贫困家庭儿童接受学前教育先后采取免费和象征性收取少量费用的做法,实现普惠性学前教育公共服务对象的"特惠先行"。在S县100所山村幼儿园试点的两年(2012—2013年)间和后来T市近2 000所山村幼儿园陆续投入使用的两年(2014—2015年)间,T市政府曾规定山村幼儿园不收取任何费用。免费入园政策实施四年后,当地政府进行了调整:对于普通山村家庭入园不再免费,以S县为例,目前山村幼儿园全年收费标准约为440元/生(其中保教费100元/学期、伙食费100元/学期、保险费40元/年)。收费标准调整出于以下两方面的考虑:一是教育行政人员走访发现"山村幼儿园不收费并不一定是一件好事儿,除了办园成本上的问题外,如果能收一点费用,能加强家长的重视度跟参与度,如果不收费,因为农村家长文化不高,会觉得可上可不上,上幼儿园跟他们没太大关系"(T市教育局某工作人员语),这与在广东省揭阳市开展的"义务教育全免费对农村教育影响的调查"结果存在一致性:义务教育全免费将有利于家长优化对子女教育的投资结构,然而部分家长又表现出对教育的动摇性和对孩子教育的松懈性[①];二是当地各区县均认为,县级财政长期作为山村幼儿园生均经费及各项支出的承担主体力有不逮,难以为继。但该县仍保持了山村幼儿园低廉的收费,并坚持了为无论生活在城区、镇区,还是乡村,进入何种类型幼儿园的建档立卡贫困家庭提供500元/生/年的专项补助,总体而言仍能保障处境不利儿童的"特惠"优先。

(二) 教育部门、共青团、村委会,"三驾马车"驱动乡村办园

随着城镇化进程的加快,T市初始建设的2 005所山村幼儿园随着山村适龄幼儿的迁出,依照当地群众的需求和意愿逐步撤并、减少,但目前仍有1 229所。由于山村幼儿园数目众多、布局分散,大部分规模较小,并且需依照当地人口变化情况灵活机动办学,需要完成大量的园舍改造、师资配备以及设施设备补充维护工作,非教育部门一己之力可以实现,因此T市探索出了一套由教育部门、共青团、村委会"三驾马车"合力驱动乡村办园的运行机制。

山村幼儿园园舍场地主要由教育部门拨付款项修缮改造已停办或被撤并的乡村小学,经安全检测后达到"五有"办园条件,即至少有一间30—40平方米的教室、有卫生厕所、有教学活动场所、有教学设施设备、有必需生活用品。山村幼儿园由县级教育部门统一管理,实行"集团化"办园,列入乡镇中心幼儿园直属分园,统一组织实施教学活动。

---

① 黄晓燕,王洁旋.义务教育全免费对农村教育影响的调查——以广东省揭阳市农村教育为例[J].教育导刊,2010(02):45-48.

师资配备工作则分为两部分,共青团在其中起到了主力军的作用。一是教师和保育员岗位由志愿者、特岗教师组成,其中志愿者招聘工作由共青团具体开展。自2012年起试点的山村幼儿园配套师资均由志愿者承担,随着山村幼儿园不断建设与提质升级,师资需求有增无减,其总量不足的问题即由共青团负责招聘志愿者进行补充,其具体举措简称为"县招团聘局管",即由县级共青团负责组织招募,教育部门负责管理使用和考核,主要面向社会招募。招募的幼教志愿者须接受县级教育部门组织的幼教业务培训,其中W区共青团也会协助组织一些幼教专家和培训机构定期对志愿者进行培训。"特岗教师"政策实施时间不长,由教育部门负责把关招聘。二是园所管理者岗位,由部分乡镇中心幼儿园作为集团化总园下派其管理层或骨干教师担任。

在没有可供改建的小学校舍的山村,村委会则提供村集体用地和村委会办公用房作为园舍,或者在租用农村闲置民房办园的情况下予以帮扶;在山村幼儿园运行过程中,村委会也以多种方式对幼儿园各方面工作予以支持。例如S县将用于办园的村委会办公用地与房舍完全交由教育部门管理、Y县主动为租用当地民房的山村幼儿园支付租金等。"X村本来是村委会开会的一个办公室,由于幼儿没有地方上(学),他们的村长、支书把办公室腾出来让我们来上课。我们上课的时候他们的办公桌全部堆到楼梯下面,能遮的遮,能藏的藏,让我们好上学;他们要开会的时候就利用晚上,我们放学了他们又把办公桌抬上去开会"(S县某山村幼儿园志愿者语)。Y县山村幼儿园的建筑安全隐患排查、园舍维修、安保工作等也由村委会一力承担,村委会还会为幼儿园资助一些办公设备、争取一些小额度的企业赞助等。

(三)"穷且益坚",第三部门激发政府创新活力

T市对于山村幼儿园的规划富有前瞻性,山村幼儿园的建设究竟如何进行,在人、财、物均匮乏的艰苦条件下如何盘活乡村已有资源、如何保障师资、如何提升质量,都始于中国发展研究基金会在T市S县的大胆创新。其身为第三部门独具的灵活工作方式激发了S县地方政府的创新活力,政府教育部门在其"一村一园:山村幼儿园计划"试点的基础上,积极履职,优化改进试点模式,幼教点视山村幼儿需要应建尽建,细化各项工作细则,探索了一系列保障本地山村普惠性学前教育公共服务供给的制度措施,充分体现出政府部门为乡村教育"兜底"的责任担当。

中国发展研究基金会是由国务院发展研究中心于1997年11月27日发起设立并领导的、在民政部注册的全国性、公募型基金会[1],于2009年在青海省开始了关于贫困地区0—6岁儿童学前教育的试点项目,即"一村一园:山村幼儿园计划",在凡有10个孩子以上的地方设立幼儿园,通过和县级政府紧密合作,充分利用各村现有闲置资源,招募当地幼教志愿者,为偏远贫困村落3至6岁儿童提供低成本保质量的免费学前教育[2]。S县政府与中国发展研究基金会始于

---

[1] 简介—中国发展研究基金会[EB/OL].(2019-12-28).https://www.cdrf.org.cn/jj.jhtml.
[2] 新华网.一村一园计划:中国项目首次斩获"教育界诺贝尔奖"[EB/OL].(2018-07-18).http://www.xinhuanet.com/fortune/2018-07/18/c_129915770.htm.

2012年的合作也是一种大胆的尝试。当地教育局工作人员回忆:"我们有些偏远,又是少数民族地区,确实这些孩子入学困难。有这么个机会的时候,我们政府也是拿不准这个是可行还是不可行,对学生、对家长、对社会有多大的益处,没有过分析,分析的结果也保不准。"在这种情况下,当地政府认为应该"让每一个孩子都能够有公平的、平等的入学的起点和机会! 这个机会不是说它的质量水准都很高,而是让孩子有这个机会",选择了与第三部门之间的相互信任与合作。

2012—2013年间,100所山村幼儿园的基础设施改造、幼教志愿者的招募和补贴发放以及玩教具、图书的配备,均由中国发展研究基金会出资完成,其中每所幼儿园基础设施改造投入约2.5万元,为幼教志愿者每月发放生活补贴1 500元、交通补贴500元。经过两年试点之后,T市采纳了这一创新做法,由政府财政出资在全市推开山村幼儿园的建设,发布《T市山村幼儿园建设两年行动计划(2014—2015年)》,根据试点经验对山村幼儿园的建设和发展模式进行了一定调整,不拘泥于中国发展研究基金会关于"10个孩子以上"的规模限制,保持了一些少于10名,甚至是少于5名幼儿的幼教点,其中5—10名幼儿的幼教点不得撤并,少于5名幼儿的则尊重当地群众意愿决定是否撤并。

按计划完成所有行政村山村幼儿园全覆盖之后,T市紧接着又发布了《T市山村幼儿园提质升级三年行动计划(2016—2018年)》,希望能有效提升山村幼儿园保教质量。如前文"'三驾马车'驱动乡村办园"所述,T市的山村幼儿园建设和提质升级工作确与中国发展研究基金会的有所不同,主要是因地制宜的改进,细化了办园条件、教学模式、管理模式、志愿者招募与管理等工作细则,发布了一系列政策文件,形成了完备的配套制度。其实际实施情况将在下文"管理机制""财政投入"和"师资培养"部分中进行详细阐述。

中国发展研究基金会主席卢迈(2019)曾公开表示:"我们衷心希望能够把这些变成政策,因为一个非营利组织或者是社会大众,能做的必定是有限的,但是通过政策倡导,通过国家的财政的这方面的支出,我们可以真正做到给孩子们机会,给孩子们一个良好的起点。"[1]在T市系列政策文件和制度措施的有效运行和保障之下,"我们已经探索出来把一个(试)点变成政策了。在这个机制的思路引领下,我们申报了国家级改革试验区,然后我们又把这些机制体制完善到我们的整个学前教育体系当中,不仅仅是山村幼儿园,慢慢地我们整个T市的学前教育公共服务体系已经见雏形了,其实这就是从试点到全面铺开的一种探索"(T市教育局某工作人员语)。T市政府部门与第三部门的积极合作、大胆创新、谨慎履职,成就了全省乃至全国普惠性学前教育公共服务体系建设过程中"穷且益坚,不坠青云之志"的发展佳话。

---

[1] 卢迈.生活在贫困地区的0到6岁儿童大概有2 000万,他们的学前教育怎么解决呢? [EB/OL].(2019-10-14).https://mp.weixin.qq.com/s/I-Z6extnNX44cv9aquhM6Q.

二、管理机制

(一)"三位一体"搭建城乡学前教育一体化管理网络

贵州省 T 市作为全国学前教育改革与发展实验区,其学前教育却存在教育资源紧缺和分配不均的现象[①]。以城镇化现象为例,随着越来越多的人口涌入城市,适学人员的减少使得乡镇及农村出现了越来越多的闲置教育资源。为了更好地实现教育资源的均衡配置,最大限度地发挥各项资源的作用,贵州省2012年起在各区县启动了集团化办园试点工作,同时建立农村幼儿园集团化管理资源中心,辅以片区教研制度,努力搭建"三位一体"式的城乡学前教育一体化管理网络(见图 10-2)。

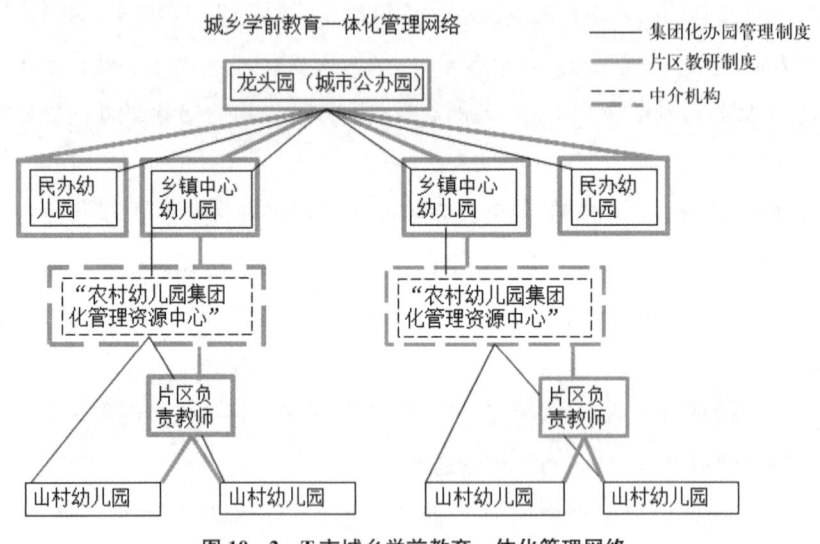

图 10-2 T 市城乡学前教育一体化管理网络

T 市的集团化办园主要采取的是对口帮扶发展(示范园+乡村园、示范园+民办园)模式,依托示范园在园舍空间、设施设备、教师培训等诸多方面的优势,通过同步教研、管理经验交流、教学观摩互动、跟班一线实践等途径,带动区域内所有幼儿园共同发展、共同提高,促进县域内学前教育均衡发展,着力解决幼儿"入园难、入园贵、入园差"问题。

作为集团化办园的有利物质补充,农村幼儿园集团化管理资源中心采取在乡镇中心园设点、由其安排教师进行专职管理、由龙头园组织教研,并宏观安排教师进行流动执教的管理方式,积极发挥龙头园的带头作用,实现课程资源、人力资源、信息资源的区域共享。"集团中心是建在我们这里的,每个月山村教师上来进行教研活动的时候都可以挑选自己需要的图书、环创资料等课

---

① 周长青.浅谈工学结合在我国的发展历程[J].职业,2010(36):140-141.

程资源带回去,这对他们的帮助是很大的。"(W 区某乡镇中心幼儿园园长语)T 市从 2015 年开始探索乡镇村一体化管理模式以来,以 B 区、W 区、S 县为试点建设了 12 个学前教育集团化管理课程资源中心,预计 19 年将建设农村学前教育集团化管理课程资源中心 64 个。

　　T 市集团化办园中的教研制度采取的是由集团园带动乡镇中心园及其所辖民办园进行教研,乡镇中心园又带动其所辖的山村幼儿园进行片区教研的层级联动制度,实现县级培训对公民办园一视同仁。在集团化办园的教研工作中,为了更好地发挥乡镇中心幼儿园对其所辖山村幼儿园的指导作用,T 市建立了片区教研制度,对山村幼儿园实行划片式管理,作为集团化办园的有力补充。片区教研制度具体是指教育局对乡镇中心园所辖的山村幼儿园进行划片式管理,并任命专职管理人员(通常是幼儿园教师)管理相应片区的教研工作。教研工作原则上一月两次,形式主要为龙头园派遣副园长或教师至其所辖民办园及乡镇中心园担任执行园长,组织民办园及乡镇中心园教师及山村园的片区负责教师进行教研,之后由山村园教师至乡镇中心园处反馈相应情况并进行下一次的备课,教研内容主要分为以集体备课为主的规定动作以及按需自定的自选动作,如山村园幼儿的入学准备教育课程。"我们山村园的老师并不只是接受乡镇中心园的指导,(山村园教师)在每个月上来教研的时候也会给中心(乡镇中心园)的老师'还'课,把他们自己觉得好的课在中心上一遍,中心的老师要是觉得好的话也可以把山村园老师的课程借鉴进自己的课程体系中,这是双向互惠的。"(W 区某乡镇中心园园长语)

　　集团化办园的形式给山村园的教师建立了一个良好的学习交流平台,通过集团化办园、农村学前教育集团化管理课程资源中心及片区教研制度这三者的协同并进,龙头园、乡镇中心园可以对山村园进行直接或间接的帮扶,通过建立资源中心,龙头园、乡镇中心园和山村园能够实现课程、人力及信息资源的共享,有力地缓解了山村园教育资源缺乏的现象,并且片区教研制度的实施也极大地促进了山村园教师的专业发展。W 区县的教育行政人员表示,"集团化办园给山村园的教师建立了一个很好的学习交流平台,近几年来能够很明显地感受到山村园教师成长得越来越快了,由于我们政府多方的支持,能感觉到山村园教师的职业幸福感也越来越高了"。

(二) 高校担责,构建地区幼教战略共同体

　　2016 年 2 月,教育部批准 T 市列为国家学前教育改革发展实验区,随着各机制体制的不断完善,T 市学前教育公共服务体系也逐步建成。为了更好地促进 T 市学前教育的发展,更好地实现山村幼儿园的提质升级,T 市幼儿师范高等专科学校于 2015 年引领发起了"125 学前教育发展协同创新计划",旨在建立一个以高校为主导,由龙头园指导乡镇中心园及山村幼儿园提质升级的幼教战略共同体,并于 2016 年正式构建起"G-U-K"幼教战略共同体,争取实现协同幼儿园在办园理念、办学条件、教学科研、师资水平建设等方面的显著提高[①]。

---

① 冯大红.山村幼儿园教师专业发展现状及促进策略研究[D].华中师范大学,2019.

"125学前教育发展协同创新计划"中的"1"是指一所高校(T市幼儿师专),"2"是指T市每个区县选择两所优质幼儿园,"5"是指每所优质园带动5所山村幼儿园。T市幼儿师范高等专科学校协同各区(县)2所优质幼儿园,分别帮扶5所山村幼儿园,整体上采取以高校为主导,通过提供免费培训及举办主题活动的过程对龙头园及山村园进行业务指导,其实施过程主要遵循的是由高校先自行制定教研计划,制定之后与各区县教育部门进行主题活动的商讨,选择适宜的主题为相应园所举办论坛或是邀请专家对幼儿教师进行培训的指导模式。考虑到山村幼儿园以混龄班为主的教育现实,T市幼儿高等师范专科学校还自发组织研制了《山村幼儿园混龄班主题活动课程教师教学用书》供山村园教师使用,为混龄班教学的实施提供了科学的理论指导。

在"125学前教育发展协同创新计划"中,高校的深度参与为教育部门制定教育政策作出了较大的贡献。在计划实施的过程中,作为引领者的高校会借助自己的理论优势进行教育调研,深层次、高质量的调研成果为教育部门制定教育政策提供了强有力的理论支持,极大地便利了教育部门的政策制定工作。"我们依托T幼专开展相关调研工作是有很多好处的,他们作为学前教育的领头人,不仅积极开展调研,为我们教育部门的政策制定工作提供理论依据,我们这边还有一个市委市政府'山村幼儿园可持续发展'的重大课题,市委政研室和地方高校的专家都在积极地为山村幼儿园的建立及提质升级工作建言献策。"(T市教育行政人员语)

T市幼儿高等师范专科学校立足于山村幼儿园以混龄班教学为主的教育现实,自发编制《山村幼儿园混龄班主题活动课程教师教学用书》,极大地促进了山村园教师的专业发展,使得山村园的混龄教学模式有了科学的理论指导,也进一步加快了山村幼儿园的提质升级工作。"一开始真是挺难的,不知道面对那么多混龄的孩子我们老师应该怎么做,但是在市里面下发了教学的指导用书(《山村幼儿园混龄班主题活动课程教师教学用书》)之后,我们的工作也有了理论支持,在组织教学活动时也轻松了许多。"(W区某山村幼儿园教师语)

(三) 有章可循,为普惠性民办园打造优良舆论平台

为大力支持和鼓励民办幼儿园的发展,推进普惠性民办幼儿园规范管理,提高民办幼儿园办园水平和质量,贵州省于2013年出台了《贵州省普惠性民办幼儿园认定、扶持及管理办法》,T市据此也于2017年出台了《T市普惠性民办幼儿园扶持及管理办法》及《T市民办幼儿园管理办法》(以下简称《办法》)。《办法》规定普惠性民办幼儿园每年认定一次,认定后有效期为三年,普惠性民办幼儿园享受国家及贵州省支持民办教育发展的所有政策。在宏观政策背景下,为了更好地发挥《办法》的实际效应,T市下辖区县因地制宜地制定了相应的管理办法,争取实现《办法》效应的最大化,极大地激发了民办幼儿园申请普惠认定的热情。以T市W、S区县为例,其县域内的城镇普惠性民办幼儿园均享受营养餐补助,而Y区县则采取的是乡镇普惠性民办幼儿园享受营养餐补助,而城市普惠性民办幼儿园则享受三万元的资金扶持的管理办法。据W、S区县的普惠性民办园园长反映,"营养餐补助对我们幼儿园来说是很好的,它(营养餐)保障了幼儿的饮食水

平";Y区县的普惠性民办园园长也反映称县政府的资金扶持方式较为灵活,这样按需调配的方式能够更好地提高资金利用率并促进普惠性民办幼儿园的发展。

同时,随着《贵州省普惠性民办幼儿园认定、扶持及管理办法》《T市普惠性民办幼儿园扶持及管理办法》《T市民办幼儿园管理办法》的相继出台,普惠性民办幼儿园的管理越来越有据可依,日渐规范的管理模式也为普惠性民办幼儿园赢得了良好的社会声誉。在走访的三个区县中,受访的普惠性民办园的园长均反映,民办幼儿园普惠转型之后很大程度上缓解了幼儿"入园难""入园贵"的问题;政府层面出台的管理政策也在很大程度上规范了普惠性民办园的管理,为普惠性民办园的发展创设了良好的舆论平台。

三、财政投入

(一) 开多方财政之源,节行政经费之流

贵州作为一个财政穷省,T市在贵州省内GDP总量排名也常年处于中后位置,如何利用有限的经费办好教育,"在贫困地区探索一条可以普及学前教育的路"(T市教育工作人员语),一直是T市各区(县)行政人员思考的问题。要办好教育,首先要确保教育经费的足额投入,自2006年以来,T市每年教育财政支出占公共财政支出比例都保持在17%以上,部分区(县)的教育财政支出占比更是达到30%以上,并重点向学前教育事业倾斜,着力推进山村幼儿园建设、农村学前儿童营养改善计划等,T市教育工作人员回忆:"我们政府虽然很穷,但还是在全省率先制定了关于学前教育投入保障的实施的意见",在这种情况下,"(经费)压力很大,但财政仍然要持续投入,只能想办法把钱挤出来。"(S县教育工作人员语)自2013年起,T市"每年政府下文,压缩5%~7%的办公经费"(T市教育工作人员语)用于发展教育事业。

正所谓开源节流,除了压缩党政机关行政经费,T市政府还积极筹措多方资金,寻求第三部门及社会力量援助缓解教育财政,尤其是学前教育财政的压力。"像儿基会还有中国发展基金会,会给我们提供一些硬件建设上的支持,主要是设备、设施还有图书这一块;中国发展研究基金会在山村幼儿园建园之初,给了每所幼儿园两万五来改建幼儿园,也还给了一些教师补贴。"(T市教育工作人员语)近三年来,T市S县共获得中国少年儿童基金会投入资金1万元,中国发展研究基金会投入资金44.1万元;Y县近三年共争取江苏省S市对口帮扶—东西部协作建设资金470万元;W区近三年共筹集社会捐赠资金142万元,同时T市政府也积极申请省、国家级专项经费,如彩票公益金、学前教育巡回支教试点补助等,并严格按照"专款专用、专款专户"的原则,由"各地财政部门会同相关部门每年对学前教育的经费来审计、监督"(T市教育工作人员语),加强资金管理。

(二) 学前经费占比教育"5+"

据2018年全国教育经费统计快报显示,我国学前教育经费投入在教育经费总投入中的占比为

7.96%,然而国家统计局 2018 年的数据显示,贵州省地方财政收入在全国排名倒数 10 名以内,在这种经费紧张的情况下,自 2016 年起,T 市仍坚持将学前教育经费纳入财政预算管理机制,明确学前教育投入占教育财政投入的比例不得低于 5%。"自从有了这个机制之后,不像以前一样要一笔钱就要打一个报告了,可以按照计划进行支出,(学期教育的事业发张)更加通畅了。"(T 市教育工作人员语)

而以 T 市 S 县、W 区、Y 县三县(区)为例,近三年来学前教育投入经费几乎均达到 6%以上,甚至有达到 10%左右(见图 10-3)。"整个(学前教育经费)都是由政府出钱,我们只要做好预算,政府就都会批,不会有所削减,像我们每年在学前教育上的投入都是超过 5%的,目前还是够用的。"(Y 县教育工作人员语)对学前教育经费的保障极大促进了 T 市学前教育的可持续发展。

	2016年	2017年	2018年
S县	3.25%	6.42%	6.01%
W区	7.69%	9.45%	8.47%
Y县	7.22%	6.99%	7.21%

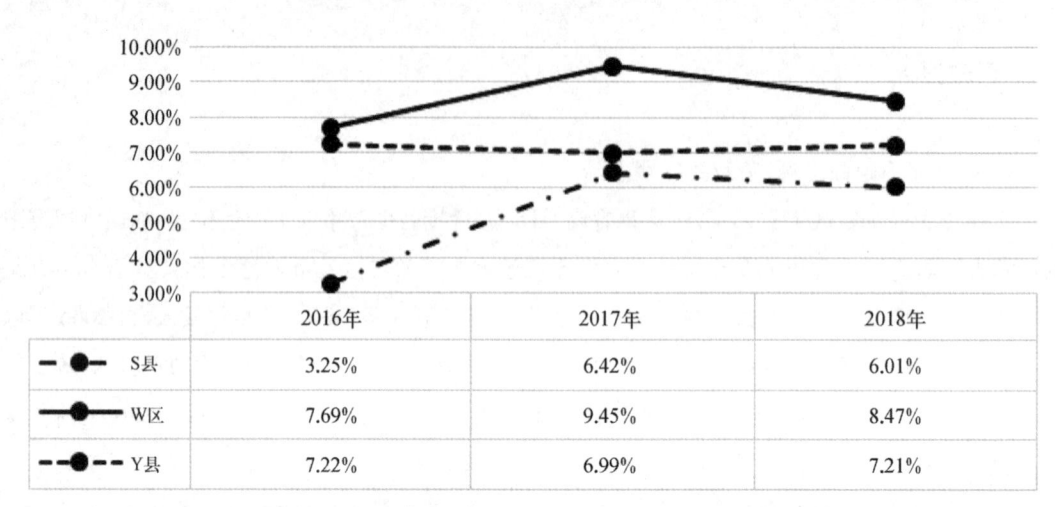

图 10-3　T 市三区县学前教育投入占教育财政投入的比例

(三)"3+X"补贴,掀起"转普"热潮

为了优化学前教育资源配置,保障每个孩子都能有学上、上得起学,"缓解学位压力"(Y 县公办幼儿园园长语),T 市在大力发展公办幼儿园的同时,积极出台了《普惠性民办幼儿园认定扶持及管理办法》,主要围绕"收费和办园行为两方面来界定普惠"(T 市教育工作人员语),将民办幼儿园纳入学前教育整体发展规划,采用多种扶持、激励办法鼓励民办园提供普惠服务。T 市教育工作人员告诉我们:"我们做国家级改革试验区,是围绕三块来做的,其中就有一块是扩大普惠资源。我们现在的普惠性民办园加上公办园,普惠幼儿园总的占比是 80.25%。"政府会对经认定并年检合格的普惠性民办幼儿园给予 3 元/生/天的学前儿童营养膳食补助;且依据公开文件要求,政府按照 300 元/生/年对普惠性民办幼儿园给予生均公用经费的拨付,与同等级公办幼儿园享受同样待遇,但在实施过程中由于部分区/县级政府财力不足,尚未完全落实。但同时,为了促进普惠性民办幼儿园的认定,T 市三区县均通过多渠道筹措资金,尽可能为普惠性民办园提供非制度化的资金补贴。如"有一些奖补资金是只有普惠性民办幼儿园才能去申报享受的,另外如果普惠

性民办园接收了建档立卡贫困家庭的孩子,政府也会相应地拨付500元/生·学期的补贴"(Y县教育工作人员语)。"对于普惠性民办幼儿园是有专项奖补资金的支持的,去年(2017年)是10万,在认定之后才可以进行申请。如果它们接收了易地扶贫搬迁家庭的子女,根据(普惠性民办幼儿园的)办园情况也会进行奖补。"(W区教育工作人员语)并且各县(区)政府会对普惠性民办幼儿园的土地税费进行减免,在很大程度上提升了T市民办幼儿园转普的热情性与积极性。

在市级管理办法的基础上,T市将"(普惠性民办幼儿园认定)权利下放给区县"(T市教育工作人员语),各区县依据自身经济、教育发展水平,灵活对普惠性民办幼儿园进行评估认定,再向市教育局报备,由市局对于认定评估结果进行抽查,确保认定标准合理合规。

四、师资培养

(一)龙头孵化,模范先行

为有效保证教师素质,夯实学前教育的质量,创新学前师资的培训方式,促进集团内园所教师的灵活调动以及完善教师个人职业生涯的发展机制,T市各幼教集团化的龙头园,承担人才孵化的重要枢纽,将优秀的骨干教师在达到一定工作年限和专业成长之时,引荐至辐射园所担任园长等重要职务,既保证了人才的有效流转和教师个人职业生涯发展的诉求,也在最大程度上保证了学前教育的发展质量,创新了教师职业成长的途径,既给予教师更多职业职业发展的机会,也有效缓解了下方所辖园所骨干师资的缺乏现状,成效显著。"我们园长就是从上面(龙头园)分下来的,给我们提供了很多帮助"(S县访谈教师语)。另外,建立了以优质幼儿园为龙头的管理共同体,通过城区优质园的指导、带动乡(镇)中心幼儿园和民办幼儿园,乡(镇)中心幼儿园再指导带动农村幼儿园,实现共同发展;"我们采取集团化教研的方式,跟岗学习,传帮带,教师培训机会很多,县里面每月1—2次,集团内1—2次"(S县行政人员语)。乡镇每月一次通过抓教研指导责任区建设,开展研训一体的市级教研、区域教研、联片教研和园本教研活动等,"每个月乡镇园教师都会带领山村幼儿园教师进行集体备课,撰写月总结以及制定下个月的月计划,会就一些重点问题(如山村幼儿园幼儿入学准备难,学习品质学习习惯等)进行有重点的研讨,重点培养入学准备能力,专门引进儿基会《入学准备课程》,聆听山村幼儿园教师试教,然后选择教学资源,在乡镇建立资源中心"(W区行政人员语),这很好地贯彻落实了《3—6岁儿童学习与发展指南》。T市拥有完善的教师培训与教研系统,通过专业的业务能力培训,有利于集中解决诸如小学化现象的问题,且对转岗教师和新进、新聘保教人员、山村志愿者教师等的业务能力的培训都具备完整的章程,是学前教育质量的有效保障。

(二)另辟蹊径,志愿补缺

为充分补齐师资缺口,保障合理科学的师幼比,贵州在幼儿园的保教人员拓展和稳定上坚持

"募招转聘"并举。所谓"招",就是通过地方政府购买服务形式向社会招聘(招募、选调)乡村幼儿志愿者和非在编教师6 000多人到学前教育的保教岗位上。"我们有比较严格的招师任务来确保师资的供给,会采取调剂其他事业编制来教育部门,从其他学段,转岗等措施招正式老师,聘请志愿者等"(W区行政人员语),从2016年起又通过实施县级"特岗计划",招聘幼儿园特岗教师5 819人。所谓"转",就是将小学富余岗位上的一些教师通过业务技能培训后转岗到幼儿园。为解决农村幼儿"入园难"的矛盾,T市市委、市政府于2014年启动了山村幼儿园建设两年行动计划,用两年时间实现山村幼儿园全覆盖,山村幼儿园建设两年行动计划得到人民群众好评。如图10-4所示,从2015年到2018年这四年的增长趋势来看,各类师资总数都呈递增趋势,在扩充师资上成效显著。

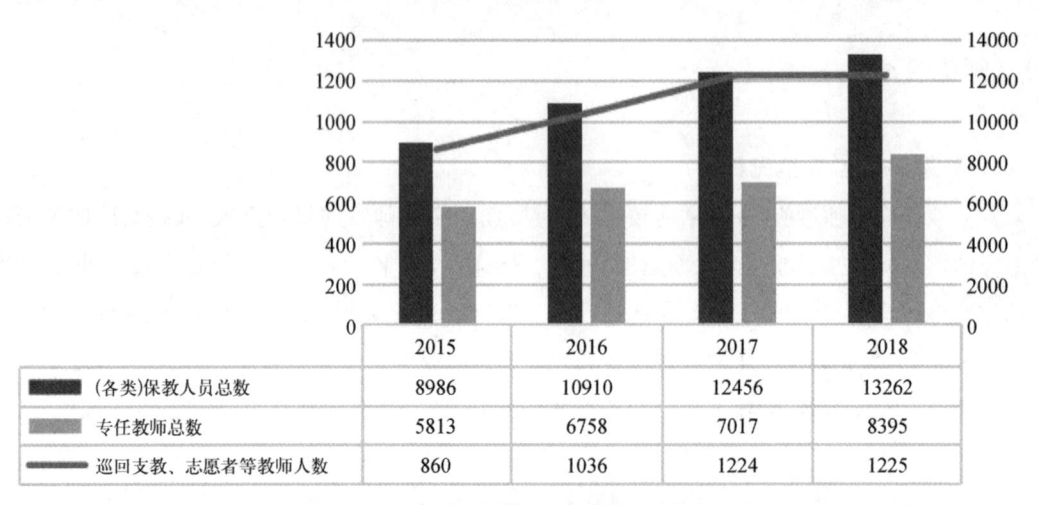

	2015	2016	2017	2018
(各类)保教人员总数	8986	10910	12456	13262
专任教师总数	5813	6758	7017	8395
巡回支教、志愿者等教师人数	860	1036	1224	1225

图10-4 2015—2018年师资增长趋势图

在补充师资问题上,T市开辟了一条特殊时期特别应对的独具创新意义的师资补充办法,通过市政府采取的"团招团聘、教管教用,政府购买服务"的方式,按照1∶20的比例配备师资。通过政府购买服务,面向社会公开招募或选调大学生志愿者到山村幼儿园工作,及时补充市、县两级所有公办幼儿园教师,确保幼儿到园后有教师,以此有效补充幼儿园教师师资,2014年以来全市共招募大学生志愿者1 251名,每月补贴志愿者基本生活费、交通费等2 000元,并列入县级财政预算,考核合格的志愿者在公办幼儿教师招考中实行加3分的优惠政策,享受西部志愿者待遇。实行志愿者选招转正政策,各区(县)每年从志愿者队伍中定向招考转为正式教师,并继续在当地山村幼儿园服务,有效保障了志愿者教师的职业发展道路。从志愿者招募到培训再到入职,形成了一套系统化的志愿者教师成长计划,以此不仅保证了教师的数量供给,也在一定程度上保证了教师的质量层次。

(三) 学前优先,按需配编

在提高教师待遇,完善教师各项福利方面,尤其是教师编制问题上,严格按照省政府规定的

1∶6—1∶8幼儿园教职工编制标准,省政府还明确要求全省每年要新增公办幼儿园教师不少于5 000人。全省各地也竭力将事业编制向学前教育阶段倾斜。T市创造性地开创了独具特色的幼儿园教师编制分配办法,幼儿园教师编制采取在教师编制总量不变的前提下,遵循不同学段按需分配,且大力向学前教育倾斜,打通编制分配系统,获得了重要的舆论反响。"在保证公办园编制的前提下,以编制为主,购买为辅,对教育提升和可持续发展有很大益处。"(W区行政人员语)T市2015年至2018年四年度保教人员的编制情况的调查统计情况如图10-5所示,目前看来公办幼儿园教师在编情况整体呈增长态势,以小学编制存在的教师数量也呈现出增长态势,非在编教师数量呈下降趋势,教师整体的编制情况发展良好,成效显著。

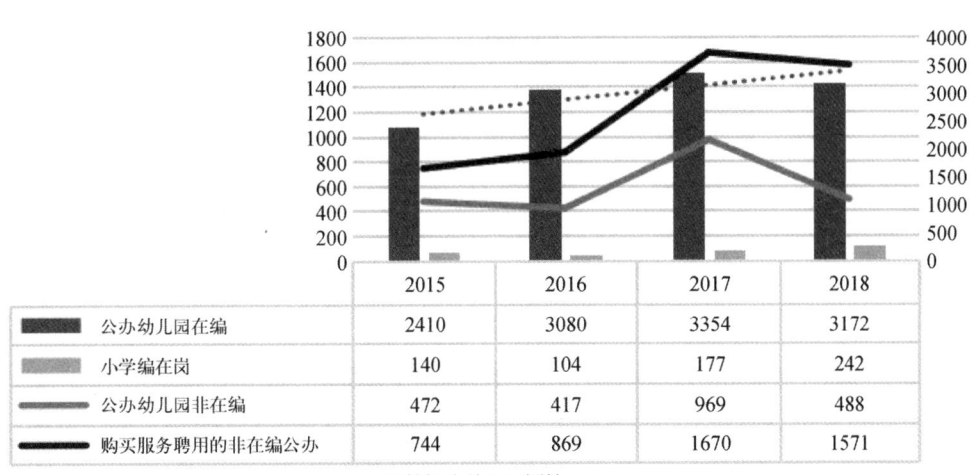

	2015	2016	2017	2018
公办幼儿园在编	2410	3080	3354	3172
小学编在岗	140	104	177	242
公办幼儿园非在编	472	417	969	488
购买服务聘用的非在编公办	744	869	1670	1571

图10-5 幼儿园保教人员编制情况

在对T市1 349名公办幼儿园的问卷调查中,据不完全统计,目前享有编制的教师共1 055名,占比78.2%,情况可观,成效显著。这有效保障了教师的权益,提高了教师队伍的稳定性,稳固了学前教育的质量。教师权益的保障是促进教师提高工作满意度的一大影响因素,据不完全统计,此次参与调查的教师群体中,一半以上的教师工作幸福感达到满意程度,接近一半的教师对于目前的薪资待遇持满意态度,超出一半的教师对于工作中获得的各项帮助持满意态度,绝大多数的教师对于自身职业声望的满意度处于较高的发展水平。编制是教师实现身份认同的有效保障机制,是维系教师队伍稳定性的重要举措,T市创造性的编制分配制度能在最大程度上帮助教师实现身份认同,激励教师以更积极的态度全心投入到幼儿工作中,也有助于教师实现自身的价值。

(四) 高校帮扶,保基提质

2016年初T市学前教育以"广覆盖、保基本、兜底线、提质量"为原则启动了《T市山村幼儿园提质升级三年行动计划》,为保障山村幼儿"有园上"还要"上好园"。"上好园"的关键因素是教育质量的提升,教育质量的核心是教师素质。因此,教师队伍建设是山村幼儿园提质升级的关键。与高校合作,充分调动高校资源,是贵州省在保障师资培养和可持续性发展的一大重要举措,指导13所本科高校开办学前教育专业,建设5所幼儿师范高等专科学校,全省44所中等职业学校开设学前专业,为不断提高幼教人才的培养层次和规模打下坚实基础,是从源头上切实保证向幼儿园输送全面发展的合格幼儿园教师的重要保障。在此政策背景下,T市也紧跟政策执行步伐,充分发挥主观能动性,积极与高校建立合作机制,以"125学前教育发展协同创新计划"和T市幼儿师范高等专科学校幼教集团作为推进实验区建设的重要抓手,从2016年1月起,利用三年时间,在教育部门的大力支持下,逐步构建G-U-K(政府-高校-幼儿园)协同创新共同体,实现协同幼儿园在办园理念、办学条件、教学科研、师资水平建设等方面有显著提高。实施"125计划"是促进教育公平的重要载体,是加快推进基本普及15年教育步伐的强力推手,是推进地方高校紧密服务地方经济发展的重要抓手。因此,充分发挥G-U-K(政府-高校-幼儿园)协同创新共同体在挖掘民族内涵、民间元素、乡土元素等本土资源上的协同作用,以此建立了较为完善的山村幼儿园体制机制,因地制宜,充分开发园本特色课程,逐步构建了较为完善的本土资源特色课程体系,严格规范山村幼儿园办园行为和标准,大力推进了公益性和普惠性学前教育的发展,合理优化了学前教育资源配置,持续努力构建覆盖城乡、布局合理的学前教育公共服务体系。形成了一套可复制、可推广、可借鉴的学前教育发展模式。高校的积极参与,充分运用高校丰富的教育资源,加强高校的专业引领作用是夯实学前教育的基础的重要保障,也是提升学前教育质量的有益途径。在针对山村幼儿园混龄班教育的现状问题上,T市幼儿师范高等专科学校进一步修改和完善了以山村幼儿园混龄班主题活动课程教师指导用书配套绘本为主的课程体系,这是山村幼儿园课程研发的重要举措,也为教师提供了实践指导方向,是高校与幼儿园合作的重要典范。

五、T市扩大、建强普惠性学前教育资源的启示与建议

(一)开辟入园绿色通道,学前教育资源扶"弱"助"善"

由于学前教育发展和资源提供的不平衡、不充分,姜勇、郑楚楚等发现,部分民办幼儿园收费高且质量不稳定,公办幼儿园名额有限、难以进入,有相当比重弱势家庭或处境不利家庭的儿童面临着很大的入园压力[①]。T市两区县采用行政手段,规定公办幼儿园将固定数额的学位面向弱势或处境不利家庭开辟招生"绿色通道",充分体现了政府维护教育公平正义的"托底"的保障与平衡作用。不仅如此,T市Y县还将学前教育与当地经济、社会发展紧密结合起来,将学前教育资源供给作为社会治理的重要环节,通过向高层次引进人才、招商引资对象、军烈属等特定家庭

---

① 姜勇,郑楚楚,赵颖,张蓓蓓,李芳,宋卓奇.中国特色普惠性学前教育公共服务体系构建的若干思考[J].苏州大学学报(教育科学版),2019,7(02):1-12.

开辟入园"绿色通道",充分展现了对于为当地发展做出重要贡献的人群的制度化激励。总体而言,发展学前教育事业不仅仅是衡量社会治理体系和治理能力现代化的重要内容,学前教育资源助善扶弱更是社会治理的有效手段之一。

(二) 在农村地区特别是在经济比较贫困的乡镇建设学前教育资源中心

T市农村幼儿园集团化管理资源中心的建设缓解了T市学前教育资源紧缺和分配不均的问题。通过建立该中心,乡镇中心幼儿园和山村幼儿园能够在较大程度上实现课程资源、人力资源、信息资源的区域共享,极大地提高了教育资源利用率,在探索镇村学前教育一体化管理的机制和策略,提升农村学前教育质量,促进学前教育均衡优质发展上做出了较大贡献。

通过此次走访调研发现,在经济比较贫困的地区建立学前教育资源中心是有力缓解教育资源分配不均、促进农村学前教育质量提质升级的重要举措。借此建议各地方政府出台相关扶持管理政策,鼓励市(县)域内的农村地区,特别是经济比较贫困的乡镇建立学前教育资源中心,重点发挥地区龙头园在农村幼儿园集团化管理资源中心建设中的核心作用,规范资源中心设点及管理工作,积极鼓励教研及教师流动执教工作,实现课程资源、人力资源、信息资源的区域共享,集多方之力更好更快地促进农村学前教育优质发展。

(三) 压缩行政经费,优先教育发展

随着当前经济下行压力加剧,近年来,中央一直强调政府要过紧日子,大力缩减一般性支出,更加聚焦把钱花在刀刃上。然而,再穷不能穷教育,再苦不能苦孩子,教育的发展正是需要实实在在的资金、人力、物力投入保障的,T市为我们提供了一条在财政收入持续走低的情况下,如何保障教育发展的宝贵经验,即每年至少压缩5%的党政经费运用于教育,将经费重点投向薄弱环节,支持学前教育突破工程,并坚持做好"三公"经费公示,把学前教育摆在优先发展的战略地位。

政府对教育的重视程度,既体现在教育经费投入的总量上,更体现在经费投入的占比上。在当前国情下,我国能用来保障改善教育事业的资金是非常有限的,因此我国各地省、市可以借鉴T市的经验,通过压缩行政开支等方式节俭经费,推出一些惠民利民的政策举措,财政投入更多向学前教育倾斜,与此同时加强对经费使用情况的公示与监管,避免对学前教育经费的挤占、挪用,保证经费专款专用、落到实处。

(四) 将幼儿园教师编制纳入"公益一类"

获得编制意味着教师身份的认同和有效的待遇保障,这是所有幼儿园教师心底的美好愿望[①],这也是平衡教师心态,保障教师队伍稳定性的有益之举,能最大程度保障教师权益,增强教

---

① 洪秀敏,庞丽娟.学前教育事业发展的制度保障与政府责任[J].学前教育研究,2009(1):3-6.

师职业幸福感,减轻教师工作负担,提高教师社会地位。针对特殊时期扩充幼儿园教师队伍以及保持教师队伍稳定性的重大举措。公益类事业单位是改革发展成功与否的关键之所在,将幼儿园教师编制纳入"公益一类"无疑是特殊时期攻坚克难的最佳举措,是精准施策的重大体现,能最大限度保障教师权益,充分发挥各方力量,保障师资的供给与稳定。以国家财政作为其发展之根基,一切从严,加强监督和管理,不断提高教育服务质量,增强其社会效益。充分发挥"公益一类"完全由政府指导、政府供养的特质,强化政府行为。特殊时期就要特例先行,精准施策,将幼儿园教师编制纳入"公益一类"是应对特殊时期特殊问题现状的先锋之举,能为教师发展提供动力支持。

(五) 区县优秀公办园承担教师培训工作,建立园本研究中心,成为农村园长和骨干教师的孵化基地

T市将各幼教集团化的龙头园作为人才孵化的重要枢纽,将优秀的骨干教师在达到一定工作年限和专业成长之时,引荐至下方所辐射园所担任园长等重要职务,这一创造性的师资培训发展模式,既保证了人才的有效流转和教师个人职业生涯发展的诉求,更创新了教师职业成长的发展路径,在很大程度上也满足了下方园所对于高素质师资队伍供给的诉求。这一创造性的师资发展模式值得借鉴与推广。充分利用教育资源加强各园所教师之间的交流与合作,建立园本研究中心又是弥补资源不足以及加强教师之间联动合作的创造之举,既促进了资源的有效整合与运用,保障教学资源的供给,又为教师教研活动提供了更多的发展可能。充分发挥龙头园的骨干师资孵化的功能,是保障教师素质,促进师资有效流转从而确保学前教育质量的有益之举,建立园本研究中心是保障教育资源有效供给和教师教研活动开展的重要基础。

后记

本书为 2018 年度国家社科基金重大项目"我国普惠性学前教育公共服务体系建设的路径和机制研究"(项目编号：18ZDA336)的阶段性成果，由华东师范大学教育学部学前教育学系姜勇教授主持。姜勇教授承担了课题研究的设计策划、组织协调和研究实施工作，研究的开展则建立在团队合作的良好基础上，所得成果是集体智慧的结晶。

本书各章节具体分工如下：总报告由姜勇、赵颖执笔，第一章由蓝素芬执笔，第二章由周榆、姜勇执笔，第三章由李芳、姜勇执笔，第四章由崔凌瑜、姜勇执笔，第五章由李芳、姜勇执笔，第六章由赵颖执笔，第七章由张蓓蓓、李芳、宋卓奇、赵颖执笔，第八章由赵颖、张蓓蓓、宋卓奇、蓝素芬执笔，第九章由张蓓蓓、刘鑫鑫、宋卓奇、陈璜执笔，第十章由赵颖、柳佳炜、周婕、洪江凝执笔，全书最后由姜勇、赵颖、刘鑫鑫统稿。

书稿框架的拟定与形成，各章内容的撰写与修改，征求意见的讨论与咨询，始终得到国家教育宏观政策研究院的悉心指导与无微不至的关心关怀，在此致以诚挚的谢意！在书稿研讨和撰写过程中还得到了扬州大学副校长费坚教授、北京市教育科学研究院副院长桑锦龙研究员、上海市教育学会秘书长苏忱研究员、上海师范大学教育学院院长夏惠贤教授、四川师范大学教育科学学院鄢超云教授、上海市教育科学研究院林岚老师、华东师范大学教育治理研究院院长范国睿教授、国家教育宏观政策研究院执行院长郅庭瑾教授、华东师范大学教育学部副主任杨福义教授、国家教育宏观政策研究院区域发展战略研究中心副主任谢童伟博士和华东师范大学国家教育宏观政策研究院博士后陈佳欣博士的关心、关怀、指导与帮助，谨表达衷心的感谢！实地调研的顺利开展，仰赖多地教育行政部门工作人员以及当地研究机构与高校中的研究者的鼎力支持和多方协调，他们是广东省广州市教育研究院教育发展研究室刘霞副研究员、广东省广州市天河区学前教育指导中心田美萍副主任、华东师范大学教师刘婷博士(时任江西省上饶市教育局挂职局长助理)、新疆师范大学闫兰斌教授、四川师范大学鄢超云教授、贵州省教育厅学前教育处谢旌处长等。值此付梓之际，难忘是人风采与彼时彼地学前教育风貌，特书此致谢！专题研究的撰写，特别是文献综述部分参考了国内外许多学者的研究、发现与智慧；个案研究的数据收集，得到了各地多位幼教专干、教研员和园长的坦怀相待，在此一并致谢！同时我们还要感谢华东师范大学出版社对于本书编撰问世的大力支持！

由于时间和水平所限，疏漏在所难免，敬请各位读者批评指正。

姜　勇、赵　颖

2020 年 7 月于丽娃河畔